党务管理硕士系列教材

智慧党建
基础教程

崔海英 刘佳 等◎编著

华东师范大学出版社
·上海·

图书在版编目(CIP)数据

智慧党建基础教程/崔海英等编著. —上海:华东师范大学出版社,2023
ISBN 978-7-5760-4095-1

Ⅰ.①智… Ⅱ.①崔… Ⅲ.①信息技术—应用—中国共产党—党的建设—中国—教材 Ⅳ.①D26-39

中国国家版本馆 CIP 数据核字(2023)第 156153 号

党务管理硕士系列教材

智慧党建基础教程

编　　著	崔海英　刘　佳　等
策划编辑	张俊玲
责任编辑	黄诗韵
责任校对	张佳妮　时东明
装帧设计	卢晓红

出版发行	华东师范大学出版社
社　　址	上海市中山北路 3663 号　邮编 200062
网　　址	www.ecnupress.com.cn
电　　话	021-60821666　行政传真 021-62572105
客服电话	021-62865537　门市(邮购)电话 021-62869887
地　　址	上海市中山北路 3663 号华东师范大学校内先锋路口
网　　店	http://hdsdcbs.tmall.com
印 刷 者	常熟高专印刷有限公司
开　　本	787 毫米×1092 毫米　1/16
印　　张	17.25
字　　数	275 千字
版　　次	2023 年 11 月第 1 版
印　　次	2023 年 11 月第 1 次
书　　号	ISBN 978-7-5760-4095-1
定　　价	68.00 元

出版人 王　焰

(如发现本版图书有印订质量问题,请寄回本社客服中心调换或电话 021-62865537 联系)

总 序

国势之强由于人,人才之成出于学。党的十八大以来,随着全面从严治党向纵深发展,社会上亟需一批复合型高素质的专业党务管理人才。教育是立德树人的事业,是明天的希望。时来易失,赴机在速。为适应新时代党务管理新要求新形势,华东师范大学顺势而为,凭借深厚的学术底蕴和优秀的学术传统,获批全国第一家党务管理硕士专业学位授权点。较之于党的建设理论人才,对党务管理人才在实操性上有更高要求,然而现有党的建设相关教材侧重理论层面。适逢党务管理专业硕士招生培养的契机,组织编写"党务管理专业硕士系列教材"恰与现有党建教材构成补充,相得益彰。以上就是我们组织编写这套丛书的初衷与旨趣所在。

教育是国之大计、党之大计。为党育人、为国育才,培养一批又一批担当民族复兴大任的时代新人,培养一代又一代德智体美劳全面发展的社会主义建设者和接班人,是党和国家赋予大学的崇高使命。作为新中国成立后组建的第一所社会主义师范大学,我们有幸始终与新中国教育事业发展同频共振,面向新时代党和国家事业发展对党务管理专业人才的迫切需要,我们感到使命尤其光荣,责任尤为重大。习近平总书记指出:"我国高等教育要立足中华民族伟大复兴战略全局和世界百年未有之大变局。"近年来,华东师范大学马克思主义学院发挥自身学科优势,瞄准国家战略需求,聚焦人才市场需要,借助马克思主义理论、中共党史党建等专业基础,培养了一批能够胜任党务管理实践的专业人才,受到了用人单位的一致好评。这既是对我们教学成绩的肯定,也是对我们继续培养人才的鞭策。

在设计这套教材的过程中,由于时间紧、任务重,几位主编通宵达旦,仅祈尽快成文。但水平所限,讹误在所难免。为使这套教材更加完善,如您在阅读使用中有任何建议,均期赐教。经过整体统筹与专家论证,最终确定了首批八本教材,包括《党的建设理论教程》《党内法规建设概论》《基层党建创新案例》《基层党建工作概论《智慧党建基础教程》《党务公文写作教程》《党务管理简明教程》《党务调研方法与实践》。这八本教材既体现了党务管理的发展脉络,也体现了党务管理的时代要求;既包含着理论沿革的过程,也涵盖了实践铺展的动态;既观照了党务管理实践的基础知识,也兼顾了党务管理发展的技术前沿。这八本教材是统一的整体,体现了华东师范大学培养党务管理专业硕士的整体思路,能够助益读者朋友建立起党务管理的知识体系与话语体系。此外,这八本教材中每一本都是蕴含洞见、经得起学术界检验的精品力作,反映了华东师范大学党务管理专家团队的学识与涵养。这套教材适合高等院校党务管理相关专业研究生使用,也适合党政机关实务人员使用。

人与志共存,言与行呼应。全面从严治党永远在路上,促进全面从严治党走深走实是党务工作者的天职与使命。华东师范大学作为全国第一家党务管理专业硕士培养单位,在人才培养上责无旁贷。志高者必远!以这套教材出版为契机,华东师范大学将力争在党务管理专业人才培养上不断乘风破浪,作出更大贡献!

2023 年 7 月 21 日

目录

前言   1

第一章
导论

第一节   智慧党建的时代背景   3
第二节   智慧党建的重要意义   15

第二章
智慧党建的概念界定

第一节   智慧党建的相关概念   29
第二节   智慧党建的概念与特征   37
第三节   智慧党建的理念与原则   45

第三章
智慧党建的理论基础

第一节   "互联网+党建"的相关理论   55
第二节   媒体传播的相关理论   69
第三节   党的建设发展趋势相关理论   76

第四章
智慧党建的支撑技术

第一节　数据处理技术　　87
第二节　智能互联技术　　101

第五章
智慧党建的框架建构

第一节　智慧党建的整体架构　　117
第二节　智慧党建的模块类别　　129
第三节　智慧党建的栏目设定　　134
第四节　智慧党建的框架图示　　141

第六章
智慧党建的功能应用

第一节　党组织和党员的智慧管理　　147
第二节　党群互动的智慧服务　　154
第三节　理论宣传的智慧引领　　157
第四节　和谐社会的智慧治理　　164

第七章
智慧党建的实践探索与案例分析

第一节　国有企业智慧党建的实践探索　　175
第二节　农村智慧党建的实践探索　　184
第三节　高校智慧党建的实践探索　　193

第四节	科研院所智慧党建的实践探索	200
第五节	机关智慧党建的实践探索	206
第六节	城市社区智慧党建的实践探索	215
第七节	"三新"组织智慧党建的实践探索	225

第八章
智慧党建的未来展望

第一节	技术维度：元宇宙加持下智慧党建的未来展望	237
第二节	空间维度：网络安全护卫中智慧党建的未来展望	246
第三节	战略维度：现代化强国愿景里智慧党建的未来展望	254

后记   261

前 言

2019年1月,《中共中央关于加强党的政治建设的意见》提出:主动适应信息时代新形势和党员队伍新变化,积极运用互联网、大数据等新兴技术,创新党组织活动内容方式,推进智慧党建。2019年5月,《关于加强和改进城市基层党的建设工作的意见》提出:要推广"互联网+党建""智慧党建"等做法,利用大数据做好党建工作分析研判,利用微信、微博、移动客户端等新媒体,丰富党建工作内容和形式,巩固和扩大党的网上阵地。在党的建设方面,党中央接连提出"推进智慧党建""推广智慧党建"等举措。

首先,究竟何为"智慧党建"? 对于这一问题,学界研究的理论成果不多、观点不一,且未形成系统、完善的相关理论体系;各领域智慧党建平台的实践路径多元、功能应用多样,尚未搭建起贯通各领域党建工作的全国性、综合性的智慧党建平台。为此,本书尝试从理论与实践相结合的视角出发,阐析智慧党建的时代背景、重要意义、理论基础、支撑技术、实践案例,阐释智慧党建的概念、特征、理念、原则、框架建构、功能应用,展望智慧党建的未来前景,希冀能够厘清智慧党建的理论架构与实践样态,帮助读者更为清晰地认识和了解智慧党建。

其次,为何要"推进智慧党建"与"推广智慧党建"? 作为现代社会党建工作的创新理念,智慧党建是以人工智能、大数据、5G、虚拟现实等新技术赋能党的建设,是运用科技力量助力提升党建工作质效,是基层党组织建设适应网络信息技术发展的有益探索,是党建信息化与党建数字化不断升级、党建科学化与党建现代化不断推进的创新实践。推进与推广智慧党建,在不断提升新时代党建工作科技含量的同时,既可以实现各领域党建工作的资源融合与信息共享,也能够提升党的长期执政能力和科学执政能力,还有助于推进国家治理体系和治理能力现代化,对实现第二个百年奋斗目标和中华民族伟大复兴具有重要作用。

最后,针对当前有关智慧党建的各种理论困惑和实践应用问题,本书尝试作出回应，但因智慧党建的理论探讨与实践探索都仍处于不断发展与完善的进程中，同时受限于编者的视野与能力，尚未能全面详尽、系统深入地提出智慧党建的理论体系与实践遵循，仅是帮助读者奠定智慧党建的理论学习基础。对于本书存在的不足之处，将在后续的理论研究与实践提炼中予以完善。

第一章

导 论

大数据、物联网、人工智能、虚拟现实等新一代信息技术迅猛发展,已深度融入经济社会发展并深刻改变人们的生产生活方式与工作思维理念,成为有效管党治党和治国理政的新引擎,成为推进党建工作创新发展的重要驱动力。中国特色社会主义进入新时代,以习近平同志为核心的党中央紧紧把握网络信息时代发展脉搏,站在中国共产党长期执政的战略高度,谋划和推进信息化条件下经济社会的全面发展,强调运用互联网技术和信息化手段开展党建工作。由此,集成多种信息技术应用于一体的智慧党建应运而生。本章从信息数字化、万物智联化、传播智能化等三重视角,概论智慧党建产生的时代背景,进而阐释智慧党建对于推进新时代党的建设伟大工程的重要意义。

第一节　智慧党建的时代背景

面对信息技术日新月异的发展趋势与时代大潮,党建工作亟需跟上技术发展步伐与适应新的思维理念,抢抓时代机遇,运用新兴技术,推动党建工作信息化、数字化进一步向智联化、智慧化转型,提升党建工作科学化与现代化水平,确保中国共产党始终走在时代前列。在这一时代背景下,智慧党建应运而生,并在各领域基层党建工作中得到积极探索,引领党建工作不断创新。

一、大数据时代与"互联网+"时代叠加下的信息数字化

(一) 大数据时代

大数据时代是人人共享数据信息的时代。大数据既是人们获得新的认知、创造新的价值的源泉,还是改变市场、组织机构以及政府与公民关系的方法。维克托·迈尔-舍恩伯格认为,"大数据运动就像互联网一样,将会在世界和社会的运行方式上带来跨越式的变革"[1]。而大数据的核心就是预测,这个核心代表着信息分析的三个转变:一是在大数据时代,我们可以分析更多的数据,有时候甚至可以处理和某个特别现象相关的所有数据,而不再依赖于随机采样;二是研究海量的数据和信息时,不再苛求精确性,转而追求混杂性;三是从因果关系的串联思维转变成相关关系的并联思维。

近年来,大数据逐渐受到各个国家的重视,美国、英国、法国等将其提升到国家战略的高度。比如,美国于 2012 年公布《大数据的研究和发展计划》;英国于 2012 年建立世界首个"开放数据研究所",2013 年编制《英国数据能力发展战略规

---

[1] 维克托·迈尔-舍恩伯格. 删除——大数据取舍之道[M]. 袁杰,译. 杭州:浙江人民出版社,2013:"中文版序"第 7 页.

划》；欧盟于 2014 年发布《数据驱动经济战略》。① 大数据技术带来的颠覆远远超过其作为技术所带来的变革，它不仅是可以广泛应用于一个国家各行各业的数据解决方案，更为重要的是，随其而来的全新的数据思维模式会对国家治理产生重要影响，成为国家治理创新发展的催化剂。

作为全球数据总量庞大、数据类型丰富的国家，中国在大数据时代迎头赶上，加快建设"数字中国"。2012 年，大数据概念引入中国，以阿里、腾讯和百度为首的互联网公司相继成立数据研发团队进行大数据研发和应用。2014 年后，与大数据相关的国家政策项目逐步进入落实阶段。比如，2014 年 3 月，中共中央、国务院印发《国家新型城镇化规划（2014—2020 年）》，强调要重点扶持大数据等新一代信息技术的创新应用；2015 年 8 月，国务院印发《促进大数据发展行动纲要》，强调大数据是中国信息化发展步入深水区后的核心主题和战略抉择；2015 年 10 月，党的十八届五中全会首次提出"国家大数据战略"；2017 年 9 月，工业和信息化部印发《大数据产业发展规划（2016—2020 年）》，明确制定"十三五"时期大数据产业的发展思路、原则和目标；2017 年 10 月，党的十九大报告明确提出建设"网络强国""数字中国"；2017 年 12 月，习近平总书记在主持第十九届中共中央政治局第二次集体学习时为"数字中国"的建设指明发展方向，强调要"深入了解大数据发展现状和趋势及其对经济社会发展的影响，分析中国大数据发展取得的成绩和存在的问题，推动实施国家大数据战略，加快完善数字基础设施，推进数据资源整合和开放共享，保障数据安全，加快建设数字中国，更好服务我国经济社会发展和人民生活改善"②；2018 年 4 月，习近平总书记指出"加快数字中国建设，就是要适应我国发展新的历史方位，全面贯彻新发展理念，以信息化培育新动能，用新动能推动新发展，以新发展创造新辉煌"③。可见，运用大数据推动经济发展、完善社会治理、提升政府服务和监管能力正成为大趋势，大数据深刻影响着中国经济、政治、社会、科技等各方面事业的发展，这需要树立大数据思维理念，利用数据资源助推党建

---

① 汪先锋.生态环境大数据[M].北京：中国环境出版集团，2019：10.
② 习近平.审时度势精心谋划超前布局力争主动实施国家大数据战略加快建设数字中国[N].人民日报，2017-12-10.
③ 中共中央党史和文献研究院.习近平关于网络强国论述摘编[M].北京：中央文献出版社，2021：46.

工作的创新发展。

大数据时代的党建工作迎来了新的发展机遇。大数据技术是全面落实新时代党的建设总要求的重要推力,要重视大数据的价值和作用,探索大数据的功能和优势,为党团结和带领全国各族人民战胜各种困难和风险提供"数据保障"。一方面,运用大数据技术,进行各领域党建工作数据的采集、存储、分析,通过把握党员信息、社会舆论、市场变化等领域蕴藏着的海量数据之间的关联关系,借助智能算法,实现"让数据说话",挖掘出各类党建工作数据之中隐藏的规律性和未来发展趋势,为坚持和加强党的全面领导、找准各级各类党组织的职能定位、优化基层党组织设置、改进基层党组织的领导方式和工作方法、发挥党的领导优势和组织优势、构造党建工作新格局等提供有利契机和有效手段,提升党建工作的广度、深度和精度;另一方面,党的政治建设、思想建设、组织建设、作风建设、纪律建设、制度建设、反腐倡廉建设等各类党建工作大数据为党组织的政治决策、经济管理、党员教育、权力监督、风险研判等日常工作提供宝贵参考和数据支撑,助推管党有方、治党有力、建党有效,从而不断加强党的长期执政能力建设、先进性和纯洁性建设,引领和保障数字经济、数字政府、数字社会健康有序发展。

(二)"互联网+"时代

"互联网+"时代是充分展现互联网在社会发展各要素中的优化和集成作用,形成以互联网为基础设施和实现工具的经济发展新形态的时代,其主要特征为跨界融合、创新驱动、重塑结构、尊重人性、开放生态和连接一切。在"互联网+"时代下,可借助信息通信技术和互联网平台,促使互联网与传统行业深度融合,再利用互联网的优势特点,对传统行业进行优化、升级、转型,并创造出新的经济发展形态与活力,推动社会各领域不断向前发展。

中国高度重视互联网的创新发展,党和政府准确把握融合趋势,从发展实际出发,制定并实施"互联网+"行动的战略部署,推动经济社会持续健康发展。2015年3月,国务院政府工作报告首次提出制定"互联网+"行动计划,目的是通过把互联网和包括传统行业在内的各行各业结合起来,构筑经济社会发展新优势和新动能。2015年7月,国务院印发《关于积极推进"互联网+"行动的指导意见》,明确11个领域的行动任务,为未来一个时期内互联网与经济社会各领域的融合发展提出方向目标和政策保障。自此,"互联网+"正式提升至国家政策层面,开启"互联网+"时代新篇章。2016年4月,习近平总书记在网络安全和信息化工作座谈会上指出,中国要对实施网络强国战略、"互联网+"行动计划、大数据战略等做进一步的部署,并要始终坚持贯彻并发展积极向上的网络文化,推动互联网和实体经济深度融合发展。2020年5月,国务院政府工作报告提出,要继续出台支持政策,全面推进"互联网+",打造数字经济新优势。作为一项国家战略,"互联网+"推动互联网的创新成果与社会各领域深度融合发展,形成更广泛的以互联网为基础设施和创新要素的经济社会发展新形态,具有广阔前景和无限潜力。

在"互联网+"快速发展的时代,党建工作亟需与时俱进,积极探索"互联网+党建"的新模式。"互联网+党建"是"互联网+"运用于传统党建工作领域而发展出来的新形态,是适应"互联网+"时代党建工作创新发展的战略性举措。从操作层面看,"互联网+党建"即是把互联网技术运用到党的建设各项工作中,充分发挥互联网的优势,不断夯实和提升党的政治、思想、组织、作风、制度和反腐倡廉等各方面建设质量。从理念层面看,"互联网+党建"即是运用互联网思维模式加强党的建设,再以党的建设创新统领经济社会全面发展,最终的落脚点仍是加强党的建设。因此,推进"互联网+党建"既是新时代提升党建工作质量的需要,也是提升党的服务功能和治理能力的切实举措。

(三) 信息数字化的时代发展

大数据时代与"互联网+"时代的交迭而至带来信息数字化的大变革。大数据与"互联网+"二者之间是相辅相成的关系。一方面,大数据技术应用起源于互联网行业,而"互联网+"是大数据技术的主要推动者,为大数据的发展提供更多信息、平台与资源;另一方面,大数据理念是"互联网+"思维方法的产生基础,从信息化的量变向数字化的质变转换,为"互联网+"的发展提供更多支撑、服务与应用。当下,"互联网+"的信息联通平台已经走向成熟,大数据相关产业融合趋势也已具备,两者合力,必然会造就信息数字化的新未来。

加快信息数字化发展,对中国经济社会发展具有十分重大的意义。首先,加快信息数字化发展是建设社会主义现代化强国的基础性、先导性工作,是构筑数字化时代国家竞争新优势的战略选择。其次,加快信息数字化发展是构建以国内大循环为主体、国内国际双循环相互促进的新发展格局和打造高质量发展新引擎的现实需要。再次,加快信息数字化发展是提升公共服务均等化、普惠化、便捷化水平,进而满足人民日益增长的美好生活需要的重要途径。最后,加快信息数字化发展是加快转变政府职能、促进国家治理体系和治理能力现代化的必然要求。

信息数字化的变化发展在影响社会生产与生活方式的同时,也对中国共产党的执政环境产生全方位、深层次的影响。党的十八大以来,习近平总书记多次强调,互联网是我们面临的"最大变量",如果党过不了互联网这一关,就过不了长期执政这一关,所以"要高度重视信息化发展对党的建设的影响,做到网络发展到哪里党的工作就覆盖到哪里,充分运用信息技术改进党员教育管理"①。这就需要提高数字技术基础研发能力,探索大数据、"互联网+"与各领域党建工作融合的新模式,推动党建大数据与政务服务、社会治理、经济发展等领域的互联互通,促进党建工作紧跟信息时代发展、完成数字化转型,使党的建设把握规律性、富于创造性、增加融通性,进而引领数字经济、数字社会、数字政府建设,推进数字中国和网络强国发展。

二、人工智能时代与物联网时代联动下的万物智联化

(一) 人工智能时代

人工智能时代是人工智能技术深刻改变经济社会的运行和发展模式的时代。1956年的达特茅斯会议上首次提出"人工智能"一词,标志着人工智能学科的诞生。此后数十年,人工智能在曲折发展中逐渐成为一门前沿交叉科学。2016年,人工智能机器人"阿尔法狗"(AlphaGo)战胜世界围棋冠军李世石,代表着人类社会正式进入人工智能发展的全新历史阶段。近年来,世界主要发达国家纷纷出台相关战略,抢夺人工智能产业技术的制高点,力图在新一轮国际竞争中掌握主导权。美国于2016年10月发布《为人工智能的未来做好准备》和《国家人工智能研发战略规划》两份报告。英国于2017年1月公布"现代工业战略",新增47亿英镑用于人工智能相关领域。同年,日本制定人工智能产业化路线图,计划分三个阶段推进人工智能技术的产业应用。

---

① 熊辉,赖家材.党员干部人工智能学习参要[M].北京:人民出版社,2019:322.

为抢抓人工智能时代的重大战略机遇,构筑中国人工智能发展的先发优势,加快建设创新型国家和世界科技强国,2015年7月,国务院发布《关于积极推进"互联网+"行动的指导意见》,将"互联网+人工智能"列为11项重点行动之一。2016年3月,"人工智能"一词写入国家"十三五"规划纲要,随后,工业和信息化部、国家发展改革委、财政部等三部委联合印发《机器人产业发展规划(2016—2020年)》。2016年5月,国家发展改革委、科技部、工业和信息化部、中央网信办等四部委联合印发《"互联网+"人工智能三年行动实施方案》。2017年3月,"人工智能"一词第一次正式出现在国务院政府工作报告中;7月,国务院印发《新一代人工智能发展规划》,确立新一代人工智能发展三步走战略目标;12月,工信部发布《促进新一代人工智能产业发展三年行动计划(2018—2020年)》,以推进人工智能和制造业深度融合,促进制造强国和网络强国建设。2018年4月,教育部印发《高等学校人工智能创新行动计划》,引导高等学校瞄准世界科技前沿,不断提高人工智能领域科技创新、人才培养和国际合作交流等能力。2021年,国家科技部启动"科技创新2030——'新一代人工智能'"重大项目,为中国制造业由中低端向高端转型提供技术支撑。这一系列政策举措既一步步推动着人工智能在中国的应用发展,也折射出未来人工智能产业在中国式现代化建设中的重要作用。

将人工智能嵌入党建工作中,既是助力新时代党的建设高质量发展的客观需求,也是实现党建工作智能化转型的必然要求。习近平总书记指出,"人工智能是引领这一轮科技革命和产业变革的战略性技术,具有溢出带动性很强的'头雁'效应"[①]。因此,人工智能与党的建设工作的完美融合,有望充分借力人工智能技术的溢出效应,为党的建设伟大工程带来新的发展以及质的飞跃。这就需要主动顺应人工智能时代发展潮流,在充分掌握人工智能等信息化技术特征的前提下,加强领导、做好规划、明确任务、夯实基础,结合党建工作的目标和任务探索"人工智能融入党建工作"的新理念、新模式、新方法,使人工智能在具体运用中显现出最大化优势,积极推动党建工作由传统向智能转变、由静态向动态提升、由单一向多元演变,不断提升新时代党的建设效能和发展潜能。

---

① 中共中央党史和文献研究院.习近平关于网络强国论述摘编[M].北京:中央文献出版社,2021:119.

(二) 物联网时代

物联网时代是在智能化和网络化基础上,以人与人、人与物、物与物的相互感知互动为目的,以社会化属性为核心,实现真实环境物理空间与虚拟环境信息空间映射协同、通信交互的"万物互联"时代。物联网的实际应用已在电子政务、制造业、农业、家居、交通和车联网、医疗健康等多个领域取得显著成果,在上述应用领域将虚拟世界和实体世界深度融合,使人与万物之间基于物联网的互动关系得以建立,重塑生产组织方式,促进生产生活和社会管理方式进一步智能化、网络化和精细化。

物联网的概念最早由美国麻省理工学院(MIT)的凯文·阿什顿(Kevin Ashton)教授于1991年首次提出,1999年该学院专门建立"自动识别中心"(Auto-ID),进一步阐明物联网的基本含义,即"万物皆可通过网络互联"。在2005年的信息社会世界峰会上,国际电信联盟发布《ITU互联网报告2005:物联网》,指出无所不在的"物联网"通信时代即将来临,世界上的所有物体都可以通过因特网主动进行信息交换。自此,物联网技术得到快速发展,世界各国都将物联网作为一项国家战略大力发展,出台一系列政策措施和研究计划。比如,美国于2009年提出"智慧地球"战略,力图将传感器嵌入地球各个角落的基础设施和设备中,利用物联网实现智能管理;欧盟在2009年提出《欧盟物联网行动计划》,各盟国纷纷启动本国的物联网研发计划;日本和韩国分别推出"i-Japan""u-Korea"等战略,推动物联网的研究应用与产业发展。历经概念兴起驱动、示范应用引领、技术显著进步和产业逐步成熟等发展阶段,物联网现已成为全球新一轮科技革命与产业变革的重要驱动力,并将重塑生产组织方式和万物联结方式,通过对人、机、物的全面互联,构建起全要素、全产业链、全价值链等全面连接的新型生产制造和服务体系。

中国是较早进行物联网研究和应用的国家之一。1999年,中国启动传感网的研究和开发。2009年8月,温家宝提出要尽快建立中国的传感信息中心("感知中国"中心)。2010年3月,国务院政府工作报告中强调要"加快物联网的研发应用",将物联网的研究应用上升为国家战略,开启中国的物联网元年。随后,围绕物联网建设,国务院以及国家发改委、工信部等相继出台《物联网"十二五"发展规划》《物联网发展专项行动计划(2013—2015)》《"十三五"国家信息化规划》《物联网新型基础设施建设"三年行动计划"(2021—2023年)》《"十四五"信息通信行业发展规划》等多项政策规划，一步步推动中国物联网产业的持续健康发展。

物联网已经成为全球信息科技发展的重要趋势之一，它的出现和兴起为中国科技和经济社会发展带来难得的机遇。随着物联网技术的成熟完善，物联网在党建工作中的应用空间必将更加广阔。比如，依托物联网技术开启党建工作新模式，使党建工作的各类信息可分析、可传递、可交互，各个领域的党建工作可以实现无缝衔接、智汇融合、统筹协调，促进党建管理的系统化与智联化，提升党建工作的聚合力与联动力。

（三）万物智联化的时代转型

人工智能时代与物联网时代的联动将实现从"万物互联"向"万物智联"的升级转型。人工智能与物联网是步入万物智联化时代的技术基础和关键依托，二者之间相辅相成、密不可分，就像软件和硬件的关系，人工智能是软件，需要物联网作为载体，而物联网是硬件，需要人工智能来驱动。具体而言，人工智能为物联网赋能，通过机器学习将物联网数据转化为有价值的信息，并据此优化决策流程，使设备自动化程度更高且更加智能，改善人机交互体验。同时，物联网也通过万物互联和数据交换为人工智能提供源源不断的数据资源，极大地拓宽人工智能的应用范围、深度和效力。总之，在人工智能与物联网的联动结合下，人、流程、数据和事物的关系将变得更加相关、更具智慧、更有价值，不仅会重新调整社会管理结构，还会带来生产方式和组织模式的颠覆性变革，进而实现"万物智联"的美好愿景。

万物智联化将释放巨大能量，带来产业升级、生活改善和拉动消费等多重影响。首先，万物智联将催生一批新兴产业，形成以智能制造为主题的高端产业集群，推动人工智能和物联网在各产业的融合创新以及规模化应用，全面提升产业发展的智联化水平。其次，万物智联将渗透日常生活中衣食住行等的方方面面，使人们的生活在物质层面和精神层面得到极大的丰富，跨越时空界限，享受自由生活，体验多彩人生。最后，万物智联将重构生产、分配、交换、消费等经济活动各环节，形成从宏观到微观各领域智联化新需求，驱动消费升级发展得更快更稳，全面激活消费市场潜力与活力。当前，万物智联的概念已逐步在信息通信、智慧工业、智慧交通和智慧城市等领域得以探索应用，这也为智慧党建的开拓探索提供了一定的思路借鉴。

智慧党建的发展需要更广泛的终端开展实时、全量、在线的数据采集,通过极速泛在的信息网络直达云端,加速智能技术与党务工作流程的深度融合,拓展基层党建和管理服务的边界,推动智慧党建的智能运行和全面覆盖。智慧党建在人工智能和物联网技术的双重加持下,能使传统党建工作打破时空限制,从现实世界扩展到网络空间,建立起"面对面"与"键对键"相结合的立体网络,有效贯通于党的建设各个环节,并把"无形"资源转化成"有形"服务,促进"党建+管理+服务"的线上与线下交叉融合,实现全局互动、协同联动,构建高效率、低成本、智联化的党建工作新形态。

三、数字传播时代与智媒体时代交融下的传播智能化

(一) 数字传播时代

数字传播时代是以数字信息传播技术为媒介的时代。其中,"数字"指数字媒体,即以二进制数的形式记录、处理、传播、获取过程的信息载体。"传播"指社会信息的传递或社会信息系统的运行,其目的在于传递信息,是人与人、人与社会之间通过有意义的符号进行信息传递、接收或反馈的活动的总称。而"数字传播"也叫网络传播,是指以计算机为主体、以多媒体为辅助的提供多种网络传播方式来处理多种功能的信息传播活动,是为适应当前时代发展和社会需求而产生的一种智能化传播形式。

互联网的普及和数字技术的发展推动社会发展走向数字传播时代。1998年5月,时任联合国秘书长的科菲·安南审时度势,在联合国新闻委员会年会上正式提出:互联网已成为继报刊、广播、电视之后的"第四媒体"。从此,由"第四媒体"引发的经济增长模式被称作"新经济"并开始风靡全世界。[①] 在全球经济快速发展的背景下,全球传媒产业呈现出数字化、网络化、平台化的特征。伴随智能机的普及与5G技术的成熟,移动互联网在用户数量与使用频次上全面赶超传统互联网,由此而来的通信技术变革和传播模式变革带动全球传媒行业的创新发展,也促使数字传播时代全面降临,并在多方面引发"质"的变化:一是受众可以自主参与信

---

① 纪华强.广告媒体策划[M].上海:复旦大学出版社,2003:5.

息生产和发布的全过程,突破了传统媒体的话语权壁垒;二是促使大众媒体逐渐向个人媒体转化,每个人既是受众也是传播者,实现所有人面向所有人的传播;三是推动新闻业的结构性变革,催生新型新闻传播媒体格局;四是打破时空限制,促进全球的互联互通。

面对传媒产业发展的新格局和数字化态势,党建工作,尤其是党的宣传思想工作亟需把握信息传播规律,拥抱数字传播的新时代。习近平总书记就中国媒体融合发展之路指出:"现在,媒体格局、舆论生态、受众对象、传播技术都在发生深刻变化,特别是互联网正在媒体领域催发一场前所未有的变革,数以亿计的人在通过互联网获得信息。"所以"受众在哪里,宣传报道的触角就要伸向哪里,宣传思想工作的着力点和落脚点就要放在哪里"。而"推动传统媒体和新兴媒体融合发展,是占领信息传播制高点、扩大宣传思想文化阵地的必然要求"[①]。宣传工作是党的一项极端重要的工作,是党领导人民不断夺取革命、建设、改革胜利的优良传统和政治优势。传播媒介与平台的丰富多样,传播逻辑从"一对多"向"多对多"的演化转变,使党的宣传思想工作面临传播主体多元、内容良莠不齐、引导难度加大等挑战。这就需要党建工作者及时转变传统思维模式和工作方式,紧跟时代发展潮流,掌握数字传播技术,利用数字化手段和信息化平台搭建智慧党建的宣传工作体系,做好"线下+线上"的宣传引领工作,增强智慧党建的覆盖面、感染力,让党的声音占据主导、成为主流,为党和国家事业发展提供思想保证、舆论支持和精神动力。

(二) 智媒体时代

智媒体时代是将媒体人的专业优势和人工智能的技术特质完美结合,实现信息传播与人工智能相融合的人机协同的高效智能传播时代。与传统媒体相比,数字传播虽能有效解决信息传播速度、数量和覆盖面等受到一定限制的问题,但也带来信息过载、信息冗余等新问题,于是智媒体概念应运而生。在人工智能、大数据、云计算等技术加持下,智媒体不仅能把海量信息从此处迅速传送到彼处,而且还具有感知和辨别能力,能够为用户提供多层次、个性化、有温度的信息服务,充

---

① 中共中央党史和文献研究院.习近平关于网络强国论述摘编[M].北京:中央文献出版社,2021:66-67.

分彰显智能传播的优势与功效。

在数字传播技术不断更迭革新的助力下,进入"万物皆媒、人机合一、自我进化"的智媒体时代是大势所趋。2016年10月,四川日报报业集团旗下的四川封面传媒有限责任公司打造旗舰产品"封面新闻"客户端,在中国媒体行业中首次提出要建设智媒体,成为"中国第一智媒体"。2017年4月,南方都市报宣布建设"智媒体实验室",全面实现智能媒体化服务,正式进入智媒体时代。2018年11月,第十三届中国传媒年会在成都举行,年会主题为"努力实现由融媒体向智媒体的飞跃"。自2019年起,中国传媒大学新媒体研究院与新浪AI媒体研究院联合启动中国智能媒体发展研究系列课题,每年发布《中国智能媒体发展报告》,对国内智能媒体生态进行全面盘点和全景洞察,解析发展突围之路,展望中国智媒体发展新态势。

智媒体持续发展需要国家顶层设计的支持与引领。在政策层面,《中华人民共和国国民经济和社会发展第十四个五年规划和2035年远景目标纲要》中明确提出,要做强新型主流媒体、实施智慧广电固边工程、推动四级融媒体中心建设等,从国家战略高度为媒体深度融合指明方向。随即,地方政府部门先后出台各地的"十四五"规划,围绕技术、产业、人才交叉融合促进智能成果转化,加速"智慧广电"体系建设,拓展"媒体+政务服务商务"模式,构建新视听产业与行业协同发展的格局。在应用层面,随着技术的不断进步,智媒体也在不同产业的多个业态、多个场景落地应用,且应用范围的深度和广度不断扩充。比如,以智慧党建风潮为契机,"智媒+党建"将成为基层党建工作的常态化支撑,有效扩大党建宣传的地域覆盖面、人群覆盖面、内容覆盖面,充分发挥党媒在社会舆论上的导向作用、旗帜作用、引领作用;将智媒体应用贯穿于灾害预防、应急事件处理、疫情防控、政务服务等场景,"智媒+社会治理"将成为国家现代化治理体系的创新切入点;"智媒+元宇宙"将催生更多产品服务创新,并驱动其商业模式快速落地;"智媒+国际传播"将成为智能化语境下讲好中国故事的关键突破口;"智媒+物联终端"将推动智能自我、智能家居、智能汽车甚至智能城市升级为全新的泛在信息终端和人机交互界面,不断拓展与重构智媒体的生态边界。

(三) 传媒融合化的时代趋势

数字传播时代和智媒体时代的交织融合使媒体传播领域呈现出融合发展趋

势。从媒体生态格局演进趋势看，媒体融合发展主要历经三个阶段，即从全媒体到融媒体再到智媒体。以全媒体为代表的媒体融合初级阶段追求媒介形式全、种类多，可以将其看作媒体融合的一种物理反应，仅在媒体形式与种类方面起到简单相加效应；以融媒体为代表的媒体融合中级阶段，可以将其看作媒体融合的一种化学反应，是各种媒体要素、各种媒介资源的重新组合与嫁接，并努力形成传播合力；以智媒体为代表的媒体融合高级阶段，信息生产与传播跟人工智能相结合，突出"智能＋智慧"，最终实现传播效力蝶变，可以将其看作媒体融合基因层面的深度变化。可见，借助于"数据＋算法＋人工智能"构建高效精准的决策运营体系，以应对信息传播系统的复杂不确定性，成为驱动媒体融合高质量发展的底层逻辑和全新模式。

媒体融合化发展将重新定义未来媒体生态。对此，党的十八大以来，以习近平同志为核心的党中央深刻把握时代发展大势和信息化趋势，作出推动传统媒体和新兴媒体融合发展的战略部署。2014年，中共中央深改组会议审议通过《关于推动传统媒体和新兴媒体融合发展的指导意见》。2019年1月25日，习近平总书记在主持中共中央政治局第十二次集体学习时强调，"全媒体不断发展，出现了全程媒体、全息媒体、全员媒体、全效媒体，信息无处不在、无所不及、无人不用"，"我们要立足形势发展，坚定不移推动媒体深度融合"。2020年，中共中央办公厅、国务院办公厅印发《关于加快推进媒体深度融合发展的意见》，从重要意义、目标任务、工作原则三个方面明确提出媒体深度融合发展的总体要求，要求深刻认识全媒体时代推进这项工作的重要性、紧迫性，建立以内容建设为根本、先进技术为支撑、创新管理为保障的全媒体传播体系。在这一系列重要论述和相关政策的引领下，中国媒体深度融合迈出崭新步伐，领先的新型主流媒体和头部互联网企业是智媒融合新生态的关键引领力量。比如，人民日报社、新华社、中央广播电视总台等中央级媒体在智媒体融合发展方面形成领跑优势，正在利用数字传播和人工智能技术优化自身技术架构，提升研发能力，增强价值导向，做大用户规模，做强内容体系、运营体系与服务体系，不断推动智能化应用创新，蓄力打造开放共享的智媒新生态。

毋庸置疑，加强媒体融合化的党建宣传阵地建设是应对复杂挑战、补齐网络党建宣传工作短板、掌握意识形态领域主导权的必由之路。具体来说，一是要增强运用智媒体做好党建工作创新的紧迫感、责任感与使命感,充分认识智媒体的基本特点及运行规律,从党建工作的短板出发,主动适应媒介融合的发展趋势与潮流,将提升阵地意识摆在党建工作的重要位置;二是要进一步推动传统媒体与智媒体的融合,利用传统媒体的信息源优势引领智媒体的舆论发展,以主流媒体的公信力净化智媒体的话语生态环境,为新时代的党建工作创造良好的话语环境,将党建宣传工作办得有声有色、有质有量;三是要利用智媒体平台,广泛开展党建组织教育及宣传,将党建工作的传统优势在智媒体平台中进一步放大,利用媒体融合的影响力和交互性,营造党建工作的良好氛围。同时,党建工作要紧密跟随数字传播技术的发展步伐,及时跟进智能手机的移动应用平台建设,推动党建工作在移动应用平台客户端上的发展,从软硬件、数据层、互动性、影响面等方面为智慧党建提供全方位助力。

第二节　智慧党建的重要意义

2019 年 1 月,中共中央办公厅发布的《中共中央关于加强党的政治建设的意见》中明确提出:"增强党内政治生活的时代性,主动适应信息时代新形势和党员队伍新变化,积极运用互联网、大数据等新兴技术,创新党组织活动内容方式,推进'智慧党建'。"[1]这是党的建设发展历史上首次在制度文件中明确提出"智慧党

---

[1] 中共中央党史和文献研究院.十九大以来重要文献选编(上)[M].北京:中央文献出版社,2019:803.

建",并且是在党的十九大报告提出把党的政治建设摆在首要位置后在首部"关于加强党的政治建设"的制度文件中提出的,充分表明在推进新时代党的建设伟大工程中,智慧党建的建设与发展对于顺应时代发展、创新党建工作、推进全面从严治党以及实现国家治理现代化等方面具有重要意义。

一、智慧党建是顺应时代发展的应然产物

(一) 智慧党建是党紧跟时代步伐的探索成果

"时代是出卷人,我们是答卷人,人民是阅卷人。"中国共产党的百年奋斗史就是一部紧跟时代步伐、回应人民期盼、引领历史潮流的接力赶考史。过去的一百年中,党向人民、向历史交出了一份优异的答卷,今后党将继续带领人民群众踏上实现第二个百年奋斗目标的新的赶考之路。信息化时代,面对中华民族伟大复兴战略全局和世界百年未有之大变局,习近平总书记指出:"如果我们不识变、不应变、不求变,就有可能陷入战略被动,错失发展机遇,甚至错过整整一个时代。"[①]这就需要以初心不变的定力、沉着应变的智慧、主动求变的勇气,敏锐地抓住信息化发展的历史机遇,不断革新进步,确保党始终走在时代前列、不断引领时代。

智慧党建即是中国共产党在信息化时代变局中,为赶上时代并引领时代进行的有益探索和形成的创新成果。进入 21 世纪,中国的互联网产业开始起步,互联网技术的普及不断推动着党建信息化模式的发展进步。2003 年,中共中央印发《关于进一步推进国家党委办公厅系统信息化建设的意见》,随后,以"建立党建网页与党建网站"为主导的党建工作 Web 模式在全国推广开来。党的十八大以来,以习近平同志为核心的党中央紧紧把握信息网络时代发展脉搏,站在党长期执政的战略高度,谋划和推进信息化条件下党的建设新发展。2017 年,党的十九大报告提出建设网络强国的奋斗目标,指出要善于运用互联网技术和信息化手段开展工作。2020 年,党的十九届五中全会通过的"十四五"规划中对网络强国建设做出新部署、提出新要求,强调要坚定不移建设网络强国、数字中国,加快数字化发展等。

---

① 习近平. 论把握新发展阶段、贯彻新发展理念、构建新发展格局[M]. 北京:中央文献出版社,2021:112.

党中央对信息化发展的全面部署指引着社会发展方式和党的建设形式的变革,也促使大数据、云计算、人工智能等新兴技术在党建工作领域不断渗透、深度融合。由此,"互联网+党建"模式横空出世,而智慧党建是"互联网+党建"的最新发展样态,是党建信息化、网络化、数字化的时代性称谓。如今,各地各部门都在积极探索智慧党建新模式、建设智慧党建新平台、开发智慧党建新应用,智慧党建已然是大势所趋。

(二) 智慧党建是新时代党继续前进的助推之力

党的二十大报告明确指出:"从现在起,中国共产党的中心任务就是团结带领全国各族人民全面建成社会主义现代化强国、实现第二个百年奋斗目标,以中国式现代化全面推进中华民族伟大复兴。"[①]而全面建成社会主义现代化强国、全面推进中华民族伟大复兴,关键在党。新时代新征程中,中国共产党全面落实新时代党的建设总要求,积极转变自身建设的手段和方式,充分运用信息技术不断实现自我净化、自我完善、自我革新、自我提高,不断谱写党的建设伟大工程的新篇章,持续推进中国式现代化的新发展。此间,智慧党建应运而生,并在新时代党的建设伟大工程中增添上浓墨重彩的一笔。

智慧党建是紧扣新时代党的中心任务和党的建设总要求,促进党建工作创新发展的重要助推力量。2019年1月,《中共中央关于加强党的政治建设的意见》明确指出,要推进"智慧党建"以增强党内政治生活的时代性。2019年5月,《中国共产党党员教育管理工作条例》中专门设置"党员教育管理信息化"一章,要求充分运用互联网技术和信息化手段,改进党员教育管理工作。2021年1月,中央和国家机关党的建设工作会议上指出,要积极探索"互联网+党建"模式,注重探索创新,积极推进机关党建信息化建设。上述制度文件和会议精神充分表明,智慧党建的探索发展是新时代党的建设谋创新求发展的需要,也是始终保持党的先进性的重要任务。新时代全面建设社会主义现代化国家的新征程中,智慧党建将不断增强党建内容的吸引力和渗透力,持续激发党建工作的创造力与活力,为党引领和保障中国特色社会主义巍巍巨轮乘风破浪、行稳致远赋能助力。

---

① 习近平.高举中国特色社会主义伟大旗帜 为全面建设社会主义现代化国家而团结奋斗——在中国共产党第二十次全国代表大会上的报告[M].北京:人民出版社,2022:21.

二、智慧党建是创新党建工作的有效途径

创新是一个国家、一个民族发展进步的不竭动力,也是中国共产党与时俱进、砥砺前行的成功密钥。习近平总书记强调"将信息技术应用到党建工作中,既是信息化时代发展的客观要求,也是党建工作改革创新的必然要求"[①]。智慧党建即是信息化条件下创新党建工作的新载体、新途径,能够有效促进党建工作在思维理念、技术手段、管理模式等方面的革新与优化,推动党建工作走上高质量、高效能的现代化发展轨道。

(一)智慧党建塑造新的思维理念,使党建工作更加开放包容

智慧党建不仅融合运用多项先进的科学技术,而且提供一种全新的思维理念和发展方向,使党建工作更注重发挥广大党员的主观能动性,营造更开放包容的党建生态。智慧党建的应用与推广能促使党员干部形成主动性、系统性、科学性、前瞻性等思维理念,从而改变传统党建工作方式下的固化认识和封闭状态,开辟党建工作的新办法、新路子,推动党建工作各要素之间的相互促进、全面融合,以全领域开放式党建助力高质量发展。传统的党建工作方式主要以线下方式为主,线上服务应用较少,存在形式单一、活动单调、参与不够等问题,制约着党建工作的深入开展。在智慧党建的工作理念下,运用信息技术对党员教育管理、联系服务群众等基础性党建工作进行量化公开处理,既能使党组织和党员及时了解各方面工作动态以及进展,提高持续改进工作质效的积极性与执行力,也能使党建工作打破时空隔离,加强交流互动,实现资源共享,走向融合共建,从而构建起党建全方位引领、全领域统筹、全要素集聚、全覆盖推进的党建工作新格局。

(二)智慧党建依托新的技术手段,使党建工作更加高效智能

智慧党建作为信息技术在党建领域中的创新应用,对于切实提高党建工作质效具有重要意义。当前,信息技术加快社会分化解构,重构人际传播渠道。随着党员工作生活信息化、网络化、数据化的程度持续加深,传统的党建工作方式对党员,特别是年轻一代党员的吸引力和凝聚力明显弱化,难以满足新时代党的建设

---

① 本书编写组. 人工智能与国家治理[M]. 北京:人民出版社,2020:255.

发展需求。因此,需要转变党建工作的手段和形态,将党建工作的传统优势与新的信息技术手段有机融合,依托大数据、人工智能、虚拟现实等新兴技术探索并建设智慧党建,以缓解党建工作中面临的难点、痛点、漏点,实现党建工作的智能化开展与高效化发展。通过运用信息技术,党组织可搭建将党建管理、组织生活、理论宣传、学习教育、互动交流等多方面内容融于一体的综合性智慧党建工作平台,能对各类党建工作信息进行量化处理,并通过数据整合与智能分析得出相应结论,为党的调研、预判、决策、部署提供有益参考和技术支撑,极大地提高党建工作的效率和质量。

(三)智慧党建创设新的管理模式,使党建工作更加科学生动

从管理模式来看,智慧党建将创新线上党建管理模式,实现基层党建的动态管理和科学服务,使党建工作不断优化管理流程、减少管理成本、提升管理水平。通过智慧党建信息化管理平台,能把宣传、管理、教育、服务等各项基础性党建工作从线下转移到线上,全景式动态把握党组织状况,为基层党员干部提供精准即时的服务和教育引导,对流动党员和"三新"组织党员进行有针对性、实效性的管理;智慧党建支持PC端、手机微信端、电脑微信端等不同端口的跨端联通,实现门户网站、微信等全渠道覆盖,让党建工作摆脱时间和空间的制约,更便捷灵活地开展党务工作、查阅党建信息、进行宣传教育、办理组织业务;智慧党建具备留言、对话、评论、点赞等社交功能,让干部、党员、群众三者紧密联系在一起,形成有反馈、有呼应的良性基层党建生态圈;智慧党建依托即时通信工具和服务号,实时推送新闻资讯、通知公示、文件资料,发起双方、多方会话,保证党建信息的传递畅通无阻;智慧党建可用文字、图片、语音、视频、动画、3D模型等多样化方式展现党建内容,让党建管理更加立体、鲜活、贴近生活。

三、智慧党建是推进全面从严治党的有力抓手

全面从严治党既是马克思主义政党的本质要求,也是中国共产党的优良传统和最大政治优势之一。在推进全面从严治党向纵深发展的过程中,互联网作为一个活跃的变量,对党的领导和执政,以及党的各方面建设都产生深刻影响,需要党积极进行自我调适,把互联网优势转化为自身建设优势以及管党治党利器。新时

代,为顺应互联网信息技术与党建工作融合共生的发展趋势,就需要以智慧党建为抓手,从技术层面上助推全面从严治党,不断加强党的政治建设、思想建设、组织建设、作风建设、纪律建设、制度建设以及反腐倡廉建设,做到管党有方、治党有力,把党建设得更加坚强有力。

(一) 智慧党建有益于强化党的政治统领作用

在政治建设方面,依托智慧党建平台管党治党,一是能把党的领导贯穿于党建工作全过程,把政治标准和政治要求落实到党的建设各领域,强化党的政治建设的首要地位,充分发挥党建的重要引领和保障作用;二是能多途径地将"两个维护""四个意识""四个自信"等思想认识自上而下地向各地区各年龄段党员传递,全方位地督促其坚定政治方向和政治立场,遵守政治规矩和政治纪律,提高政治觉悟和政治修养,从而统一意志、坚定不移、齐心协力地为党和人民奋斗;三是能在技术加持下紧贴新时代党员的思想新实际、行为新特点、发展新诉求,与时俱进地丰富、创新党组织活动的内容和方式,增进党内政治生活的"热度"与"温度",保持党内政治生态的良好稳定;四是能在深度应用中促使党员干部不断提高自身对互联网规律的把握能力、对信息化发展的驾驭能力、对网络舆论的引导能力、对网络安全的保障能力,不断增强政治判断力、政治领悟力和政治执行力,从而始终坚持正确导向,时刻保持头脑清醒,切实解决新发展阶段涌现出的各类政治风险和政治问题,确保全党沿着中国特色社会主义道路"同心同向同行"。

(二) 智慧党建有益于党员干部践行初心使命

在思想建设方面,智慧党建的广泛运用将拓宽理想信念教育的广度与深度,引导并驱动党员干部坚定理想信念,践行初心使命,奋进新征程,建功新时代。首先,智慧党建紧紧围绕坚定理想信念、牢记初心使命、培育红色灵魂、弘扬共产党人价值观等目标要求,为广大党员构建相关的学习教育平台,并通过数据反馈和智能分析不断优化教育内容和方式,将思想政治教育融入日常工作生活之中,激励党员干部在"做中学、学中做",坚守为民初心,担起职责使命,积极主动作为。其次,通过智慧党建中灵活多样的教育考评手段,既能真实考察领导干部和党员的思想理论水平,也能创设一种积极上进的学习工作氛围,带动组织成员一起守初心、担使命、找差距、抓落实。再次,通过技术手段对党建信息数据进行采集与分析,可帮助党组织及时掌握党员和群众的思想动态与现实困境,从而将为民谋幸福的干事初心落实到具体工作实践中。最后,在文化多元、思想多变的信息化时代,加强党的意识形态工作极端重要且势在必行。智慧党建作为党管宣传、党管意识形态、党管媒体的新载体和新渠道,能为党牢牢掌握意识形态工作的领导权、话语权以及信息空间的舆论主导权提供支持与保障,让主流声音、主流思想更好地占领互联网主阵地,营造天朗气清的网络环境。

(三) 智慧党建有益于提升组织建设的质与效

在组织建设方面,各级党组织可基于智慧党建平台,构建起集"宣传、管理、教育、服务、沟通、监督"于一体的组织管理系统,进行党员信息的整合储存、网上支部的建设管理、党员队伍的集中培养、党群关系的疏通维系等工作。这样,不仅能丰富基层党建的工作途径和活动形式,推动组织管理模式和体制机制变革,提升基层党组织建设的质量与效率,而且还使党组织与党员之间、党员与群众之间不再受时间地域的约束限制,在一定程度上破解基层党建工作动力不足和群众工作开展乏力等现实问题,增强基层党组织的向心力、凝聚力和战斗力。此外,运用智慧党建开展党的组织工作,有助于形成一种感召联动机制,即借助信息技术及智能化手段,把现实中的党组织体系映射到网络智慧空间,使基层党员能时刻感受到组织的存在和召唤,时刻准备好接受组织的指令安排以及任务考验,及时掌握、领会、传达好组织的指示精神,真正实现党的组织工作"横向到边,纵向到底"全覆盖,为全面从严治党筑牢坚实战斗堡垒。

(四) 智慧党建有益于增进党与群众的血肉联系

在作风建设方面,利用智慧党建平台的多维性、交互性和开放性等特点,一方面能够增加党和群众之间"面对面"与"键对键"的对接,牵起拉近党群关系的纽带,引导党员和群众通过学习培训、生活互助或兴趣爱好等建立"线上"联系并开展密切交往,从而缩短党群距离,加强党群之间的联系和沟通,提高党员干部的服务意识和群众工作本领,让服务群众的"最后一公里"变成"零距离",在线上线下建立起密切联系群众的党群关系"同心圆"。另一方面,基于智慧党建这一互联互通互动平台,可以更加及时全面地获取关于人民群众利益诉求的信息数据,并第一时间反馈给相关党组织,以便党在统领和落实具体工作事项的过程中即时采取相应举措,用实际行动诠释党的宗旨并满足人民需求,不断提升群众满意度和幸福感,夯实党长期执政的群众基础。

（五）智慧党建有益于加强执纪反腐的监管力度

在纪律建设和反腐倡廉建设方面，利用智慧党建既可以运用线上方式抓好对党员与党组织基本工作的监督管理，也可以为日常监督和执纪问责打开多个"窗口"，如开设线上书记信箱、纪检信箱、投诉检举与建言献策等功能，做到权责透明，推动用权公开，完善党务流程，让党员干部真正在"阳光"下用权和工作。党纪规范的对象是全党，任何组织、任何党员都不能凌驾于党的纪律之上，必须接受党规党纪的约束。借助智慧党建平台，可以建构起"纪检监督＋群众监督＋舆论监督"的联动监督机制，织密多种监督联动网，最大限度地确保党内监督落到实处、党外监督发挥实效。此外，运用技术手段在多重场域采集各级各地党组织和党员的关键信息，精准定位其职责，全面评估其工作绩效，能有效保证党员干部始终在纪律和规矩的框架内努力工作、为民服务，永葆公仆本色。随着智慧党建平台系统的不断成熟完备，党的纪律对各级组织和全体党员的管控力、督促力和引导力必然会持续加大，党风廉政建设和反腐败斗争也将会一体推进，从而实现新时代纪检监察工作的高质量发展。

（六）智慧党建有益于推进制度体系的优化完善

在制度建设方面，智慧党建能有力助推党的规章制度得以科学化设计、标准化执行、精细化调整。首先，在建章立制前，经由智慧党建系统采集并处理的信息数据，能为制度的制定和修改提供参考依据，使制度内容体系更加契合实际、科学有效；其次，在制度的贯彻落实过程中，可通过智慧党建系统对制度的执行情况进行实时跟踪监测，督促党员干部自觉尊崇制度、遵守制度、捍卫制度，确保各项规章制度能够落实到位、执行有力、彰显实效；最后，在制度的调整优化进程中，智慧党建的科学应用能为制度评估提供新思路和新方法，辅助各部门检视制度执行的成效并精准找到制度实效滞延的问题所在，推动相关体制机制不断改革完善、更加严密健全，为全面从严治党提供扎实的制度保障。

四、智慧党建是实现国家治理现代化的重要支撑

国家治理现代化是基于新时代党治国理政的新特征与新要求而提出的新课题。改革开放和社会主义现代化建设取得巨大成就，为我们继续前进奠定坚实基

础、创造良好条件、提供重要保障,但同时一系列长期积累及新出现的突出矛盾和问题也亟待解决。面对这些影响党长期执政、国家长治久安、人民幸福安康的突出矛盾和问题,就需要加强中国共产党的定向领航作用,引领国家治理步入良性发展的稳健轨道并不断向现代化迈进。智慧党建的探索应用将从新的视角和空间提高党的执政能力、巩固党的执政基础、提升党的治理水平,为推进国家治理体系和治理能力现代化提供重要支撑。

(一) 智慧党建有助于政务工作的智能化与人性化

当前世界各国政府都在积极推动政府信息化项目建设,以政务技术项目建设推动向"互联网+政务服务"方式转变。中国政府也在中国共产党的领导下,前瞻性地针对政府信息化建设连续出台一系列举措,比如2002年的《国家信息化领导小组关于我国电子政务建设指导意见》、2006年的《2006—2020年国家信息化发展战略》、2016年的《推进"互联网+政务服务"开展信息惠民试点实施方案》等。

智慧党建是推动党务和政务工作向更高层次、更广范围发展的创新途径,是党政机关信息化建设的辅助工具。作为数智化转型的表现形式,智慧党建将带来高效智能的处理机制和管理路径,优化政务工作的流程效率和方式方法,既有助于精准判断并快速解决各类政治风险,也有望实现从被动防御向主动预警的智能模式转变。因此,在"以智慧党建促业务,以业务强智慧党建"的思路下,应积极推动智慧党建与政务工作的深度融合,推进政务服务事项下沉,促进政府组织从以管理职能为中心向以为人民服务为中心转变,引导政务工作朝智能化和人性化方向发展。比如,以智慧党建为统领,以"数字政府"建设为支撑,辅以多维度、多样式、多层次的技术手段,建构起集党务政务大数据、人民群众和各领域专家大智慧于一体的智能化决策模式,对各项政府事务进行精准分析和科学预测,形成实时监控、自动分析、快速研判的智能化行政系统,实现党建工作与政务服务工作双结合、双促进、双提升,帮助党政机关提升行政决策能力、做好政务管理工作、增强政务服务效能。

(二) 智慧党建有助于社会治理的集约化与一体化

实现从传统社会管理向现代社会治理转变是推进国家治理体系和治理能力现代化的重要内容,也是适应我国经济社会发展阶段变化的客观要求。党的十九届四中全会上提出,"必须加强和创新社会治理,完善党委领导、政府负责、民主协商、社会协同、公众参与、法治保障、科技支撑的社会治理体系,建设人人有责、人人尽责、人人享有的社会治理共同体"①。习近平总书记也多次强调:"要夯实社会治理基层基础,推动社会治理重心下移,构建党组织领导的共建共治共享的城乡基层治理格局。"②进入经济高质量发展新阶段,我国社会经济结构发生深刻变化,群众工作的对象和利益诉求更加多元化,迫切需要构建连接党委政府、城乡群众的"一张网",以党建引领基层社会治理、服务群众;迫切需要创新服务群众的方式方法,运用现代信息技术手段走好"网上群众路线";迫切需要引导群众广泛参与,听民声、汇民意、聚民智,使基层党建与基层社会治理和服务群众有机衔接、良性互动。

　　智慧党建的建构与推广无疑走出了一条以党建统领基层社会治理的新路子,既能充分发挥基层党组织的领导作用,也能有效激发广大群众的自治能力。虽然未来智能化社会治理的主体依然是党政机关,但智慧党建更强调跨部门的合作与资源共享,通过内外双向驱动,不仅促使党政机关走出"信息孤岛",突破既定制度框架的限制,敏锐捕捉社会各领域动向,对自身工作流程、组织结构、治理模式进行重塑和再造;而且能为党、政府、产业界、学术界以及广大群众搭建交流合作平台,并在此基础上形成一体化协同机制,汇聚多方力量,整合优势资源,推动某一区域或行业的螺旋式创新发展,循序引导社会的整体发展,打造多方互补、各界合作、社会协同的现代化治理格局。

(三) 智慧党建有助于监管问责的敏捷化与规范化

　　监督是治理的内在要素和重要环节,也是权力正确运行的根本保证,在管党治党、治国理政中处于基础性、保障性地位。只有不断完善权力配置和运行制约机制,构建严格的监管问责机制,健全党统一领导、全面覆盖、权威高效的监督体系,不断增强监督问责的严肃性、规范性、协同性、有效性,才能确保党和人民赋予的权力得以正确行使,才可减少治国理政中存在的偏差漏洞,从而保障国家治理各项决策部署、政策措施得以贯彻落实,保障中国特色社会主义制度切实得以坚持巩固,把我国制度优势更好地转化为国家治理效能。

---

① 中国共产党第十九届中央委员会第四次全体会议文件汇编[M]. 北京:人民出版社,2019: 12.
② 中共中央党史和文献研究院. 十九大以来重要文献选编(中)[M]. 北京:中央文献出版社,2021: 473.

智慧党建意味着更加关注党员和群众的基本权益,特别是如何以有效的方式应对不断变化的社会需求。现代社会,群众参与和政务公开已被视为有效治国理政的关键途径。因此,依托智慧党建平台,将评价与问责机制前置到政策执行过程中并扩散至社会领域,既能加强信息的开放性和时效性,也能提高党政机关对各类风险的感知力和敏感度,以快速作出反应并采取相应解决措施;还能推进信息沟通、线索移送、措施配合、成果共享、工作协同方面的工作机制不断健全完善,从而织密监督之网,增强监督合力,确保监督实效。例如,在智慧党建中设置基于舆情、数据及智能分析的"敏捷评价"系统,然后通过技术化手段多维测评并精准评估事件风险等级,将结论落实到"该不该做""该怎么做""由谁来做"的科学分析中,同时以远程接入和实时动态更新的方式,辅以专业团队的具体判断,使党委组织部门快速得到相应的治理措施及政策方案,最后再通过差异化问责机制帮助政府部门实施合理适度的监管,从而有效落实主体责任,及时纠正政策偏差,确保治理纲维有序。

(四)智慧党建有助于国家治理的安全化与长效化

信息革命增强了人类脑力,带来生产力又一次质的飞跃,与此同时也对国家的政治、经济、文化、社会、生态、军事等领域的发展产生深刻影响。一方面,随着以人工智能、大数据、5G为代表的新一轮科学技术快速发展,数字化、智慧化已成为有效治理超大规模政党和超大规模国家的重要驱动力,成为提高党的长期执政能力和全面领导水平的发展新方向。另一方面,新技术革命同时打破了根植于传统社会基础的国家治理格局的稳定性和持续性,拓展了国家安全以及政党执政安全的边界与内容,如大规模网络攻击、跨境数据流动、数据泄露、黑客攻击等,既对国家主权、安全、发展利益提出新的挑战,也对党的治国理政实践带来多向度的冲击。习近平总书记多次强调:"没有网络安全就没有国家安全;过不了互联网这一关,就过不了长期执政这一关。"①网络安全被视为党长期执政需要面临的最现实、最复杂、最严峻的风险挑战之一。对此,以习近平同志为核心的党中央将"信息安全"纳入国家安全体系,将网络安全与信息化提升到事关党和国家发展和生死存亡的战略高度,提出建设网络强国、数字中国、智慧社会,全面实施发展大数据和

---

① 习近平.习近平谈治国理政(第三卷)[M].北京:外文出版社,2020:317.

人工智能的国家战略。

  着眼于信息化时代的社会现状以及国家治理现代化的未来发展，系统化建设和规模化发展智慧党建，赋能国家治理实践，保障党的执政安全和提高治国理政成效，势在必行。智慧党建不仅可以通过技术手段，在系统应用、信息收集、数据存储等方面保证绝对的政治性、严肃性、保密性和安全性，为党的执政守好"内院"，还可以进行智能分析，收集汇聚广大群众的意见诉求，及时发现执政环境中存在的安全隐患，精细排查社会面潜在的风险危机，为党科学制定政策部署、治理方案、预防举措等提供可靠依据，助推现代化治理的实现，助力党的长期执政以及国家的长治久安。

> **本章思考题**
>
> 1. 信息数字化、万物智联化、传播智能化对党建工作提出什么要求？
> 2. 如何理解智慧党建的重要意义？

第二章

智慧党建的概念界定

理论来源于实践,又引领实践发展。在党建现代化、信息化、网络化的实践探索基础上,学界于2011年提出"智慧党建"的理论探讨。作为现代社会党建工作的创新理念,智慧党建的实践探索发端于党建现代化、信息化、网络化的理论引领,其实践探索路径也伴随着党建现代化、信息化、网络化、数字化、智能化的发展进程而不断丰富多元,逐渐形成较为成熟的理论观点,需要研究总结智慧党建的实践经验、归纳分析智慧党建的理论进展。本章立足学界同仁和业界同行的研究基础,对智慧党建的相关概念、智慧党建的概念与特征、智慧党建的理念与原则等进行概要论述。

第一节 智慧党建的相关概念

2019年5月,中共中央办公厅印发《关于加强和改进城市基层党的建设工作的意见》,提出要推广"互联网+党建""智慧党建"等做法,利用大数据做好党建工作分析研判,利用微信、微博、移动客户端等新媒体,丰富党建工作内容和形式,巩固和扩大党的网上阵地。可见,广泛应用现代网络信息技术开展党建工作是顺应时代发展进行党建工作改革创新的应然举措,由此便引发信息化党建、网络党建、大数据党建、"互联网+党建"、数字党建、智能党建等相关概念的实践探索与理论探讨。

一、信息化党建

党的十七届四中全会上明确提出要"推进基层党组织工作信息化"[①]。随着各种信息技术的广泛应用和普及,积极推进信息化党建成为党建工作发展的迫切需要。党的十八大以来,党中央对信息化工作高度重视,做出一系列重要部署。比如,《2006—2020年国家信息化发展战略》《2016—2020年全国组织系统信息化工作规划》等文件明确要求,建设完善基础信息系统,探索网上办公新手段,建设完善网站、邮件和视频会议系统等;2016年7月,中共中央、国务院办公厅印发《国家信息化发展战略纲要》,进一步指出:"推进党委信息化工作,提升党委决策指挥的信息化保障能力。充分运用信息技术提高党员、干部、人才管理和服务的科学化水平。"2017年7月,国家发展改革委印发《"十三五"国家政务信息化工程建设规划》,提出要规划建设党的执政能力信息化体系工程。习近平总书记强调,没有信息化就没有现代化,要高度重视信息化发展对党的建设的影响,做到网络发展到

---

① 中国共产党第十七届中央委员会第四次全体会议公报[EB/OL].(2009-09-18)[2023-08-11]. http://cpc.people.com.cn/GB/64093/64094/10080626.html.

哪里，党的工作就覆盖到哪里，充分运用信息技术改进党员教育管理、提高服务群众工作水平。可见，信息化党建是顺应信息化时代发展的必然趋势。何为信息化党建？信息化党建的概念提出得较早，学界观点不一。有学者认为，信息化党建是政党在信息社会发展的需要下，通过大量运用信息技术和网络技术进行党建工作，开展党的建设，更新党建模式、方式与方法，促进政党生存与发展。[①] 本书认为，所谓信息化党建，是指运用信息化思维、信息化手段、信息化技术等优化和调适传统党建工作模式，形成以信息驱动为内在动力的现代新型党建工作模式。

信息化党建的主要特征：一是动态性。互联网时代，社会生产生活日益数字化、网络化、智能化。大数据所体现的即时开放、群体沟通、影响快速的功能优势在广大基层党组织活动中充分展现出来。党内信息发布、党内活动记录以及日常党务工作，大部分内容都是在动态发布、动态更新中管理运行的。利用互联网、大数据处理大量的动态性信息，成为基层党建工作管理创新的重要手段与形式。二是规范性。党务工作所需要的基本流程、基础数据、基础资料、基础信息都可以通过网络信息系统进行规范。比如，支部活动、党内民主生活、党内会议、党内监督考核等工作的关键环节和重要流程都可以通过程序性设置来实现党务工作的规范性要求。对于动态性信息的跟踪、把握、管理也能体现出规范性要求。三是对应性。信息化党建可以通过各种信息化平台实现一对一、多对一、一对多的管理，更加便利、直接地掌握基层党组织和党员个人情况，不仅可以实现实名登记注册、实名管理，也可以建立跨地区、跨单位的党务档案监督系统。

信息化党建与党建信息化的概念辨别：信息化党建的概念范畴较小，侧重于从党建工作模式上进行概念理解，是使党建工作在更大范围、更深层次上触达基层党组织和群众的实践路径，是传统党建工作在信息化条件下的实践样态。党建信息化的概念范畴较大，侧重于从党建工作现状与党建发展趋势上进行综合性的概念理解，是包括多种类型的党建工作模式、党建实践样态以及未来党建发展方向在内的系统性概念。由此来看，信息化党建是内含于党建信息化的概念范畴的，可以将其理解为是在党建信息化发展进程中的某一类型的党建工作模式与实践样态。但须指出，无论信息化党建还是党建信息化，都需要充分运用现代信息

---

① 燕继荣.走向协同治理：基层社会治理创新的宁波探索[M].北京：人民出版社，2017：103.

技术支撑党建工作的开展与实施。

二、网络党建

互联网已成为社会信息化的重要标志,改变了人们的工作、生活和思维的方式,成为人们获取信息的重要手段和交往工具,对社会经济、政治、文化等各方面产生深远影响,也对党的建设的创新发展提出时代要求,网络党建应运而生。对于网络党建的概念理解,学界观点不一。本书认为,所谓网络党建,是指利用现代网络技术对传统党建工作在信息传播与沟通、组织活动方式方法等方面所进行的拓展和延伸,是在工作领域、工作载体和工作手段等方面将党建工作与互联网技术有机融合的结果,是运用网络思维理念和网络信息技术开创党建工作延伸覆盖的全新场域。概言之,网络党建是指运用网络开展党建工作,将传统党建工作延伸与拓展至网络空间,既是党建工作领域的拓展、党建工作载体的延伸,也是党建工作方式方法的创新、党建工作思维理念的变革,最终的目标是将网络信息技术与传统党建工作有机结合起来,从而全面推进党的建设伟大工程。

网络党建的主要特征:第一,网络党建是搭建"大党建"格局的新领地和新载体。网络党建能够扩大党组织的工作覆盖面,增进基层党组织之间、党组织和广大群众之间的交流互动,密切党群关系,实现资源共享,还能够提升党务工作效率和组织工作透明度,提升基层党组织的生活质量和增强凝聚力。第二,网络党建为加强党政机关工作作风建设提供新思路。借助互联网信息传播技术和数据库管理系统等手段,网络党建可拓展党务工作的宽度和深度,实现党务工作的数字化,提升工作效能。第三,网络党建具有多维互动功能。网络党建既能够实现党组织内外互动,加强与群众的沟通,促进党群联系,也能够实现横向互动和上下互动,增强同级党组织之间、上下级党组织之间的交流协作,促进思想统一。[①]

网络党建与党建网络的概念辨别:网络党建的概念范畴较大,既可以从党建工作模式上进行概念理解,也可以从党建工作载体上进行概念理解,侧重于强调党建工作阵地与场域从现实社会向虚拟空间的拓展延伸。在概念属性上,网络党

---

① 中央党校党建部. 基层党建工作手册[M]. 北京:人民出版社,2019:63.

建与信息化党建一样,都是党建信息化发展进程中所呈现出的一种党建工作模式与实践样态。党建网络的概念范畴较小,一般是指为开展网络党建工作而搭建的网络平台,包括以 Web 形式呈现的党建工作网页与党建工作网站、以 APP 形式呈现的党建工作客户端等,侧重于从开展党建工作的工具载体的视角进行概念理解。由此而言,党建网络是包含在网络党建概念范畴之内的,是网络党建得以开展与实施的不可或缺的工具载体。

三、大数据党建

2012 年,大数据概念引入我国,以阿里、腾讯和百度为首的互联网公司相继成立专门的数据团队进行大数据研发和运用,大数据时代开启。大数据是信息化发展的新阶段,大数据技术产业发展日新月异,网络购物、移动支付、共享经济等数字经济新业态新模式蓬勃发展,对经济发展、社会治理、国家管理、人民生活等都产生重大影响。2017 年 12 月,习近平总书记在第十九届中共中央政治局第二次集体学习时强调,要运用大数据提升国家治理现代化水平,要建立健全大数据辅助科学决策和社会治理的机制,推进政府管理和社会治理模式创新,实现政府决策科学化、社会治理精准化、公共服务高效化。对此,需要紧扣大数据时代特征,积极探索有利于破解大数据时代党的建设难题的新途径、新办法,积极探索大数据条件下开展党建工作的新载体、新路数,大数据党建应时而生。如何理解大数据党建的概念内涵?学界观点不一。本书认为,所谓大数据党建,是指在大数据环境下开展党建工作,充分运用数据挖掘、数据存储、数据处理、数据画像等大数据技术优势,进行党建工作实况分析、党建工作形势研判、党建工作效果评估以及党建工作科学决策等,从而建立基于大数据理念思维与技术方法的党建工作模式与实践样态。

大数据党建的主要特征:第一,大数据党建可以对各领域党建数据进行采集、存储、分析。通过把握党员信息、社会舆论、市场变化等领域蕴藏着的海量数据之间的关联关系,借助复杂的算法,实现"让数据说话",挖掘各类党建数据之中隐藏的规律性和未来发展趋势,为坚持和加强党的全面领导提供有利契机和有效手段。第二,大数据党建为党组织的政治决策、经济管理、党员教育、权力监督、风险研判等日常工作提供宝贵参考和数据支撑。助推管党有方、治党有力、建党有效，不断加强党的长期执政能力建设、先进性和纯洁性建设，引领和保障数字经济、数字政府、数字社会健康有序发展。第三，大数据党建的开放性、全面性、个性化、互动性和高效性能够在党建工作中实现党员管理的全覆盖和党建服务水平的提升，改善党员教育碎片化现象，助推反腐倡廉工作，提升党的执政能力和创新能力，促进党建工作的科学化发展。

大数据党建与党建大数据的概念辨别：大数据党建的概念范畴较大，是指综合运用大数据思维理念与技术优势来提升党建工作广度、深度与精度的一种党建工作模式或实践样态。大数据党建在概念属性上既是党建信息化发展进程中的一种党建工作模式与实践样态，也是党建数字化发展趋势的具体表征。党建大数据的概念范畴较小，一般是指开展大数据党建工作所依托的集合各种来源的数据的党建大数据库，具体可以分为党员信息数据库、党组织活动数据库、党员学习教育资料数据库等不同类型数据库。简言之，党建大数据是从属于大数据党建概念范畴的，主要在大数据党建工作中起到数据收集、存储、挖掘与统计分析的作用。

四、"互联网＋党建"

在全球新一轮科技革命和产业变革中，互联网与各领域的融合发展具有广阔前景和无限潜力，已成为不可阻挡的时代潮流。2015年3月，国务院政府工作报告提出，要制定"互联网＋"行动计划，推动移动互联网、云计算、大数据、物联网等与现代制造业结合，促进电子商务、工业互联网和互联网金融健康发展，引导互联网企业拓展国际市场。2015年7月，国务院印发《关于积极推进"互联网＋"行动的指导意见》，提出"互联网＋"的定义：把互联网的创新成果与经济社会各领域深度融合，推动技术进步、效率提升和组织变革，提升实体经济创新力和生产力，形成更加广泛的以互联网为基础设施和创新要素的经济社会发展新形态。2016年12月，国务院印发《"十三五"国家信息化规划》提出，"推动'互联网＋党建'，支持统筹建设全国党员信息库和党员管理信息系统、党员教育信息化平台，提高党组织建设、党员教育管理服务工作网络化、智能化水平"。这是正式提出"互联网＋

党建"。

"互联网+党建"具体是指什么？本书认为，所谓"互联网+党建"，是指将党建工作传统优势和互联网信息技术有机融合，搭建党组织与党员之间教育、管理、服务和监督的平台，并依托和运用新平台、新技术来拓展党组织建设的方式方法与工作模式。"互联网+党建"全面推进党建信息化、网络化、数字化进程，是新时期党建实践领域的一项重要创新。从发展进程来看，"互联网+党建"可以分为初级阶段和高级阶段。"互联网+党建"初级阶段，是将互联网技术运用于党的建设各项工作中，充分发挥互联网的技术特性与功能优势来加强党的思想、组织、作风、反腐倡廉和制度建设等。"互联网+党建"的高级阶段是在初级阶段成熟发展的基础上，进一步将互联网思维模式、技术手段与方式方法等深度融入新时代党的建设总体布局中，不断增强党组织的政治功能和组织功能，最终的落脚点是全面加强党的先进性、纯洁性建设和党的长期执政能力建设，并以党的建设创新统领经济社会的全面发展。

加快推进"互联网+党建"的实践发展，对于重塑创新体系、激发创新活力、培育新兴业态和创新公共服务模式，对于打造大众创业、万众创新和增加公共产品、公共服务"双引擎"，对于适应和引领经济发展新常态，形成经济发展新动能等均具有重要意义。

五、数字党建

2007年，《赤峰日报》报道内蒙古赤峰市红山区哈达街道办事处数字党建的情况，这是"数字党建"一词首次出现，代表着我国基层党建进入数字治理1.0时代，即借助数字技术展开党建工作的初级时期。有学者认为，数字党建的出现使得党建工作同时存续于实体空间与虚拟空间之中，是中国共产党党建现代化进程中的分水岭。[①] 数字党建在实践探索上虽起步较早，但其概念界定却没有跟上实践发展的脚步。目前，学界对数字党建的概念内涵论及不多。有学者认为，新时代数字党建发展呈现出多样性，包括互联网与党建、移动互联网与党建、区块链与党

---

① 黄淑惠.数字党建：党建现代化的分水岭[J].理论观察,2020(10)：10.

建、物联网与党建、大数据与党建、"互联网+党建"、智慧党建、元宇宙与党建等多种实践样态与概念提法。①

当前,中国正步入数字经济发展的快车道,数字中国建设和数字经济大潮共同呼唤"数字党建",应立足于新时代发展要求和战略的高度,从党和国家工作大局的视角出发,进行数字党建的概念界定。基于此,本书认为,所谓数字党建,是指以加快建设数字中国、引领数字经济发展为总要求,以党建大数据的采集、存储、分析与生产运用为关键要素,综合运用移动互联网、大数据、人工智能、云计算等新一代数字技术,将数字思想、数字思维和数字技术应用于各领域党建工作中,通过党组织管理网络化、党建思想可视化、活动阵地平台化、服务功能模块化、党建信息数据化、党务工作方法智能化,引导和实现党建资源的快速优化配置,提升党建工作效能,增强党建工作引领力。

数字党建的主要特征:一是永久存储性,数字技术赋能下,越来越多的党建大数据被储存起来,形成一个党建信息能够被无限量储存的数字党建环境;二是可复制性,数字处理技术能让党建大数据得到指数式的复制,实现无数人的无限量党建信息共享;三是即时高效性,党建大数据能即时接收、即时理解、实时记录,能够高效进行量化结果分析、实时动态分析、智能预测分析;四是科学性,通过对党建大数据的客观分析,可以科学评估党组织和党内制度规范的运行状况,有助于推进党的组织建设和完善党内制度体系。

六、智能党建

人工智能的崛起已是不争的事实,正深刻影响着人们的学习与生活,是全球新一轮技术和工业变革的主要力量。近年来,中国人工智能产业在政策与技术的双重驱动下呈现高速增长态势。根据中国信息通信研究院测算,2020年中国人工智能产业规模增速超过全球。当前,新一代人工智能应用发展愈发多元化,智能网联汽车、智能服务机器人、智能无人机、医疗影像辅助诊断系统、视频图像身份

---

① 陈晓宏.新时代数字党建发展现状及提升路径研究[J].中共福建省委党校(福建行政学院)学报,2022(6):83-90.

识别系统、智能语音交互系统、智能翻译系统、智能家居产品、智能芯片、智能手机、智能 APP 等智能化产品不断涌现,越来越多地应用到社会生活和经济生产中,使人们的生产生活更加便利,同时也不断提高公共管理的服务水平。人工智能产业在如火如荼发展的同时也不断推动智能党建的实践探索,但是学界对于智能党建的概念界定却不多见。本书认为,所谓智能党建,简言之是指以人工智能技术及其智能产品在党建工作中的集成应用为主,构建党组织、党员和群众三者良性互动的智能化党建工作平台,实现党员教育、党员管理、党员服务、党员活动等的网络化、智能化、现代化。

智能党建的主要特征:一是党员学习教育的智能化,可运用"AI 党建机器人"智能交互程序开展党员学习教育活动,将学习资料通过文字、图片、音视频等融于一体的方式呈现,借助虚拟现实、增强现实、混合现实等技术增强学习教育活动的趣味性和吸引力,提升党员的学习参与感与教育获得感。二是党建数据处理的智能化,通过机器学习、遗传算法、神经网络等技术,可实现基层党建各领域数据资源的科学优化和全面整合,通过数据资源的集成化输入与智能化输出,促进各项党建工作的有序展开。三是党建信息传播的智能化,综合运用大数据、人工智能、3D 建模等技术,构建具有混合显示、交互识别、实时感知、智能分析、资源共享、快捷归纳等多维功能的智能党建信息平台,打造智能化、拟人化的基层"党建助手"和"党建讲师",实现公共服务、党务管理、组织活动、党员教育等基层党建信息传播的智能化、全景化。

综上,从网络信息技术、数字技术、人工智能技术等交叠发展的关联性来看,信息化党建、网络党建、大数据党建、"互联网+党建"、数字党建、智能党建等概念虽在内涵界定与理解上有一定区别,但相互之间仍存在较大关联,上述概念均可以看作是在党建信息化、数字化、网络化、智能化、现代化的发展进程中,在不同时期运用不同技术方法开展党建工作的不同表现形式,虽在概念内涵与技术工具上各有侧重,但在思维理念、方式方法与功能应用上难免存在一定程度的交叉与重合。进一步来看,上述概念的理论探讨与实践应用都为智慧党建的理论提出与实践探索奠定了良好基础,提供了有益的借鉴参考与经验启示,其中,"互联网+党建"在思维理念、方式方法与功能应用上与智慧党建的关联最为密切。

第二节 智慧党建的概念与特征

当"智慧"作为一个时代概念时,其内涵不再囿于人的聪明才智,而是衍生为人类社会在信息化、现代化进程中由"数字"发展阶段进入"智慧"发展阶段的一系列特征,是信息化较为成熟、现代化尚在实现进程之中的事物发展的目标形态。近年来,随着新一代网络信息技术、数字技术、人工智能技术等飞速发展,社会生产生活和社会治理领域出现众多和"智慧"相关的概念应用,推动党建工作在信息化、网络化、数字化、智能化基础上进一步向智联化、智慧化转型,各领域基层党组织的智慧党建工作平台也在实践探索中不断发展,为本书在理论上厘清智慧党建的概念内涵与主要特征提供了借鉴参考。

一、智慧党建的概念理解

智慧党建在国企(央企)党组织、机关党组织、城市社区党组织、农村基层党组织、学校党组织、科研院所党组织和"三新"党组织等各领域基层党组织中的实践探索不断丰富发展,涌现出很多实践应用的典型案例(详见本书第七章),引起党和国家的高度重视。在2019年1月的《中共中央关于加强党的政治建设的意见》中,首先提出要"推进智慧党建",继而在2019年5月的《关于加强和改进城市基层党的建设工作的意见》中提出要"推广智慧党建"。从"推进"到"推广"的一字之差,既表明智慧党建的实践应用取得显著成效,也彰显出智慧党建的重要性和必要性,为智慧党建的完善发展提供制度支持与保障。

因其实践探索的蓬勃发展,学界对智慧党建的理论探讨日益深化,但其概念界定尚无定论。从理论研究的整体态势来看,基于党建工作的技术手段的更新、党建工作方式方法的转变、标准化流程化党建工作模型的建构、党建思维理念的创新驱动等多维视角,学者们对智慧党建的概念分析可以总体归纳为:智慧党建是党建信息化、现代化发展的新阶段,是党建信息化、数字化的时代性称谓,是党建信息化、数字化、网络化、智能化、智慧化的全面体现,是利用云计算、物联网和信息通信等先进技术改造党建工作的一种新方式,是崭新的党建工作模型,是党建工作创新的驱动力,是扩大党在网络世界的存在感和提升数字化影响力的新模式,是提高党执政能力的新平台,是巩固党执政基础的新形态。比如,熊辉和赖家材认为,智慧党建是依托大数据、云计算、物联网、移动互联、VR等新兴技术,构建实时感知、互联互通、资源共享、扁平管理、智能分析的格局,实现党的思想建设、组织建设、作风建设、制度建设和反腐倡廉建设等的智慧化应用、智慧化服务和智慧化管理。① 聂爱军认为,智慧党建是利用现代信息网络技术对传统党建在信息传播、信息沟通等领域所进行的一种创新、拓展和延伸,目的是将这一现代化的工具引入党的建设的各个领域,促进"五位一体"的党建工作更加智慧化。② 金江军认为,智慧党建指通过运用物联网、云计算、移动互联网、大数据、人工智能等新一代信息技术,提高党建工作的自动化、智能化程度。③

鉴于理论探讨的多维性与发散性、实践探索的动态性与丰富性、技术迭代的迅捷性与融合性,本书认为,不适宜固化地、封闭性地对智慧党建进行概念界定,而是应在理论归纳与实践总结相结合的基础上,开放性地分别提出智慧党建概念的宏观理解与微观所指,以利于智慧党建理论体系的不断完善与实践探索的与时俱进。

在宏观理解上,所谓智慧党建,是指在信息数字化、万物智联化、传播智能化交融交叠的时代背景下,为全面提升党建工作的科学化与现代化水平,集成应用互联网、大数据、云计算、物联网、区块链、人工智能、移动通信等新一代技术手段,整合吸纳党建工作信息化、数字化、网络化、智能化发展进程中不断创新优化的各种方式方法、流程模式、思维理念、优势功能等,打造与构建全国各省市各地区各领域各层级党组织互联互通、共建共享的,实现党务、政务、业务、社会服务、社会治理等有机融合、功能联动的,由党和国家进行顶层设计与整体布局的,实现智能

---

① 熊辉,赖家材. 党员干部人工智能学习参要[M]. 北京:人民出版社,2019:322.
② 聂爱军.智慧党建的发展和作用[C]//中国智慧城市经济专家委员会,2016年新产经论坛论文集,2016(1):44.
③ 金江军. 智慧党建[M]. 北京:电子工业出版社,2021:69.

化操作、智联化运行、智慧化决策的全国性、一体化的智慧党建工作平台与系统。

智慧党建的宏观理解是从党的建设总体布局的系统思维与智慧理念出发,基于全主体参与、全过程实施、全领域覆盖、全效能提升、全国统筹规划的前瞻视角,在总体上概括提出智慧党建"是什么、为什么、怎么样"的逻辑思路。事实上,智慧党建作为党建信息化、科学化与现代化表征的新兴事物,因受到各地区各领域各层级党组织主客观现实条件的制约,尚难以将宏观理解上的逻辑思路全部贯彻与运用于实践探索中,目前仅能部分地有所体现。因此,必须在学习与掌握智慧党建宏观理解的基础上进一步学习了解智慧党建的微观所指。

在微观所指上,所谓智慧党建,是指各地区各领域各层级党组织,为创新开展本级党组织的党建管理与服务工作,自主运用互联网、大数据、人工智能等技术构建的,在一定程度上实现党建信息化、数字化、网络化、智能化、智慧化等功能特性,在参与主体和工作对象上以本地区本领域本层级党组织、党员干部、普通党员为主,在组织架构上具有地方性、局域性特征的智慧党建工作平台。比如,在实践探索中涌现出的有着各种类型的页面风格、栏目设计与功能特性的智慧党建网站、智慧党建客户端等。

作为智慧党建的基础性教材,本书主要依循智慧党建概念的宏观理解,具体阐释智慧党建的特征分析、理念原则、理论基础、支撑技术、框架建构、功能应用及其未来展望等内容,同时在智慧党建的实践探索与案例分析中呈现其微观所指。

二、智慧党建与传统党建的共性与差异

(一) 共性: 智慧党建与传统党建根本目标一致

无论是智慧党建还是传统党建,根本目标都是要把党建设成为始终走在时代前列、人民衷心拥护、勇于自我革命、经得起各种风浪考验、朝气蓬勃的马克思主义执政党。① 具体而言,表现在七个方面。

第一,组织目标一致。智慧党建和传统党建都必须要加强组织建设、强化党

---

① 中共中央党史和文献研究院. 十九大以来重要文献选编(上)[M]. 北京: 中央文献出版社,2019: 555.

的领导。党组织必须始终把党建工作贯穿于各项工作的各个环节，教育引导党员干部思想上要高度自觉、行动上要十分坚决，要确保全体党员干部和职工群众始终做到思想统一、步调一致。第二，思想目标一致。智慧党建和传统党建都必须加强党的思想理论建设，把思想理论建设作为党建工作的基础性建设。要不断深化学习培训、强化理论武装，引导广大党员干部筑牢信仰之基、补足精神之钙、把稳思想之舵。第三，主业目标一致。智慧党建和传统党建都必须牢固树立围绕中心、建设队伍、服务群众的意识，积极把党建工作放到主业工作中去思考谋划、去部署落实，推动党建和业务深度融合，凸显党建工作的引领作用。第四，支部建设目标一致。智慧党建和传统党建都是以基层党建工作为基础，以提升基层党建工作质效为核心，着力加强党支部标准化规范化建设。要严格落实"三会一课"、主题党日、民主生活会、组织生活会、领导干部双重组织生活、民主评议党员、人员思想分析、谈心谈话等组织生活制度，抓严抓实党建工作，加强支部班子自身建设。第五，作风建设目标一致。智慧党建和传统党建都必须持之以恒正风肃纪，营造良好的政治生态环境。都需要切实运用好执纪监督的"四种形态"，从问题入手，坚持正风肃纪，才能引导党员干部把铁的纪律真正转化为日常习惯和行为遵循，有力推动廉政建设深入发展。第六，必须严格落实责任制。压实主体责任是智慧党建和传统党建都不可回避的关键任务，都要把落实党组织三级党建工作责任制作为重要任务，都必须督促领导干部自觉履行好"一岗双责"，带头发挥好先锋模范作用，聚焦主责主业，推动党建主体责任的落实。第七，制度建设目标一致。制度建设是党建工作的根本保障。无论是智慧党建还是传统党建，健全各项制度机制都必不可少，都必须要把各种工作机制有机结合起来，切实推动制度建设的落实、落地，推动基层党组织不断增强党的创造力、凝聚力和战斗力。

（二）差异：智慧党建是传统党建的创新与发展

两者的根本差异是，智慧党建比传统党建开展工作更便捷、更科学、更智能、更高效。主要表现在三个方面。

第一，智慧党建和传统党建的组织架构不同。传统党建工作的组织结构是直线层级的，层级分明、线性连接。在传统党建工作组织结构中，党组织的意图、指令和信息通过自上而下的层层传达，传递给基层党组织和党员，一般是单向传递，互动较少，即使基层党组织和党员有信息反馈，也是一级一级地向上传递，存在时间、空间上的限制。同时,党员个体之间联系也较少,存在信息孤岛现象。智慧党建的工作组织结构是扁平化的,党组织的意图、指令和信息通过虚拟的云平台进行大数据整合,模块化集成,快速辐射传递给各个基层党组织和党员,是双向互动式的沟通传递,基层党组织和党员有信息反馈,可以突破时间、空间的限制,随时随地将反馈发送至云平台,再经过分类梳理,传递给上级党组织,供组织参考决策。

第二,智慧党建和传统党建的方式方法不同。智慧党建以推进党建工作信息化、数字化、网络化、智能化、智联化、智慧化为思维理念,在工作方式方法上具有明显的电子化、移动化、可视化特征。比如,智慧党建工作平台支持电脑、手机、触控屏、数据大屏等多种终端设备,可统计整理、实时记录、随时查看党组织和党员的"三会一课"、帮扶活动、工作计划、工作进度、工作效果等,帮助党组织实时全面地掌握各项党建工作信息,严格党建工作流程,突破与超越传统党建工作模式下的纸质通知下发延迟,活动形式枯燥单调,党员与群众参与的积极性不高,存在形式主义、官僚主义现象等难点问题。

第三,智慧党建和传统党建的工作成效不同。智慧党建的优越性日益突出,在创新党建工作平台、拓展党建工作空间、丰富党建工作形式、提高党建工作效率等方面正在发挥重要作用。比如,智慧党建工作平台可以对零碎、繁杂、庞大的党建数据信息进行筛选、归类、分析、提炼、整合,形成条理清晰、种类齐全的党建工作信息链条,为发现问题、总结经验、探寻规律、科学决策、推进工作等提供精准的参考服务,打破传统党建工作模式下的时间束缚和空间壁垒,有效解决传统党建工作分散难管、信息不畅通、工作成效难以科学量化地评估等痛点、堵点。

三、智慧党建的主要特征

所谓特征,是指一事物异于其他事物的特性与特点。毋庸赘言,智慧党建在技术运用、方式方法、思维理念等方面具有许多明显特征,这些特征统一聚合为其强大的功能特性。概言之,智慧党建的最大特征是:统合党建工作信息化、数字化、网络化、智能化、智联化、智慧化等所有优势、功能、特性于一体的"集大成者"。具体表现为五大功能特性。

(一) 智能化电子党务系统的高效管理特性

智慧党建包含智能化的电子党务系统,实现党建工作的高效管理。电子党务,是指党的各级组织运用现代化的网络通信和计算机技术,对领导、执政及自身的工作方法和程序进行改革,是一种高效的信息化管理体系,旨在通过现代信息化技术和互联网技术手段,使党务工作实现网络化、现代化、务实化,进而提高党建工作的效率性、服务性和科学性。[①] 当前,我国已建成具有信息化、网络化、自动化、无纸化等特征的电子党务工作平台。在此基础上,智能化的电子党务系统涵盖信息平台、管理平台、工作平台、学习平台、交流平台、数据平台,具有高效管理的功能特性。

一是实现党务业务的自动化应用。针对党建工作的实际需求,设计科学合理的处理程序,减少和降低人工处理次数和频率,自动完成各层级党组织的文件处理、党委内部的工作计划、会议管理和事务管理等,提升工作效率。二是建立党政机关资料库,包括党员资料库、干部资料库、人才资料库及党政资料库等,实现对静态数据和行为数据的采集、清理、建库、算法和模型设计等的自动分析,做到全方位的信息获悉与信息沟通,实时掌握各级党组织的总体情况。三是建立党组织内部业务管理体系,包括纪检监察、组织、宣传、统战、党史学习教育等方面的管理和协作,建立统一的电邮系统,做到便捷式党务管理、一站式党员服务、多渠道学习交流。四是围绕党组织中心工作建设决策信息支持系统。从全局化和个性化的双重维度上预测党建工作发展的趋向、可能性和概率,快捷发现、有效解决显性问题的关键因素,及时发现隐性问题,捕捉感知容易被人们忽视的相关关系等,为各级党组织制定科学民主的决策提供及时、准确、全面的信息支撑。五是建立党组织和党员个人的工作绩效管理体系。通过设立"网上查询点",使考核的进程和结果更加公开、公正、透明。

(二) 互联化组织活动系统的信息互通特性

智慧党建包含互联化的组织活动系统,以实现党建工作的信息互通。互联,就是相互联系,是指党建工作信息在各级党组织与智慧党建平台中枢之间的传递

---

① 程勉中.城乡统筹的基层党建新格局研究:基于新苏南模式的区域实践[M].北京:人民出版社,2014:332.

与反馈。互联化的组织活动系统提供文字、语音、视频等多种对话沟通渠道，主要建立两种信息互通机制。

一是多层级党组织的多主体即时交互机制。推行党员身份认证动态管理和开发党员IC卡，实现党员身份证明、查询个人信息、缴纳党费、接转组织关系、就近刷卡参加党组织活动等多种功能。把分散的党组织活动信息资源整合到一起，实时更新、主动推送，让党员尤其是流动党员无论身处哪里都能实时了解党组织活动动态，通过网络参加党组织活动。同时，上级党组织根据对党建信息数据的综合分析，在本级党员和下级党组织、党员进行工作总结之前，为其提供"组织活动质检报告"，实现同级党组织、党员与群众之间，以及上下级党组织、党员与群众之间的多主体无缝沟通连接，形成信息流、工作流、服务流、监督流的环形即时交互，使各层级党组织和党员均能迅速获取进行组织活动总结和决策所需的参考数据。二是多领域党组织的"党建＋N"互联互通机制。以"党建＋N"为中心，建立涵盖公共服务、电子政务、办公管理、社区管理、社会治理等多种职能的综合服务交互平台，从党建工作信息发布到任务执行过程再到结果的统计管理，都能及时更新呈现，实现多领域党组织活动的宣传展示、学习教育、互访互学、比学赶超帮等良性联动。

（三）精细化公共服务系统的精准服务特性

智慧党建包含精细化的公共服务系统，实现党建工作的精准服务。智慧党建主要运用大数据技术优势，以党员服务中心、党员咨询服务热线、党员志愿者队伍、居民呼叫服务中心、网上民情档案等为核心节点，以社区公共服务设施为基础条件，融合无线党务、无线民生、无线服务等公共服务模式，通过有形设施与无形网络的互补联动，追求虚拟、实体有机融合的服务方式，形成开放式、共享型、一站式、精细化的党建公共服务系统，既有效促进党建公共服务资源的共建共享，又拓展党建公共服务形式和覆盖面，为各层级党组织、党员和人民群众提供精准服务。具体表现如下。

一是为广大人民群众提供个性化的精准服务。首先运用大数据技术抓取采集、统计分析人民群众的工作、生活中的信息数据，准确预测和把握他们的工作和生活需求；再对各层级党组织、党员的各类党建信息数据进行定向抓取、智能分类、逻辑关联等多维度大数据分析处理，对人民群众的需求与党员及党组织的服务意向、服务专长等进行数据交互与对接,为人民群众提供精细化管理和个性化服务,实现党的建设与服务群众的有效结合。二是为各层级党组织和党员提供精准服务。针对各层级党组织的工作需要,采用个性化的搜索引擎来实现对具体业务信息数据的精准搜索,通过数据采集、智能分类、逻辑关联等多维大数据分析方法,为各层级党组织和党员提供精准、有效的工作参考,有效提升党组织决策的针对性、准确性、前瞻性。

(四) 立体化云端学习系统的智慧教育特性

智慧党建包含立体化的云端学习系统,实现党建学习教育智慧化。党的二十大报告指出,"推进教育数字化,建设全民终身学习的学习型社会、学习型大国"[①]。智慧党建综合运用人工智能、虚拟现实、增强现实、混合现实、扩展现实等技术工具,以智能化、智联化、智慧化的教育载体和教育形式,不断创新和丰富党员群众学习教育的方式方法。智慧教育对传统的党员群众学习教育在思想观念、模式方法等方面产生巨大冲击,推动党员群众学习方式方法的重大变革。具体表现如下。

一是着力构建"电视上网+电脑互联网+手机移动通信网"三网一体的立体化远程教学新格局。利用广电网作为传输信息的主渠道,通过电视网络,可形成全国、省、市、县、乡镇(街道)、村(社区)六级的党组织和党员现代远程教育网,全国各领域各层级党组织都能通过远程教育网进行党组织活动和党建工作项目直播。二是通过5G教学终端设备及AR/VR/MR等教学数字内容的研发,结合AR/VR/MR、全息投影、裸眼3D等技术实现场景化交互式教学,打造沉浸式课堂,同时结合具体教学应用场景,加大5G在智慧教育课堂上的应用推广,实现5G技术对党建学习教育的支撑。三是构建满足党员群众个性化学习、终身学习、学习交流互动等需求的三位一体的党建教育数字化公共服务平台,以智慧教育赋能多样化综合学习体系,强化学习效果,凸显服务导向,提升党建教学、管理、服务等各环节的信息化能力。

(五) 感知化价值传播系统的价值引领特性

智慧党建包含感知化的价值传播系统,以实现党建工作的价值引领。随着技

---

① 习近平. 高举中国特色社会主义伟大旗帜 为全面建设社会主义现代化国家而团结奋斗——在中国共产党第二十次全国代表大会上的报告[M]. 北京:人民出版社,2022:34.

术工具与生活场景的深度融合,驱动智慧党建应用不断创新,善感知、会思考、可进化将是智慧党建平台与系统的基本机能,感知体系也成为智慧党建的重要组成。智慧党建强化"数据赋能",围绕数据的获取、传输、存储、处理和使用,通过标准、开放、统一的技术架构形成"感知化的价值传播系统",让党员群众可感知、能执行,成为智慧党建的重要窗口和"发声器"。

具体而言:一是对基层党组织和党员活动进行全天候感知,对党员和人民群众的需求进行全天候记录。同时,网络多媒体、移动多媒体、手机报、手机电视等主流新闻媒体与感知化价值传播系统有机结合,形成具有广泛影响力的思想文化传播平台,强化网络意识形态主阵地,把握网络舆论主动权。二是将智慧党建所作出的党建工作情势判断和提供的服务选择、解决方案等,通过积极正面的主流价值发声体现出来,又将党员群众对这些"声音"的反应数据传回智慧党建平台,为其他模块的工作需求提供服务。三是以实时反应和迅速引领为功能的感知化主流价值传播系统,实现传播内容的全覆盖推送和个性化推荐相结合,既提升党组织思想文化传播的主动影响和感召能力,又满足主流价值传播的即时性和个性化需求,是新时代加强党的政治建设和思想建设的重要举措。

第三节 智慧党建的理念与原则

一般而言,理念是指看法、观念、思想、理论等思维活动的结果,可以用于表示对事物的看法、观念等,也可以用于表示事物所彰显出的思想、理论等。原则是指事物必须要遵循的底线规则和基本准则。毋庸讳言,智慧党建必然需要遵循一定的原则,并且因其具有的强大功能特性,也必然彰显出特定的理念。

一、智慧党建的理念

智慧党建的理念是对智慧党建所彰显出的思想、理论的一种概括。智慧党建是以党章党规为基本遵循,依据党组织实际情况,以云平台为基础,通过互联网、移动通信、物联网、大数据、人工智能、区块链、扩展现实等新技术,把党员干部、人民群众以及各种智能机器联系起来,彰显出全过程移动办公、全方位精准服务、全领域智能分析、全社会智慧治理四大理念。

(一)全过程移动办公理念

全过程移动办公理念,是指智慧党建工作平台与系统通过设置"线上标准化"的"党务工作流程",为党务工作者提供工作提醒、工作处理、决策研判等全过程党务业务支持,实现党建教育、管理、服务、监督等的网络化、智能化、移动化操作,彰显出党务工作的标准化、规范化、信息化、智慧化。主要体现在以下方面。

一是在线收发,包括收文、发文、交换、移动签批等,让党务、政务、业务、社会服务有效运转。二是会议管理,实现签到、记录、议题、决议、监督等全流程闭环式会议管理,使开会更加便捷。三是督办管理,涵盖立项、反馈、进度看板、评价等各环节,支持监督全过程,更具弹性。四是网上审批,以专属钉钉和手机APP为基础,推进各类报告、申请的网上审批速度,实现"审批不见面、最多跑一次",让相关制度文件的宣传与贯彻实施更及时、到位。五是"三重一大"监管,即对重大事项决策、重要干部任免、重大项目投资决策、大额资金使用实时监控,信息公开,更加透明。六是工作评估,对各领域各层级党组织和党员进行网上"政治体检",按照每月、季度、半年度、年度四种频率,定期分析研判党费缴纳、"三会一课"、主题党日、党员考核等党务工作成效。

(二)全方位精准服务理念

全方位精准服务理念,是指智慧党建平台与系统通过整合各类型平台功能和各领域各层级党组织资源,搭建融合党务、政务、业务、社会服务等多种服务形式于一体的全方位线上综合服务网络,将多维、立体、精准的全方位服务触角延伸至各领域各层级党组织最基层的神经末梢,为广大党员和人民群众提供能用、管用、爱用的精准服务，彰显出党建工作的服务措施纵深化、服务标准精细化、服务领域扩大化。主要体现在以下方面。

一是数据互联服务，对各领域、各层级党员信息数据系统进行全方位连接，为选人用人提供多维度信息参考。二是决策支撑服务，运用大数据分析掌握工作大局，围绕重点工作，向各级党委定期提交《基层党建重点任务大数据分析报告》《党委（党组）书记和县（区）委书记落实全面从严治党主体责任大数据分析报告》等，通过"研判分析"为各级党委制定"把方向、管大局、促落实"的工作决策提供有力支持。三是预警提醒服务，将事先预警和事后监督相结合，及时向党员个人、党支部书记、支部管理员发出党组织工作开展情况预警警示，对开展党组织工作不规范、不按时的党组织和党员进行提醒督导，点对点地督促其解决问题。四是支部建设服务，实施"标准化党支部建设"管理方案，将党支部标准化建设和业务工作分析评估相结合，为排查并预警软弱涣散的党组织、开展党建工作量化考核、党员评优评先等提供支撑服务。五是教育培训智能化服务，综合运用现代远程教育平台、综合服务平台、APP在线学习、课件点播、直播+点播、智能终端设备等，为广大党员和人民群众提供智能化、沉浸式、交互式的教育培训学习。六是党员志愿服务和社会公共服务，这方面的全方位精准服务理念已在精细化公共服务系统的精准服务特性中充分体现，在此不再赘述。

（三）全领域智能分析理念

全领域智能分析理念，是指智慧党建平台与系统在具备完善的数据安全机制的基础上，将各领域各层级党组织的各类型党建大数据库互联互通，通过统一的数据管理标准与算法规则，整合构建综合性、多功能的数据智能分析平台，即时响应与满足各领域各层级党组织对各类型党建工作数据的应用需求，彰显出党建工作的信息化、数据化、智能化。主要体现在以下方面。

一是全领域党建工作数据分析与管理，支持"全国党建工作一盘棋的建设和管理"，量化党建工作质量评估指标体系，全面地分析和展示全国各领域各层级党组织党建工作的总体状况，为各领域各层级党组织决策者、党务管理者提供实时、全面、准确的数据分析支撑，推动建立科学、定量的党建管理新模式，帮助提升党建工作的决策施政效力，增强党建工作的前瞻性和主动性。二是全流程党务工作数据管理，动态跟踪各领域各层级党组织领导班子成员配备、组织生活、党费缴纳等情况,建立支部工作手册、党员活动证等电子台账,工作痕迹自动保存,自动抓取异常数据,一键提醒,指明党建工作的薄弱点、要害处,实现党务工作自动化、纪实化和规范化。三是挖掘分析网格化社会治理数据,为各省市各层级地方政府的党组织决策者提供必要的网格化数据分析报告,帮助确定决策目标和进行问题识别,运用人机交互功能对决策进行分析、比较和判断,自动修正和构建决策模式,为各层级地方政府进行数字化治理和智能化管理提供决策依据。四是全领域数字化党建感知中心,建立党建工作大数据采集、存储、共享、交换等的统一标准,保证数据格式的一致性,通过"智能中枢"对各类型党建工作进行汇集归档,全面汇聚党务工作、党员学习、党员教育等各领域来源数据,强化"统采共享、分采统用"的高价值数据资料,根据各领域各层级党组织的具体情况和实际现状描绘"党建工作蓝图",动态分析与全景呈现本级党组织党建工作的实际进展,建设大中小屏联动化体系,实时监测与动态分析党建工作运行的综合态势。

(四) 全社会智慧治理理念

全社会智慧治理理念,是指智慧党建平台与系统以数据赋能,拓宽党建工作边界,使全国各省市的城市街道、乡村社区等基层社会治理实现共建、共治、共管、共享,满足广大党员和人民群众的多元化、多层次需求,增强广大党员和人民群众对各省市各层级党组织党建工作的满意度和获得感,以党建工作智能化转型大力推动基层社会治理现代化进程,彰显出党建工作与基层社会治理的有机融合与同频共振。主要体现在以下方面。

一是运用市级智慧党建平台与系统,构建"先知、先行"的"城市大脑",突破各领域各层级党组织的"数据壁垒",实现对重要行业的监测数据的汇聚、跨部门数据的综合展示、数据的叠加分析等,搭建应急调度、城市管理、环境保护、市场监管、综合治理、行业分析等协同联动的智慧党建应用平台,运用"城市大脑"的管理资源集聚优势,调动各方面社会主体积极参与跨行业、跨部门、跨层级的城市治理与智慧党建的融合应用,有效解决城市治理中的痛点、难点、堵点。二是采用音频、视频等智能交互技术,以省级智慧党建平台与系统为主体部署总指挥中心,构建省、市、县、乡镇(街道)、村(社区)五级指挥中心的智慧党建数据协同、业务联动机制,通过多部门协同的联合指挥与权责分配,实现条块化、专业化的综合管理与纵向到底、横向到边的协同指挥调度,综合运用人工交互、迭代计算、多重验证等技术手段,促进基层社会治理中对突发事件应对的智能化流转,确保第一时间发现、处理和反馈各类型突发事件及其危机问题,提高应急反应能力和处理效率,并对基层社会治理方案进行优化,实现全省"一网统管"的基层社会治理目标。三是运用全国智慧党建平台与系统,打造全社会智慧治理决策中枢,整合实现区域监控、决策、指挥三大功能,建设全社会智慧治理专题大数据库,研发构建全社会智慧治理决策模型体系,完善经济运行、生态环境、社会治理等专题治理决策支持能力,进行全社会智慧治理整体形势的实时监测和决策模式预测,为各省市党组织决策人员提供数据化、可视化、集成化的决策支持,推进全国各省市社会智慧治理"一网统管"向纵深发展。

二、智慧党建的原则

智慧党建的原则,是智慧党建的规划、构建与实施过程中所必须始终遵循的工作准则。智慧党建的原则不能脱离党建工作领域来确定,而是应着眼于保障完成党建工作任务、达到党建工作目的、实现党建工作意义的视角来确定。为此,智慧党建应遵循以下三大原则。

(一)政治引领和价值引领相统一原则

一般而言,党建工作的政治引领是指通过开展党建工作团结和带领广大党员和人民群众在政治立场、政治方向、政治原则、政治道路上同以习近平同志为核心的党中央保持高度一致,帮助广大党员和人民群众深刻感悟"两个确立"的决定性意义,不断增强"四个意识"、坚定"四个自信",时刻做到"两个维护",严明政治纪律和政治规矩,不断提高政治判断力、政治领悟力、政治执行力。党建工作的价值引领是指将深入贯彻习近平新时代中国特色社会主义思想作为凝心铸魂的重中之重,将坚持全心全意服务于人民群众作为初心使命,通过创新党建业务联动方式、加强党建业务工作深度融合,发挥党建工作的战斗堡垒作用,以凝聚人心、推动社会发展。在全面建成社会主义现代化强国的新征程上,党建工作的政治引领是前提,价值引领是根本,共同夯实和巩固党的长期执政基础。因此,智慧党建应始终遵循政治引领和价值引领相统一的原则。具体做法如下。

首先,明确智慧党建"姓党",智慧党建具有极强的政治属性,应始终坚持以为人民服务为宗旨，以全面贯彻和落实党的理论、路线、方针和政策为核心，始终坚持党的全面领导。其次，筑牢党组织管理的桥头堡，做好各省市各领域各层级党组织的教育培训，学会运用智慧党建的新思路、新方法、新渠道来推动党建工作更加"接地气"，将涉及生产生活、民计民生的各项服务举措以数字化形式统筹协调、统一搭载到智慧党建平台与系统中，将优质可靠的生活产品和各项服务送到广大党员和人民群众身边，提升智慧党建的吸引力和凝聚力。最后，发挥智慧党建进行主流价值传播的强大功能，扩大党的理论、路线、方针、政策的宣传覆盖面和教育实效性，帮助广大党员和人民群众深入学习贯彻党的指导思想，充分彰显智慧党建的政治引领和价值引领的同频共振作用。

（二）党建理论和党建实务相统一原则

2016年3月，习近平总书记提出要"构建中国化马克思主义党建理论体系"。具体而言，中国化马克思主义党建理论体系是在党的政治建设、思想建设、组织建设、作风建设、纪律建设、反腐倡廉建设和制度建设等方面提出新的系统的思想、办法和制度安排，构成全面系统的理论内容体系。党建实务是以党建理论为基础，具体是指围绕政治理论学习、组织工作、思想政治工作、作风建设、反腐倡廉等方面开展的具体党务工作。目前在党的建设研究中，要么是纯粹的党建学理研究，但往往造成对党的建设真谛的扭曲和"解构"，引起思想上的混乱；要么是忽视党建学理构建，认为党的建设就是作实证案例研究或工作总结。这两种倾向严重影响党建工作研究质量的提升和党建工作实践水平的提高。因此，作为党建工作的创新形式，智慧党建必须遵循党建理论和党建实务相统一的原则。事实上，应在智慧党建平台与系统的具体建构与功能发挥中充分体现出党建理论和党建实务的统一性。

具体而言：一方面，智慧党建平台与系统的信息存储工具可以吸纳涵括一切涉及党建工作的理论知识，构建党建理论专题模块，不仅为广大党员和党务工作者提供智能智联、沉浸交互的党建理论学习平台，也为开展党务工作提供实时动态的、有针对性的理论指导。另一方面，智慧党建平台与系统中专门设置了流程化、标准化、规范化的党务工作平台，把现实中的党组织工作体系映射到智慧党建平台与系统中，实现党组织管理、会议管理、组织关系转接、党员发展、党费管理等模块功能的标准化、自动化和智能化。总之，将党建理论和党建实务相统一，不仅是智慧党建应遵循的原则，也是智慧党建彰显出的强大功能特性。

(三) 党性教育和服务群众相统一原则

党性教育是中国共产党的优良传统，是党加强自身建设的重要法宝。《中国教育百科全书》认为，党性教育指的是"用无产阶级的优良特性、辩证唯物主义世界观、马克思主义的思想作风对每个党员进行本质的改造"。党的二十大报告进一步强调："把新时代中国特色社会主义思想转化为坚定理想、锤炼党性和指导实践、推动工作的强大力量。"① 群众路线是中国共产党的生命线和根本工作路线，反映出"以人民为中心""坚持人民至上"等人民立场，必须坚持群众路线这一根本工作方法，不断强化党员服务群众的观念，并着力增强服务群众的本领、能力和水平。中国共产党作为马克思主义政党，其党性和人民性从来都是一致的、统一的，党性寓于人民性之中，没有脱离人民性的党性。因此，智慧党建必须遵循党性教育和服务群众相统一的原则。实际上，智慧党建平台与系统中分别设置党员干部教育系统和党群服务系统，就充分体现出这一原则。

具体而言：一方面，党员干部教育系统联通党务信息数据系统、主流价值传播系统、党员组织活动系统等多维数据，对党组织、党员领导干部和普通党员的组织生活学习状态、个人思想动态、个性化需求等进行动态分析与评估，通过教育资源供给平台连接和整合党组织内外部资源，提供丰富的党性教育内容与学习工具，再针对党员领导干部和普通党员的个性化需求进行内容筛选、智能抓取和推送，可以一点发送，多端发布，并实时分析学习效果。另一方面，党群服务系统利用大数据将党员志愿服务意向、服务专长、时间、空间等情况与企业、农村、机关、学校、街道社区、社会组织等各领域的群众需求进行对接，促进信息互换匹配，推进党组织、党员服务群众的智慧化、高效化。同时，针对在志愿服务中遇到的理论知识短板、专业知识瓶颈等问题，党员都可以通过党员干部教育系统进行提问、咨询与学习，实现自我提升。

---

① 习近平. 高举中国特色社会主义伟大旗帜　为全面建设社会主义现代化国家而团结奋斗——在中国共产党第二十次全国代表大会上的报告[M]. 北京：人民出版社，2022：65.

> **本章思考题**
>
> 1. 智慧党建是指什么?智慧党建具有什么特征?
> 2. 智慧党建的理念与原则是指什么?具体有哪些内容?

第三章

智慧党建的理论基础

理论创新为党的建设提供科学指南。智慧党建的研发、设计、构建与实施应用既需要新一代网络信息技术、数字技术、人工智能技术等新兴技术支撑,也需要遵循党建工作相关理论,还需要依循一定的媒体发展和信息传播规律。因此,智慧党建的理论基础必然关涉到相关技术理论、党建工作理论、媒体传播理论等多维视角的多个理论。对此,本章仅择要简介与智慧党建密切相关的"互联网+党建"理论、媒体传播理论和党的建设发展趋势理论。对于智慧党建的相关技术理论,将在下一章中论及。

第一节 "互联网＋党建"的相关理论

党的十八大以来,习近平总书记立足人类进入信息社会这一时代背景,坚持马克思主义的立场观点方法,高度重视"互联网＋党建"工作,准确把握党建工作面临的机遇和挑战。习近平总书记从党的建设历史和现实、理论和实践相结合的视角出发,围绕"互联网＋党建"工作提出一系列新思想、新观点、新论断,深入回答为什么要推进"互联网＋党建"、如何推进"互联网＋党建"等重大理论和实践问题,为做好新时代"互联网＋党建"工作指明前进方向,为智慧党建的推进与推广提供根本遵循。

一、"互联网＋党建"是新时代加强党的建设的必然选择

"互联网＋党建"是基于网络空间产生的一种新型党建形态。习近平总书记在全国组织工作会议上指出,要"探索加强新兴业态和互联网党建工作"①。因此,实现互联网和党建工作的有机融合是扩大党在网络空间的号召力和凝聚力的必然要求,更是新时代加强党的建设的必然选择。

(一) 推进"互联网＋党建"是新时代开展党建工作的大势所趋

当今社会是一个万物互联的时代,"互联网＋"已经深入到整个社会场域之中。而"互联网＋党建"作为党建工作的新形态,是新时代开展党建工作的重要方向。具体而言,"互联网＋党建"是党建信息化的新阶段,是"互联网＋"时代对中国共产党执政的最新要求。"近年来,随着信息技术的迅猛发展,互联网、大数据、云计算、人工智能、区块链等技术加速创新,日益融入经济社会发展各

---

① 中共中央党史和文献研究院.十九大以来重要文献选编(上)[M].北京:中央文献出版社,2019:561.

领域全过程"①，互联网思维也深刻改变着人们的认识、行为方式，充分利用好互联网的优势，努力提高党建工作的广度、深度、精度，是新时代党建工作的大势所趋。

2011年12月，习近平总书记在全国组织部长会议上讲道："互联网的迅猛发展，对党的建设特别是拓展党建工作空间、创新党组织活动方式等提出新挑战新要求。各级党委要高度重视信息化发展对党的建设的影响，做到网络发展到哪里党的工作就覆盖到哪里，充分运用信息技术改进党员教育管理、提高群众工作水平，加强网络舆论的正面引导。"②2016年11月，习近平总书记在第三届世界互联网大会开幕式上的视频讲话中指出，"互联网是我们这个时代最具发展活力的领域"③。2019年7月，习近平总书记在中央和国家机关党的建设工作会议上的讲话中指出："要紧扣机关党建时代特点和党员思想行为特征开展工作，积极探索有利于破解难题的新途径新办法，积极探索信息化条件下开展工作的新载体新路数。"④总之，习近平总书记一直十分重视互联网建设。在地方任职期间，分别提出"数字附件""数字浙江"和"智慧上海"。党的十八大以来，习近平总书记更加重视互联网和信息化工作，并指出"互联网真正让世界变成了地球村，让国际社会越来越成为你中有我、我中有你的命运共同体"⑤。此外，在以习近平同志为核心的党中央领导集体下，先后成立中央网络安全和信息化领导小组（2014）、中央网络安全和信息化委员会（2018），举办世界互联网大会，召开网信工作座谈会和全国网信工作会议。习近平总书记从信息化发展大势和国际国内大局出发，就网信工作提出一系列新思想、新观点、新论断，系统阐释互联网的地位和作用，深刻回答一系列方向性、根本性、全局性、战略性等重大问题，形成内涵丰富、科学系统的关于网络强国的重要论述，为新时代党建工作信息化指明前进方向和提供根本遵循。

---

① 习近平2021年10月18日在主持十九届中央政治局第三十四次集体学习时的讲话。
② 中共中央党史和文献研究院.十七大以来重要文献选编（下）[M].北京：中央文献出版社，2013：690.
③ 中共中央党史和文献研究院.习近平关于网络强国论述摘编[M].北京：中央文献出版社，2021：160.
④ 中共中央党史和文献研究院.十九大以来重要文献选编（中）[M].北京：中央文献出版社，2021：147.
⑤ 中共中央党史和文献研究院.习近平关于网络强国论述摘编[M].北京：中央文献出版社，2021：150.

（二）推进"互联网＋党建"事关中国共产党长期执政的战略大局

党的十九届六中全会提出"建设什么样的长期执政的马克思主义政党、怎样建设长期执政的马克思主义政党"这一重大时代课题，是中国共产党长期执政的战略大局。在互联网和信息化快速发展的背景下，党的长期执政既面临机遇，又面临风险挑战。对此，具备强大的网络执政能力是中国共产党长期执政战略大局的重要内容。

面对互联网的快速发展，如何过好互联网这一关，进一步提升党的长期执政能力，是党的建设亟待解决的问题，必须创新党建思维，转变党建理念，实现党的建设创新发展。早在20世纪80年代，时任河北省正定县委书记的习近平同志就指出，科技是关键，信息是灵魂。2000年，时任福建省省长的习近平同志作出建设"数字福建"的战略决策。2003年，时任浙江省委书记的习近平同志指出，要坚持以信息化带动工业化，以工业化促进信息化，加快建设"数字浙江"……在2007年至2012年的五年间，习近平同志作为中央政治局常委、中央书记处书记分管党史党建工作，已开始要求以互联网新媒体推进全国党史党建工作。随着互联网和信息技术的飞快发展，党史党建工作也要跟上时代潮流的发展。为此，习近平同志强调要用好网络技术，推进党史党建工作，为广大党组织和党员干部提供优质高效的服务。2010年7月，在全国党史工作会议上，针对党史工作存在的问题，习近平同志特别强调，在党史宣传和教育活动中，要加强对互联网等现代技术的使用。①

党的十八大后，以习近平同志为核心的党中央将把我国建设成为网络强国以保障党长期安全执政提到了更高位置。2016年2月，习近平总书记在讲到坚持党的新闻舆论工作的正确政治方向时指出："过不了互联网这一关，就过不了长期执政这一关。"②2017年10月，习近平总书记在党的十九大报告中提出："要增强改革创新本领，保持锐意进取的精神风貌，善于结合实际创造性推动工作，善于运用互联网技术和信息化手段开展工作。"③2018年7月，习近平总书记在全国组织工作

---

① 新华社全国党史工作会议在京举行[N]. 人民日报，2010-7-22(01).
② 中共中央党史和文献研究院. 习近平关于网络强国论述摘编[M]. 北京：中央文献出版社，2021：3.
③ 中共中央党史和文献研究院. 十九大以来重要文献选编（上）[M]. 北京：中央文献出版社，2019：48.

会议上强调,"要探索加强新兴业态和互联网党建工作,扩大党在新兴领域的号召力和凝聚力"①。2019年10月,习近平总书记在主持中共中央政治局第十八次集体学习时强调,"我们要把区块链作为核心技术自主创新的重要突破口,明确主攻方向,加大投入力度,着力攻克一批关键核心技术,积极推动区块链技术多领域、多场景应用"②。2020年10月,中共中央政治局就量子科技研究和应用前景举行第二十四次集体学习,习近平总书记指出:"要充分认识推动量子科技发展的重要性和紧迫性,加强量子科技发展战略谋划和系统布局,把握大趋势,下好先手棋。"③这些先进的互联科技不仅对党的执政产生深刻的影响,更对党建工作提出更高的要求。

概言之,"互联网+党建"是中国共产党在新时代提高党建科学化信息化水平的必由之路,是符合时代发展趋势的历史选择,是新征程上中国共产党提高党建科学化信息化水平的关键之举。更为关键的是,加强"互联网+党建"事关党长期执政的战略大局。

(三) 推进"互联网+党建"事关我国意识形态安全和政权安全

进入新时代,互联网日益成为意识形态斗争的主阵地、主战场、最前沿,要坚决打赢网络意识形态斗争,保证互联网这个最大变量变成事业发展的最大增量。因此,推进"互联网+党建"必须高度重视意识形态安全和政权安全。

"互联网+党建"有助于了解民情,掌握民意。由于网民绝大多数都是普通群众,受教育程度不同,生活经历不同,观点和看法五花八门,这就要求必须高度重视网络意识形态的传播。2013年8月,习近平总书记在全国宣传思想工作会议上指出:"我看要把网上舆论工作作为宣传思想工作的重中之重来抓。宣传思想工作是做人的工作的,人在哪儿重点就应该在哪儿。我国网民有近六亿人,手机网民有四亿六千多万人,其中微博用户达到三亿多人。很多人特别是年轻人基本不看主流媒体,大部分信息都从网上获取。必须正视这个事实,加大力量投入,尽快掌握这

---

① 中共中央党史和文献研究院. 十九大以来重要文献选编(上)[M]. 北京:中央文献出版社,2019:561.
② 中共中央党史和文献研究院. 习近平关于网络强国论述摘编[M]. 北京:中央文献出版社,2021:122.
③ 中共中央党史和文献研究院. 习近平关于网络强国论述摘编[M]. 北京:中央文献出版社,2021:124.

个舆论战场上的主动权,不能被边缘化了。"①2016年4月,习近平总书记在网络安全和信息化工作座谈会上指出:"善于运用网络了解民意、开展工作,是新形势下领导干部做好工作的基本功。各级干部特别是领导干部一定要不断提高这项本领。"

  网络信息的多元性和复杂性决定了网络意识形态安全建设需要整体性思维。2013年8月,习近平总书记在全国宣传思想工作会议上指出:"要解决好'本领恐慌'问题,真正成为运用现代传媒新手段新方法的行家里手。"②这就要求必须加强互联网内容建设,深入实施网络内容建设工程,发展积极向上的网络文化,创新改进网上宣传,形成网上正面舆论强势。2014年2月,习近平总书记在中央网络安全和信息化领导小组第一次会议上的讲话中指出:"做好网上舆论工作是一项长期任务,要创新改进网上宣传,运用网络传播规律,弘扬主旋律,激发正能量,大力培育和践行社会主义核心价值观,把握好网上舆论引导的时、度、效,使网络空间清朗起来。"③2015年5月,习近平总书记在《坚决打赢网络意识形态斗争》中指出:"网络意识形态安全风险问题值得高度重视。……掌控网络意识形态主导权,就是守护国家的主权和政权。"④2015年12月,习近平总书记在第二届世界互联网大会开幕式上提出,"要加强网络伦理、网络文明建设,发挥道德教化引导作用,用人类文明优秀成果滋养网络空间、修复网络生态"⑤。2016年4月,习近平总书记在网络安全和信息化工作座谈会上的讲话中指出:"网络安全为人民,网络安全靠人民,维护网络安全是全社会共同责任,需要政府、企业、社会组织、广大网民共同参与,共筑网络安全防线。"⑥2018年4月,习近平总书记在全国网络安全和信息化工作会议上指出:"互联网是我们面临的最大变量,在互联网这个战场上,我们能否顶得住、打得赢,直接关系国家政治安全。"⑦2018年8月,习近平总书记在全

---

① 中共中央党史和文献研究院. 习近平关于网络强国论述摘编[M]. 北京:中央文献出版社,2021:51.
② 中共中央党史和文献研究院. 习近平关于总体国家安全观论述摘编[M]. 北京:中央文献出版社,2018:104.
③ 中共中央党史和文献研究院. 习近平关于网络强国论述摘编[M]. 北京:中央文献出版社,2021:63.
④ 中共中央党史和文献研究院. 习近平关于网络强国论述摘编[M]. 北京:中央文献出版社,2021:54.
⑤ 中共中央党史和文献研究院. 习近平关于网络强国论述摘编[M]. 北京:中央文献出版社,2021:155.
⑥ 中共中央党史和文献研究院. 习近平关于网络强国论述摘编[M]. 北京:中央文献出版社,2021:92.
⑦ 中共中央党史和文献研究院. 习近平关于网络强国论述摘编[M]. 北京:中央文献出版社,2021:56.

国宣传思想工作会议上强调:"我们必须坚持以立为本、立破并举,不断增强社会主义意识形态的凝聚力和引领力。我们必须科学认识网络传播规律,提高用网治网水平,使互联网这个最大变量变成事业发展的最大增量。"①总体上,习近平总书记关于网络意识形态和网络安全的重要论述为新时代互联网党建发展指明了方向。

总之,网络意识形态是"互联网+党建"的重要工作之一,更是智慧党建的主要的构成内容,应深入理解习近平总书记关于网络意识形态和安全的重要论述,严格贯彻执行党的意识形态工作方针,坚决打赢网络意识形态斗争,切实维护以政权安全、制度安全为核心的国家政治安全。

二、推进"互联网+党建"的实践要求

当前,"互联网+党建"蓬勃发展,党建与互联网深度融合,形成聚合效应是大势所趋。尤其党的十八大以来,以习近平同志为核心的党中央积极推进党要管党、从严治党的战略部署,将"互联网+"与党建工作有机融合促进信息化和服务化协同推进,有效提升党建工作效能。

(一)推进"互联网+党建"过程中要依循互联网思维

进入互联网时代,要求社会各个领域、各项工作都需要具备互联网思维。2015年12月,习近平总书记在视察解放军报社时发表的重要讲话中讲道:"研究把握现代新闻传播规律和新兴媒体发展规律,强化互联网思维和一体化发展理念。"②这就要求"互联网+党建"要逐步形成互联网思维。"互联网+党建"的深层内涵蕴含着党建工作理念与互联网思维的融合。互联网思维具有求真、开放、平等、分享的特征,为党组织的统筹、融合、系统化提供了关键技术、平台和途径。当下,如何进一步掌握互联网主动权,融合互联网思维、顺应互联网运行规律都是深化互联网党建工作的过程中需要思考的问题。广大党务工作人员要与时俱进,紧跟时代步伐,依循互联网思维开展党建工作。

---

① 习近平.习近平谈治国理政(第三卷)[M].北京:外文出版社,2020:311.
② 中共中央党史和文献研究院.习近平关于网络强国论述摘编[M].北京:中央文献出版社,2021:67.

具体而言：第一，走好互联网"群众至上"路线。建立与人民群众之间沟通和互动的制度，及时掌握群众需求，针对群众的具体需要，及时提出符合广大群众利益的政策。互联网思维与党的群众路线有异曲同工之妙，把群众路线做到极致，就是互联网思维在党建中的运用。第二，建立一个交流、共享、互助、共赢的互联网党建平台。打破时间和空间的限制，如组织内部、组织与党员、组织与组织、组织与社会之间沟通交流，随时随地共同学习、分享、沟通、互助，打破时空的局限性。党组织活动的设计开展不再是线性的、分层级的、号召命令式的，而是在一个平台上自愿互动，平等交流。组织的活力、凝聚力、向心力和党员的参与度都会大大提升。第三，充分发挥大数据在互联网党建中的效能。在党建工作中，通过对党员基础数据的采集、管理、开发和运用，可以对党建工作开展更科学的分析，对党员实现更精确的管理和个性化服务。

总之，互联网时代带来整个社会治理体系朝着扁平、透明、规范、高效的方向发展，党组织要适应这样的变化，积极拥抱互联网时代，用互联网思维主动思考，才能有助于科学执政、长期执政。

（二）推进"互联网＋党建"必须保证绝对的网络安全

2016年4月，习近平总书记在网络安全和信息化工作座谈会上指出："网络安全和信息化是相辅相成的。安全是发展的前提，发展是安全的保障，安全和发展要同步推进。"[①]2019年1月，习近平总书记在主持十九届中央政治局第十二次集体学习时的讲话中指出："没有网络安全就没有国家安全。"[②]网络安全是指在不被意外和恶意破坏的情况下，网络系统的硬件、软件及其系统的信息得到有效的保障。一般意义上，任何与互联网有关的技术，包括保密性、完整性、可用性和可控制性，都属于网络安全的范畴。2019年9月，在第六个国家网络安全宣传周开幕之际，习近平总书记专门对网络安全工作作出"四个坚持"的重要指示，要求国家网络安全工作要坚持网络安全为人民、网络安全靠人民，保障个人信息安全，维护公民在网络空间的合法权益；要坚持网络安全教育、技术、产业融合发展，形成人才培养、技术创新、产业发展的良性生态；要坚持促进发展和依法管理相统一，既

---

① 中共中央文献研究室.习近平关于社会主义文化建设论述摘编[M].北京：中央文献出版社，2017：51.
② 中共中央党史和文献研究院.习近平关于网络强国论述摘编[M].北京：中央文献出版社，2021：97.

大力培育人工智能、物联网、下一代通信网络等新技术新应用,又积极利用法律法规和标准规范引导新技术应用;要坚持安全可控和开放创新并重,立足于开放环境维护网络安全,加强国际交流合作,提升广大人民群众在网络空间的获得感、幸福感、安全感。在"四个坚持"重要指示精神指引下,我国网络安全各项工作取得积极进展,形成一系列生动实践和宝贵经验。归根结底,推进"互联网+党建"必须保证绝对的网络安全,没有网络安全就没有国家安全,就没有经济社会稳定运行,广大人民群众利益也难以得到保障。如何保证"互联网+党建"具有一个良好的网络安全环境?具体做法如下。

第一,筑牢网络阵地意识,坚持党管互联网。以习近平同志为核心的党中央十分关注加强网络舆论宣传建设,广大党员要深入学习和贯彻习近平总书记有关网络强国的重要思想,坚持把党的领导贯穿用网、管网、治网全过程,增强政治敏锐性和政治鉴别力,不折不扣地贯彻落实党中央关于网络安全的决策部署,为各项事业发展营造良好的网上舆论氛围和可靠的网络安全保障。

第二,不断夯实网络安全法治基础。近年来,在中央网络安全和信息化委员会的坚强领导下出台了《国家网络空间安全战略》《关键信息基础设施安全保护条例》等网络安全法律法规与战略规划,印发了《网络安全审查办法》《云计算服务安全评估办法》《汽车数据安全管理若干规定(试行)》《关于加强网络安全学科建设和人才培养的意见》《关于加强国家网络安全标准化工作的若干意见》等部门规章和政策文件,网络安全国家标准体系日益完善。同时,我国不断加强网络安全事件应急指挥能力建设,不断强化互联网国际治理和网络安全国际交流合作,推动建立多边、民主、透明的国际互联网治理体系。

第三,增强网络安全意识,守护网络安全净土。习近平总书记曾数次提出要营造风清气正的网络空间,共同构筑网络空间的安全屏障。随着互联网技术的不断更新换代,新业态、新产品和新领域不断涌现,必须充分了解网络安全的复杂性、艰巨性和长期性,要始终增强对网络安全的警觉性和敏感度,树立正确的网络安全观,引导广大网民和网络经营者切实履行网络安全主体责任,扎实推进全局网络安全工作,为网络安全保护大局和重大事件处置提供充分保障。

第四,全社会共筑网络安全防线。维护网络安全是全社会的共同责任,需要政府、企业、社会组织、广大网民共同参与,共筑网络安全防线。自 2014 年以来,中央宣传部、中央网信办、教育部、工信部、公安部、中国人民银行、国家广播电视总局、全国总工会、共青团中央、全国妇联等十部门连续在全国范围内举办国家网络安全宣传周,推动宣传教育进机关、进企业、进学校、进社区,有效提升全民网络安全意识和防护技能,在全社会营造"网络安全为人民、网络安全靠人民"的良好氛围。归根结底,筑牢网络安全防线,不但要创新技术、健全法治、完善机制,更要号召全民参与,坚决捍卫网络空间的安全和清朗,筑牢网络安全屏障,汇聚保障网络安全的磅礴力量,推动我国从网络大国走向网络强国,为社会稳定和长治久安做出贡献。

总之,"网络安全"是推进"互联网＋党建"的重中之重。对此,在推进"互联网＋党建"过程中,务必要绷紧"网络安全"这根"弦"。可以说,"网络安全"是推进"互联网＋党建"的重要保障。

(三) 推进"互联网＋党建"必须拥有过硬的技术

2014 年 2 月,习近平总书记在中央网络安全和信息化领导小组第一次会议上指出:"建设网络强国,要有自己的技术,有过硬的技术。"[①]2016 年 4 月,习近平总书记在网络安全和信息化工作座谈会上的讲话中指出:"互联网核心技术是我们最大的'命门',核心技术受制于人是我们最大的隐患。"[②]2018 年 7 月,习近平总书记主持召开中央财经委员会第二次会议,强调关键核心技术是国之重器,对推动我国经济高质量发展、保障国家安全都具有十分重要的意义,必须切实提高我国关键核心技术创新能力,把科技发展的主动权牢牢掌握在自己手里,为我国发展提供有力科技保障。在"互联网＋党建"方面,推进"互联网＋党建"要以技术护航,过硬的技术是"互联网＋党建"的保障。

具体而言:一是把发展数字经济自主权牢牢掌握在自己手中。2021 年 10 月,习近平总书记在主持十九届中央政治局第三十四次集体学习时的讲话中指出:"要牵住数字关键核心技术自主创新这个'牛鼻子',发挥我国社会主义制度优

---

① 中共中央党史和文献研究院.习近平关于总体国家安全观论述摘编[M].北京:中央文献出版社,2018:166.
② 中共中央党史和文献研究院.习近平关于网络强国论述摘编[M].北京:中央文献出版社,2021:108.

势、新型举国体制优势、超大规模市场优势,提高数字技术基础研发能力,打好关键核心技术攻坚战,尽快实现高水平自立自强,把发展数字经济自主权牢牢掌握在自己手中。"①自主创新对我国形成国际竞争新优势、增强发展的长期动力具有战略意义,加快数字经济自主创新不仅有利于构建新型发展体制机制,还有利于推动经济发展质量变革、效率变革、动力变革,提高全要素生产率,更有利于加快国家创新体系建设。

二是推动政府数字化、智能化运行,让群众少跑腿。2019年1月,习近平总书记在河北雄安新区政务服务中心考察时的讲话中指出:"要运用现代信息技术,推进政务信息联通共用,提高政务服务信息化、智能化、精准化、便利化水平,让群众少跑腿。"②2022年4月,习近平总书记在中央全面深化改革委员会第二十五次会议上的讲话中指出,要全面贯彻网络强国战略,把数字技术广泛应用于政府管理服务,推动政府数字化、智能化运行,为推进国家治理体系和治理能力现代化提供有力支撑。对于"互联网+党建"而言,必须强化信息化技术,依托云计算、物联网、大数据、移动互联等,构建无缝、通畅、感知、协同、智能的"互联网+党建"环境,实现党建工作的人性化服务、规范化管理、立体化应用和系统化决策,这就要求必须要有过硬的互联网技术。因此,重视对互联网相关的一切信息技术等的科研及其成果转化的培育,从政策、平台、资金等方面予以支持,为"互联网+党建"体系建设提供技术保障。

(四)推进"互联网+党建"工作必须培养优秀人才队伍

2016年4月,习近平总书记在网络安全和信息化工作座谈会上的讲话中指出,"互联网主要是年轻人的事业,要不拘一格降人才。要解放思想,慧眼识才,爱才惜才。培养网信人才,要下大功夫、下大本钱,请优秀的老师,编优秀的教材,招优秀的学生,建一流的网络空间安全学院。互联网领域的人才,不少是怪才、奇才,他们往往不走一般套路,有很多奇思妙想。对待特殊人才要有特殊政策,不要求全责备,不要论资排辈,不要都用一把尺子衡量","建设网络强国,没有一支优秀的人才队伍,没有人才创造力迸发、活力涌流,是难以成功的。念好

---

① 习近平.习近平谈治国理政(第四卷)[M].北京:外文出版社,2022:206.
② 中共中央党史和文献研究院.习近平关于网络强国论述摘编[M].北京:中央文献出版社,2021:27.

了人才经,才能事半功倍"。① 搭建"互联网＋党建"体系,不仅需要既懂党建业务,又有大数据思维的党务工作者,还需要各级党组织进一步加强对大数据、云计算、移动互联等领域应用型人才的培养。所以,关于人才队伍的培养必须把握以下二点。

一是重视基层党建信息化人才队伍建设,强化人才干部队伍管理。基层党组织通过青年人才党支部建设等工作选拔、引进人才,培养一支思想素质好、熟悉基层党建信息系统操作的专门人才队伍;建立党建信息化人才队伍培育机制,加大经费投入和培训力度,通过专业培训、跟班学习等规范化培训党建信息化工作人员,定期进行党建业务能力培训和技术水平测试,以不断提升党建信息化工作的"健康"水平。

二是加强对各级党组织的全面统筹,推动党建信息化建设常态化、长效化。各级党组织应成立基层党建信息化建设工作领导机构,强化对党建工作的总体谋划和部署,建立党建信息技术平台的建设和管理机制,加强手机、电脑、电视等终端平台的建设和改革,通过购买服务、合作开发等方式,吸纳社会技术人员参与,为党建信息化工作提供专业技术支撑。同时,坚持统筹协调,将各基层党组织信息化工作有机融入全国性的党建信息化建设体系当中,做好全国党建信息化工作的顶层设计。

习近平总书记站在统筹把握中华民族伟大复兴战略全局和世界百年未有之大变局的高度,对互联网和"互联网＋党建"做出系列重要论述,深入分析互联网对党建工作的重要作用,系统阐述新时代党的建设工作的新思想新理念新战略,明确做好新时代党建工作的指导思想、战略目标、重点任务和政策举措,体现出高度的政治性、思想性和理论性,对新时代智慧党建的拓展和延伸具有重要的理论借鉴和实践指导价值。

三、与"互联网＋党建"相关的中央政策文件

党的十八大以来,我国在互联网技术、产业、应用以及跨界融合等方面取得积

---

① 中共中央党史和文献研究院.习近平关于网络强国论述摘编[M].北京:中央文献出版社,2021:37.

极进展,已具备加快推进"互联网+"发展的坚实基础。在"互联网+党建"方面,为加快推动互联网与党建工作的深入融合和创新发展,出台了一系列有关互联网党建、智慧党建的中央政策文件,为进一步推动基层党建工作信息化,努力构建开放互动的网络党组织活动平台,提供发展方向和具体思路。

中共中央办公厅印发的《关于加强基层服务型党组织建设的意见》中提到,探索建立网络党组织,通过QQ群、微博、微信等开展党的活动,拓宽党建工作网络阵地。推行网络服务,推动基层党建信息化工作平台和网上民生服务平台整合,加快全国党员信息库建设,充分运用共产党员网、农村党员干部现代远程教育网、党员干部手机信息系统等开展服务。中共中央印发的《2018—2022年全国干部教育培训规划》中指出,开展互联网、大数据、云计算、人工智能等新知识新技能的学习培训,帮助干部完善履行岗位职责必备的基本知识体系,提高科学人文素养。《中共中央关于加强党的政治建设的意见》中指出,增强党内政治生活的时代性,主动适应信息时代新形势和党员队伍新变化,积极运用互联网、大数据等新兴技术,创新党组织活动内容方式,推进"智慧党建",使党内政治生活始终充满活力,坚决防止和克服党内政治生活不讲创新、不讲活力、照搬照套的倾向。《2018—2022年全国干部教育培训规划》中指出,发展高效协同的数字政务。加快制度规则创新,完善与数字政务建设相适应的规章制度。强化数字化能力建设,促进信息系统网络互联互通、数据按需共享、业务高效协同。提升数字化服务水平,加快推进"一件事一次办",推进线上线下融合,加强和规范政务移动互联网应用程序管理。

中共中央办公厅印发的《2014—2018年全国党员教育培训工作规划》中指出,充分利用报刊、电视、手机、互联网等大众传媒开展教育培训。办好用活共产党员网、共产党员电视栏目、共产党员手机报,大力推进在线学习培训,建设全国党员教育网站联盟。发挥"12371"全国基层党建工作手机信息系统和全国党员咨询服务电话的作用。各级党组织要办好党员教育培训网站,建立"网上党校""网络课堂",拓展党员电化教育服务功能,开设党建电视频道或党员教育电视栏目,定期发送党员教育手机报或手机短信。积极推动在党报、党刊、电台等媒体开设党员教育培训专栏,实现全媒体覆盖。中共中央办公厅印发的《2019—2023年全国党员教育培训工作规划》提到,发挥"两微一端"等新媒体优势,组织党员在线学习。

创新运用信息化手段,推动党员教育信息化平台一体化建设,完善学用功能,构建更为便捷高效的网络学习阵地。建设全国党员教育资源库,建立党性教育基地网上平台,发挥全国党建网站联盟作用,用好"共产党员"教育平台、"学习强国"学习平台等载体。依托全国党员管理信息化工程,探索建立党员学习电子档案。注重党员教育信息化建设整体设计,避免重复建设。坚持线上线下相结合,探索适应信息化发展趋势和受众特点的教育培训有效方式,注重运用大数据对党员学习情况进行动态分析,精准推送教育内容,引导党员主动学网用网。中央组织部要研究制定加强新时代党员教育信息化建设的指导意见,统筹推进远程教育、电化教育、网络新媒体平台教育,提高党员教育培训现代化水平。中共中央办公厅、国务院办公厅印发《数字乡村发展战略纲要》,推动"互联网+党建"。建设完善农村基层党建信息平台,优化升级全国党员干部现代远程教育,推广网络党课教育。推动党务、村务、财务在网上公开,畅通社情民意。中共中央办公厅印发《关于加强和改进城市基层党的建设工作的意见》,指出广泛应用现代网络信息技术。整合各级党建信息平台与政务信息平台、城市管理服务平台等,实现多网合一、互联互通,促进党建工作与社会管理服务深度融合。推广"互联网+党建""智慧党建"等做法,利用大数据做好党建工作分析研判,利用微信、微博、移动客户端等新媒体,丰富党建工作内容和形式,巩固和扩大党的网上阵地。中组部办公厅印发的《关于利用党员教育信息传媒平台做好党的群众路线教育实践活动学用工作的通知》提到,为认真贯彻落实中央部署要求,积极配合各地区各部门各单位扎实开展党的群众路线教育实践活动,中央组织部在共产党员网、共产党员电视栏目、共产党员手机报、全国党员干部现代远程教育专用频道和辅助教学网分别开设了"党的群众路线教育实践活动"专题网页和专栏。《国务院关于积极推进"互联网+"行动的指导意见》从国家层面提出了"互联网+"的战略指导意见,将"互联网+"定义为"把互联网的创新成果与经济社会各领域深度融合,推动技术进步、效率提升和组织变革,提升实体经济创新力和生产力,形成更广泛的以互联网为基础设施和创新要素的经济社会发展新形态"。《数字中国建设整体布局规划》提出,要加快制度规则创新,完善与数字政务建设相适应的规章制度;强化数字化能力建设,促进信息系统网络互联互通、数据按需共享、业务高效协同;提升数字化服务水平,加快推进"一件事一次办",推进线上线下融合,加强和规范政务移动互联网应用程序管理。总之，从众多政策文件可以看出，中央层面高度关注"互联网＋党建"，先后出台与"互联网＋党建"紧密联系的多种文件，文件内容丰富，系统科学地规定"互联网＋党建"的相关事宜，具有一定的方向指导性，为更好地开展"互联网＋党建"提供行动指南和价值遵循。

表3-1 与"互联网＋党建"相关的中央政策文件一览表

发布时间	单位	名称
2013年8月5日	中组部办公厅	《关于利用党员教育信息传媒平台做好党的群众路线教育实践活动学用工作的通知》
2013年12月23日	中共中央办公厅	《关于培育和践行社会主义核心价值观的意见》
2014年5月28日	中共中央办公厅	《关于加强基层服务型党组织建设的意见》
2014年7月2日	中共中央办公厅	《2014—2018年全国党员教育培训工作规划》
2015年7月4日	国务院	《关于积极推进"互联网＋"行动的指导意见》
2016年7月27日	中共中央办公厅、国务院办公厅	《国家信息化发展战略纲要》
2018年11月1日	中共中央	《2018—2022年全国干部教育培训规划》
2019年2月27日	中共中央	《关于加强党的政治建设的意见》
2019年5月8日	中共中央办公厅	《关于加强和改进城市基层党的建设工作的意见》
2019年5月16日	中共中央办公厅、国务院办公厅	《数字乡村发展战略纲要》
2019年11月11日	中共中央办公厅	《2019—2023年全国党员教育培训工作规划》
2020年9月26日	中共中央办公厅、国务院办公厅	《关于加快推进媒体深度融合发展的意见》
2021年7月11日	中共中央、国务院	《关于加强基层治理体系和治理能力现代化建设的意见》
2023年2月27日	中共中央、国务院	《数字中国建设整体布局规划》

从上述政策文件可以看出，与互联网、数字建设相关的中央层面的政策文件总共十四份，其中直接涉及智慧党建的文件有两份。尽管在中央层面上直接论述智慧党建的相关文件少，但从内容上看，所涉及的中央政策文件与智慧党建在实质上都是有关联性的。智慧党建属于互联网和数字建设发展中的子领域，这些文件不仅为互联网和数字建设指明方向、提供系统规划，同时也为智慧党建的发展提供宏观层面的启示，具有一定的现实意义和指导意义。

第二节 媒体传播的相关理论

现代科技发展不断变革人类社会信息传播的媒介形态,相继出现印刷媒体、电子媒体、网络媒体等,而网络媒体的蓬勃兴起又不断带来自媒体、新媒体、全媒体、融媒体、智媒体等新兴概念,其中,融媒体与智媒体的信息传播特点最为符合当下的时代特征,成为智慧党建进行党的理论知识、路线方针、政策文件、新闻动态等信息传播的重要理论基础。因此,本节主要简介融媒体与智媒体的发展过程、特征以及为党建信息传播带来的新图景。

一、融媒体的理论概述

融媒体时代,信息传播的整体环境、平台媒介、传播方式、话语体系等均发生重大变化,推进党建工作理论与信息更广泛、更深入、更有效地传播是开创新时代党建工作的客观要求和必然选择。

(一) 融媒体的发展简述

媒体融合发展是党中央着眼新一轮科技革命和产业变革大趋势,在巩固宣传思想文化阵地、丰富舆论传播渠道、提升媒体"时、度、效"等方面做出的重大战略部署,分阶段、分步骤引导传统媒体改革创新。总体来看,我国媒体融合是自上而下主导、政府与市场相结合的,已逐步探索出一条体系化、多层级、重链接的特色发展之路,其发展历程大致可分为三个阶段。

一是媒体融合发展顶层设计逐步确立。早在 2013 年前,部分中央及地方主流媒体在推动媒体融合发展方面已有不少实践探索。2013 年,习近平总书记在全国宣传思想工作会议上的讲话中正式提出"媒体融合"概念,要求加快传统媒体和新兴媒体融合发展,充分运用新技术、新应用创新媒体传播方式,占领信息传播制高点。这也是首次将媒体融合工作提到国家宣传思想工作的高度,为国家和地方层面推动媒体融合发展奠定了主基调。2014年,中央全面深化改革领导小组第四次会议审议通过了《关于推动传统媒体和新兴媒体融合发展的指导意见》,媒体融合发展顶层设计正式确立并上升为国家战略。

二是媒体融合发展理念不断丰富完善。2015年,习近平总书记在《关于推动传统媒体和新兴媒体融合发展的指导意见》中强调,推动传统媒体和新兴媒体融合发展,要遵循新闻传播规律和新兴媒体传播规律。与此同时,国家也大力倡导媒体融合。2017年1月,中共中央办公厅、国务院办公厅印发《关于促进移动互联网健康有序发展的意见》指出,要大力推动传统媒体与移动新媒体深度融合发展。2018年11月,中央全面深化改革委员会审议通过《关于加强县级融媒体中心建设的意见》,此后媒体融合路径逐步从中央主流媒体不断向县级层面延伸。县级融媒体中心是推动基层媒体融合发展的主要抓手,已成为面向基层的主流舆论阵地、综合服务平台和社区信息枢纽,在引导群众、凝聚群众和服务群众方面发挥着越来越重要的作用。

三是全媒体格局和一体化体系初步建成。2020年6月,中央全面深化改革委员会第十四次会议审议通过《关于加快推进媒体深度融合发展的指导意见意见》,要求尽快建成一批具有强大影响力和竞争力的新型主流媒体,逐步构建网上网下一体、内宣外宣联动的主流舆论格局,建立以内容建设为根本、先进技术为支撑、创新管理为保障的全媒体传播体系。2020年10月,党的十九届五中全会审议通过的《中共中央关于制定国民经济和社会发展第十四个五年规划和二〇三五年远景目标的建议》提出,推进媒体深度融合,实施全媒体传播工程,做强新型主流媒体。这标志着媒体深度融合发展已进入全面深化实施的新阶段。

(二)融媒体的信息传播特征

所谓融媒体,是指充分利用各种类型的媒介载体,对广播、电视、报纸等既有共同点又存在互补性的不同媒体,在人力、内容、宣传等方面进行全面整合,实现"资源通融、内容兼融、宣传互融、利益共融"的新型媒体宣传理念。融媒体的信息传播特征主要有三点。

第一,信息传播流程上的交融性和高时效。其一,融媒体能有效整合传统媒体与新媒体,合理利用以上两种媒体优势的同时,在二者之间建立起一种和谐互补的媒体关系。其二,融媒体通过整合不同媒体的采编资源,有效减少信息采编环节所需要的成本,显著提升不同媒体渠道的反应效率。其三,由于融媒体采编环节的统一,资源得以相互共享,进而能够在不同媒体之间形成全方位、多角度的信息传播,传播的效力得到显著增强。

第二,信息传播内容上的精准化和多样化。融媒体信息内容采编不同于传统广电的单目标采编,而是多元化采集、多形态编辑、多平台分发,使传播内容不仅可以定时收听收看,还可以反复点击、选择点击,并可以转发收藏、互动点评、有感拍赞。如果把内容看作"食材",那融媒体中心就是"中央厨房","食材"经过"中央厨房"的取舍加工,分发到各个不同的平台,满足不同类型、不同层次的受众需求。此外,媒体表现形式是信息内容外化的方式,融媒体的表现形式在原有的基础上更加灵动多样,包括照片、图表、海报、VR全景、GIF动图、H5微场景等,形态多样。

第三,信息传播渠道上的便捷性和广泛性。融媒体的传播渠道有大屏、小屏、移动屏,特别是移动屏,由于智能手机的普及,可以开发出无数个收听收看的新媒体平台,而这些传播渠道的特点包括:一是传播迅捷,便于携带,便于收听收看,不限地域范围;二是变单向传播为双向传播,受众可以实时评论,互动反馈,黏性较强;三是传播范围与速度快速裂变,热点新闻、头条等一夜之间可以转发传播至全世界;四是数据收集便捷,移动屏每个平台渠道的点击阅读都会有记录,这些大数据回传至发布者,可以供其分析出受众对不同类型新闻的喜好,作为改进采编的依据。

(三) 融媒体为党建信息传播带来新图景

在新型融媒体传播条件下,党建信息传播应充分借助融媒体优势,转变传播理念、拓展传播平台、创新传播手段和话语方式,使党建信息传播的媒体矩阵结构更具有弹性和创新性,夯实主流价值传播阵地。

具体而言:一是党建信息传播理念向融合共生转变。媒体深度融合是主流媒体高质量发展的必由之路。媒体融合的重心在结成"你中有我、我中有你"的融合共同体,这不仅需要传统媒体单元与新兴媒体单元的能量交换,更需要推动媒体的外部拓展,在媒体与技术、媒体机构和商业平台、主流媒体与政务新媒体、机构媒体与自媒体之间建立密切关系,构建共生生态系统,从共生走向共享、共创和共赢。由此,党建信息传播要紧扣媒体融合发展脉搏,树立"目标融合、规划融合、力量融合"的思维理念,避免资源、平台、人力上的割裂和分散,实现党建信息传播与其他各种类型的媒体传播的同步谋划、同向推进、同创成果。

二是党建信息传播载体向多元平台扩展。媒体融合快速发展，中央、省、市、县"四级"融媒体发展布局逐渐形成，功能不断升级。四级融合扩大了宣传的整体性、联动性，同频共振效应逐步显现。新形势下，可以把党建信息传播充分嵌入"四级"融媒体平台，做好顶层设计，运用系统思维，把理论与舆论、网上与网下统筹起来，形成全方位、多层次、多声部传播党的声音的主流舆论矩阵，提升党建信息传播的影响力和传播力。比如，作为党建信息传播主力军的地方党组织，可以充分利用县级融媒体平台，把理论传播与信息服务、政务服务、生活服务、教育培训等深度融合起来，用党的创新理论来指导和推动实际工作。

三是党建信息传播方式向多样立体转向。融媒体的"融"也体现在技术的创新与融合上。对传统媒体长期以来积累的内容生产优势与新媒体技术优势进行深度融合后，可以满足融媒体时代受众的多元需求。这些融媒体新技术可以灵活运用到党建信息传播中，强化技术应用，通过内容、形式、方法的创新，创造出体现融媒体技术，契合党员和群众喜好，样态新颖多样，语言生动有趣，可看、可听、可感的创新型党建信息传播产品，同时用更加短、平、快的方式方法，全方位、立体式传播党的最新理论和方针政策。党建信息传播方式新旧融合、内外兼顾，对内宣传是重点和关键，对外宣传是亮点和补充，建立全盘融合的宣传新阵地，真正形成上下互通、内外兼修、高度融合的立体化"宣传大格局"。

总之，融媒体时代的党建信息传播必须与时俱进。智慧党建作为党建信息传播的新载体和新窗口，亟需运用融媒体的思维理念创新信息传播的方式方法。一方面，在智慧党建平台建设中要融入新媒体元素，在新媒体建设中借力智慧党建平台的资源和功能，实现优势互补、结对共进。另一方面，可以通过智慧党建平台搭建一系列党建信息传播矩阵，形成党建宣传工作载体集群，发挥出矩阵传播效应，达到一种强烈的同频共振效果，以此提升主流价值传播的力度和广度，并满足融媒体时代党建宣传工作的创新需求。

二、智媒体的理论概述

让信息传播跟人工智能相融合，走向智媒体时代，实现传播蝶变，是未来媒体发展的必然趋势。在加快建设"数字中国"、智慧城市、智慧党建等方面,智媒体有很大的应用前景与效能空间。

(一) 智媒体的发展简述

随着大数据、人工智能等技术的深入发展,媒体产品不断向智能化和智慧化的方向发展,引领传媒行业进入智媒体时代。从其发展起源看,2016 年 10 月,封面传媒董事长李鹏率先提出"智媒体"概念,并在其著作《智媒体:新物种在生长》中描述了一个全新的智媒体发展形态,即用算法重构、人工智能技术为驱动的智媒体模式,以"智能媒体＋智慧媒体＋智库媒体"的创新形式,彻底改变新闻生产的传统定义以及媒体工作的组织形式。同年 11 月,腾讯"企鹅智酷"联合清华大学新媒体研究中心、美国皮尤研究中心共同发布《智媒来临与人机边界:2016 中国新媒体发展报告》,并将这一年定义为"智媒元年",指出未来将是智媒时代,会呈现万物皆媒、人机共生、自我进化的三大特征。

新形势下,党中央从顶层设计出发,引导媒体发展新趋势。2018 年 10 月,在主持中共中央政治局第九次集体学习时,习近平总书记明确指出,人工智能是新一轮科技革命和产业变革的重要驱动力量,加快发展新一代人工智能是事关我国能否抓住新一轮科技革命和产业变革机遇的战略问题,要深刻认识加快发展新一代人工智能的重大意义,加强领导,做好规划,明确任务,夯实基础,促进其同经济社会发展深度融合,推动我国新一代人工智能健康发展。2019 年 1 月,在主持中共中央政治局第十二次集体学习时,习近平总书记指出:"要探索将人工智能运用在新闻采集、生产、分发、接收、反馈中,用主流价值导向驾驭'算法',全面提高舆论引导能力。"[①]这无疑为运用人工智能技术赋能媒体融合指明了前进方向。

我国媒体融合已步入深水期,主流媒体正从全媒体、融媒体加速迈入智媒体时代,各行业数字化、智能化的深入推进,促进我国智媒体生态逐步成形。例如,2019 年 9 月,人民日报智慧媒体研究院成立。同年 12 月,中央广播电视总台与百度智能云等合作组建了"人工智能编辑部",率先拉开主流媒体向智媒体转型发展的时代大幕。目前,从媒体生态格局演进趋势来看,领先的新型主流媒体和头部互联网企业是智媒融合新生态的关键引领力量。其中,人民日报社、新华社、中央

---

① 习近平.习近平谈治国理政(第三卷)[M].北京:外文出版社,2020:318.

广播电视总台等中央级媒体在智媒体建设方面形成领跑优势,湖南广播电视台、浙江广播电视集团、成都传媒集团等省市级媒体积极拥抱人工智能,智媒体建设成效初显。以阿里巴巴、腾讯、百度、字节跳动、新浪等为代表的头部互联网商业平台凭借庞大的生态体系和资源优势抢先布局人工智能赛道并切入媒体业务的技术研发与应用,智媒化发展优势显著。

人工智能对媒体未来的影响,主要表现在三个阶段。按传统媒体的信息采集、编辑、发布等不同阶段来划分,目前人工智能在媒体业务领域中应用得较成熟的是发布阶段,比如,今日头条的个性化新闻推荐算法,本质上是基于统计的分发算法颠覆了基于人工规则的门户模式。人工智能应用于媒体业务的下一阶段的重点是编辑阶段的运用,用一句话来概括,就是人工智能将取代当下媒体编辑领域的很多工作。人工智能应用于媒体业务的最终目标是运用于采写阶段,达到人机的深度融合,但这个还需要走很长的一段路方能实现。

(二)智媒体的信息传播特征

所谓智媒体,是将媒体人的专业优势和人工智能的技术特质完美结合,实现信息传播与人工智能相融合的人机协同的高效智能的传播媒体。智媒体的信息传播特征主要有三点:

一是信息发布的智能化。随着智媒体时代的到来,人工智能技术和移动智能终端再次定义了新闻传播,智媒体垂直化分发体系渐趋成形,为新闻生产提供了全新可能。具体到信息发布上,智媒体发展打通了新闻采写内容、渠道和受众之间的壁垒,使信息传播不再是大众媒介单方面的给予,而是既有专业的媒体机构,也有自媒体和自媒体组织,还有基于个人的用户自生产内容,更有信息机器人等提供的内容,实现"千人千面"的多元化和智能化传播模式。

二是信息推荐的智慧化。在信息超载时代,用户对信息的个性化和精准化需求越来越高。一方面,智媒体利用人工智能技术,在对用户信息需求进行数据挖掘和分析的情况下,再对信息与需求进行智慧化匹配,并对虚假新闻进行甄别,为用户提供更高质量的信息,其本质是用户主导,这和传统媒体的采编人员主导存在本质上的不同。另一方面,智媒体不仅为信息传播提供了明确的对象划分,也为传统刻板的新闻采写提供了更直观、更智慧的解决方案,帮助媒体和媒体人找准自身定位、了解受众群体,从而更好地把握社会动态、规划采写方式以及优化传播途径。

三是信息服务的体感化。智媒体信息传播致力于在各个功能模块中加入人工智能体验，为用户提供更多优质服务，让用户充分享受"视、听、读、聊全息智媒体验"。"视"是把直播、短视频作为内容重要特色；"听"是为用户提供听新闻场景服务；"读"是兴趣阅读，算法推荐；"聊"是人机交互，在客户端提供智能聊天、智能评论服务，从而增强用户的应用场景覆盖面和用户互动体验感。

（三）智媒体为党建信息传播带来新图景

智媒体的多场景应用和多行业延伸是支撑未来信息传播的重要发力点，带来新时代的信息传播新图景。以智慧党建风潮为契机，"智媒＋党建"将成为基层党建工作的常态化支撑，推进党建信息传播的互联化、智库化、场景化。

一是党建信息传播生态的互联化。一方面，聚焦媒体深度融合改革和智媒体发展趋势，利用互联网和智能技术，构建上下贯通、多方协同、智能联动的集成化党建信息传播机制，达成"联网、联播、联控"的目的，推动形成多维决策通、多媒融合通、多级传播通、多跨协作通、多环检测通的良好传播生态；另一方面，党建信息传播通过智能算法，抓取用户人口属性、用户分类、行为属性、兴趣特点等要素，深度挖掘信息传播内容与用户潜在的关联关系，从而构建党建、社会治理、政务服务、文化、智库等领域的党建信息传播知识图谱。

二是党建信息传播内容的智库化。在推进智媒转型过程中，党建信息传播能够延伸信息内容服务链条，依托大数据和人工智能技术打造以"数据资源汇聚、数据应用引领"为标志的党建数据智库，同时加强数据储备、数据筛查、数据清洗等技术建设，促进党建数据资源的规模化、智能化、标准化，实现从管理数据到运营数据，有效提升信息内容的生产效率。此外，党建智库产品的能量密度和思想深度不减反增，而且与党的宣传工作相辅相成、良性互动，通过人机融合，挖掘优质热点新闻入库，以主流价值观赋能信息内容，并进一步延展传播力、引导力、影响力、公信力。

三是党建信息传播形式的场景化。智媒体的应用，有助于提升党建信息传播的连接力和整合力，使之与受众形成情感共振，增强感知、扩大认同、增强共识。在智媒体时代，虚拟现实技术、传感器、定位仪、移动终端等为党建信息传播的场景化提供了技术支持。具体来看，党建信息传播在智媒体的赋能下，通过大数据采集、分析不同场景数据,选择合适的传播内容和传播入口,将信息流、服务流、情感流融入场景,为受众提供全方位的场景体验。再通过智能推荐引擎、智能搜索引擎、人机交互引擎,深度融合党媒业务场景和专业能力、经验,最终形成多场景分发、多算法融合的智能分发机制,更好地实现了优质信息找人,也进一步扩大了主流价值观的传播版图。

总之,面对新技术、新趋势,主流媒体需要大力发展智媒体,探索把人工智能技术应用到新闻生产和分发全流程、把技术作为引领性和驱动性要素、不断提升价值传播力和舆论引导力的新路径和新方法。在智媒体的持续发展趋势下,智慧党建与智媒体的有机结合,不仅是党媒优化和创新的需要,还是更好地服务于科学决策、创新发展、社会治理的需要。智慧党建需要搭乘智媒体这一"信息传播快车",将宣传功能由单纯的信息传播向思想挖掘、战略研判、方案供给、价值传递延伸,同时推动主流媒体与新媒体的互联互通和智慧转型,从而做大做强主流思想舆论,巩固全党全国人民团结奋斗的共同思想基础,为全面建成社会主义现代化国家、实现中华民族伟大复兴的中国梦提供强大精神力量和舆论支持。

第三节 党的建设发展趋势相关理论

把握现代信息技术发展趋势,提高党建工作的信息化、数字化、科学化、现代化水平,是确保中国共产党始终走在时代前列的基本要求。本节将重点阐释党建科学化和党建现代化、党建数字化和党建信息化的相关理论,为智慧党建的构建与发展提供一定的指导和启示。除此之外,智慧党建涉及的其他理论同样重要,本书不再赘述。

一、党建科学化与党建现代化的相关理论

科学化和现代化一直是党执政理念的重要追求。在党建领域,不断追求党建科学化和党建现代化不仅是党建工作的需求,也是实现中国式现代化的内容之一,更是推进中国共产党成为高质量的世界大党的显著标志。因此,在智慧党建发展过程中,要充分理解和运用党建科学化和党建现代化这一重要理论。

(一)党建科学化的理论概述

党的建设科学化,是指党在科学理论指导下,适应时代、环境、任务等变化的需要,不断创新发展理念、调整自身结构、完善功能机制、改进活动方式,使党的各方面建设符合马克思主义政党建设规律,确保党在世界形势深刻变化的历史进程中始终走在时代前列,在应对国内外各种风险和考验的历史进程中始终成为全国人民的主心骨,在发展中国特色社会主义的历史进程中始终成为坚强的领导核心。①

党建科学化是政党的发展趋势,而中国共产党作为执政党,必然要把党建科学化作为党的执政能力建设的重要组成部分。党的十七届四中全会明确提出"提高党的建设科学化水平"的新命题。2009年11月,在主持中共中央政治局集体学习时,胡锦涛同志进一步明确了党的建设科学化基本要求,即"加强和改进党的建设,要努力在以科学理论指导党的建设、以科学制度保障党的建设、以科学方法推进党的建设上见到实效"②。党的十八大报告明确强调,要"以改革创新精神全面推进党的建设新的伟大工程,全面提高党的建设科学化水平"③,这进一步拓展了全面提高党的建设科学化水平的崭新视野。

就党建科学化成效而言,有学者从政党治理的视角对党的建设科学化进行论

---

① 全国党的建设研究会,中共组织部党建研究所课题组.党的建设科学化研究[M].北京:党建读物出版社,2011:7-8.
② 胡锦涛.扎实贯彻党的十七届四中全会精神 努力提高党的建设科学化水平[N].人民日报,2009-11-29.
③ 胡锦涛.坚定不移沿着中国特色社会主义道路前进 为全面建成小康社会而奋斗——在中国共产党第十八次全国代表大会上的报告[M].北京:人民出版社,2012:49.

证，认为党的建设科学化关键在于正确处理党的建设的"合规律性"与"合目的性"的关系。① 有学者从坚定理想信念的角度对全面推进党的建设科学化的路径进行探析，认为理想信念为党的建设科学化提供思想保证、精神动力和智力支持，把树立坚定的理想信念作为首要目标，将思想建党、制度建党和作风建党紧密结合起来，推进党的建设科学化的全面实现。② 有学者从全面从严治党的战略高度审视党的十八大以来党的建设科学化的成就和时代新要求，指出全面从严治党以科学价值取向为指导，以提高理论、制度和方法科学化水平为鲜明特色，总结出"建设什么样的党、怎样建设党"这一根本问题的新答案，以全面从严治党的实践促进党的建设科学化发展。③ 总体上，党建科学化发展在理论和实践上一直呈现出不断上升的趋势。

党建科学化的具体表现：一是加强党的思想理论建设科学化水平。加强思想理论建设，用科学理论指导党的实践，这是任何时候都不可违背的规律。因此，必须坚持正确的思想路线，不断推进理论创新。以科学理论指导实践，理论创新与理论武装相辅相成，这是对于党加强自身建设规律的一条重要认识。理论创新的根本意义在于提出新的科学理论，以新的科学理论指导新的实践。二是加强党建制度建设科学化水平。党的制度的科学性和先进性的本质要求在于制度能够正确反映党的建设规律，能正确指导党的建设和党的领导活动。制度具有根本性、全局性、稳定性、长期性的特征，必须始终贯穿于党的思想建设、组织建设、作风建设和反腐倡廉建设之中。党的制度体系建设，要坚持以党章为根本、以民主集中制为核心，坚持和完善党的领导制度，全面推进党的各项制度建设，形成一套完整的党内制度体系。三是加强党建方法的科学化水平。提高党的建设科学化水平，遵循客观规律是根本，科学理论指导是关键，加强制度建设是保证，运用科学方法是基础。科学方法源于客观现实，是人们对客观世界规律认识的结果，反过来又运用到认识世界、改造世界的实践中去。例如，在信息网络时代，学习运用信息网络技术加强和改进党的建设，提高党建工作的效率，开辟新渠道、新途径和新方法。

---

① 刘红凛. 政党治理：现代化、法治化与规范化[J]. 理论与改革，2011(3)：42-45.
② 马振清，杨礼荣. 以坚定的理想信念促进党的建设科学化[J]. 前线，2016(12)：46-48.
③ 齐卫平. 全面从严治党提高党的建设科学化水平[J]. 长白学刊，2017(2)：1-6.

(二) 党建现代化的理论概述

从目前的学界研究动态来看,对党建现代化尚未作出明确的概念界定。在研究总结学界观点的基础上,本书认为,所谓党建现代化,就是把互联网技术和党建工作结合起来,借用技术的嵌入,带领人民在实现现代化的过程中适应时代、环境和任务等的变化,使党的建设的自身结构、思想观念、功能机构、活动方式等不断革新优化,使党的建设与我国飞速发展的现代化建设相适应,进而引领与推进基层社会治理体系和治理能力现代化。

党的十九大以来,党中央树立大抓基层的鲜明导向,用党建现代化引领推动基层治理现代化,促使基层党组织建设不断取得新成效。习近平总书记在党的二十大报告中提出,加强城市社区党建工作,推进以党建引领基层治理。① 可见,只有牢牢抓住党建引领这一根本,不断创新党建工作方式和提高党建现代化水平,才能以高质量党建引领基层治理现代化水平的不断提升。实现党建引领基层治理,需要把党的领导贯穿于基层社会治理的各领域、各方面、各环节,通过现代信息技术,建立以基层党组织为中心,以智慧党建为载体,科学、顺畅、高效、严密的基层治理体系,把党建、综治、民政、信访等重点工作纳入智慧党建平台系统中进行"一网统管",推动党建带动群建、促进社建,从而在不断提升党建工作标准化、规范化、精细化水平的同时,也为推进基层社会治理体系和治理能力现代化提供坚强的组织保障和技术支撑。

总之,科学化与现代化是党的建设的基本要求,也是现代政党政治的重要范畴,它表明党的建设有其规律性、实践性和规范性,同时表明中国共产党是一个拥有科学执政能力并迈向现代化的政党,是能够解决社会发展中的诸多问题,始终成为社会主义事业坚强领导核心的执政党。"智慧党建"作为现代社会党建工作的一种新理念,不仅是党建科学化和现代化进程中的探索成果,有利于党建工作的科学化、制度化、标准化和智慧化,而且还是引领推动基层社会治理创新发展和走向现代化的有效途径。

---

① 习近平.高举中国特色社会主义伟大旗帜 为全面建设社会主义现代化国家而团结奋斗——在中国共产党第二十次全国代表大会上的报告[M].北京:人民出版社,2022:67.

二、党建信息化与党建数字化的相关理论

简单而言,智慧党建的形成是依托于现代互联网技术来对传统党建进行拓展和延伸。因此,党建信息化和党建数字化作为智慧党建的理论基础,对智慧党建的持续和长远发展至关重要。

(一)党建信息化的理论概述

党建信息化,是指伴随着社会发展和信息化的推进,在现代信息技术广泛普及的基础之上,通过信息网络的传播技术和数据库管理系统,实现在党务管理、干部工作、人才培训、党建宣传以及组织工作的日常业务处理等方面静态管理和动态管理的统一,从而全面提升党组织工作的效率和水平。推进党建工作信息化,顺应党的建设和新一代信息技术"融合共生"的发展趋势,也是应对新情况新问题的内在要求。推动党建传统优势与信息技术高度融合,体现的是全面从严治党在工作理念、思维方式和路径方法上的守正创新。

随着信息技术的飞速发展,党建信息化建设是必然趋势。第一,党建信息化是当前顺应时代发展的必然趋势。早在党的十七届四中全会上通过的《中共中央关于加强和改进新形势下党的建设若干重大问题的决定》中就曾明确指出,党的基层组织要适应新形势、新任务、新要求,创新活动内容方式,找准开展活动、发挥作用的着力点。当前,伴随着各种网络信息技术的广泛应用和普及,依托新技术开展党建创新,积极推进党建信息化网络建设,已经成为新时代的迫切需要。第二,党建信息化是提高党建管理水平,推进党的先进性建设的必然要求。正是由于网络信息化不可比拟的优势和特点,为党建工作不断提高管理水平、提升管理效率、减少管理成本提供了一个可以实现管理创新和技术创新的平台。可以说,党建信息化是推进党的先进性建设的必然要求,是信息化环境下党的执政能力建设的重要组成部分。第三,党建信息化能够增强党的凝聚力和吸引力。这主要体现在如下几方面:一是进行党建信息化建设,构建网络党务平台,可以使党建工作在信息化的发展过程中掌握主动权和话语权,占领网络阵地,实现党对网络的引导、监督和控制;二是网络传播的便捷性和广泛性使得党建工作可以深入到社会的方方面面,扩展党组织的活动空间;三是网络传播方式的多样化使党建信息更

容易被接受，提高党组织的吸引力；四是网络监督的作用日益凸显，更好地实现广大人民群众对党的监督，有利于营造党内风清气正的政治生态。①

党的信息化建设是当代先进科技与党的建设相结合的产物，是党的建设工作顺应知识化、信息化、网络化的时代潮流，充分运用现代信息技术，利用先进信息平台和信息网络等手段，有效整合党建工作信息资源，从而增强工作效率的一种新型党建模式，体现出党的建设与时俱进的精神。党的十八大以来，各级党组织认真贯彻落实以习近平同志为核心的党中央关于加强党建信息化工作的重要指示精神，把基层党建传统优势与现代信息技术结合起来，以"互联网＋"为动力，加快推进基层党建信息化建设，探索形成"互联网＋党建""智慧党建"的党建新模式，并取得良好成效。因此，把信息技术应用于党建工作，既是信息化时代发展的客观要求，又是改革创新的必然要求。在党建信息化建设不断开展的同时，党建工作正在实现多方面的效率优化和质量提升。比如，党员的教育、管理、监督以及"三会一课"都可以在线运行，组织生活上下互通、适度"留痕"。把网上活动与现实活动结合起来，建立健全党员动态管理机制；利用党建管理上的技术创新，将大量的党务日常管理工作以信息化、程序化的方式进行，提高工作效率，进一步增强党组织的凝聚力、创造力和战斗力。

（二）党建数字化的理论概述

党建数字化，是指运用移动互联网、云计算、大数据等信息技术，对党建工作中所涉及的各类信息进行收集、整理、加工、应用，从而进一步加强对组织的管理，提高党建工作效率和服务群众水平，不断扩大党建工作影响力，巩固党的执政基础。党建数字化发展是党建工作网络化、智能化的新形态，通过构建网络化平台，更加及时地获取群众需求，传递权威信息，传播信息时代的正能量。2020年4月，习近平总书记在浙江考察时指出："要抓住产业数字化、数字产业化赋予的机遇，加快5G网络、数据中心等新型基础设施建设，抓紧布局数字经济、生命健康、新材料等战略性新兴产业、未来产业，大力推进科技创新，着力壮大新增长点、形成发展新动能。"②目前，数字化改革以互联网、物联网、云计算、大数据、人工智能、区块

---

① 中央党校党建部.基层党建工作手册[M].北京：人民出版社，2019：47.
② 中共中央党史和文献研究院.习近平关于网络强国论述摘编[M].北京：中央文献出版社，2021：143.

链等技术的应用和融合为基础，统筹运用数字化技术、数字化思维、数字化认知，把数字化、一体化、现代化贯穿于党的领导和经济、政治、文化、社会、生态文明建设全过程的各方面，在根本上实现整体智治、高效协同，逐步成为新发展阶段全面深化改革的总抓手。

党建数字化的作用表现在：一是有利于信息数据在线化。党建数字化发展过程中，通过数据平台建设，把传统党建工作转化为数据模型，提供在线查询、管理。如党员电子档案系统。信息数据在线化，既方便对党建数据进行深度的大数据分析，也打破传统的物理和时间限制，方便党员灵活地参加组织活动，使党建工作保持永远在线，同时做到以"线上"数据推动"线下"工作。二是有利于信息资源协同化。党建数字化发展过程中，通过网络把原本分散在各级组织和各类部门的资源统筹优化起来，把党建网站、微信微博、终端APP等整合起来，实现数据的共建共享以及信息的实时协同，达到数据多"跑路"、党员群众少跑腿的目的，使党的建设更具开放性、互动性、民主性和协调性。三是有利于服务精准化。党建数字化发展过程中，通过智能终端和大数据平台能够及时准确地掌握党员的信息需求，科学智能地分析党员的工作与学习现状，提升党组织决策部署的精准性，实现精细化管理并提供个性化服务。

党的十九大将"加快建设数字中国"作为适应数字时代发展的重要举措写入报告之中。党的二十大报告进一步强调，要加快建设网络强国、数字中国。2023年2月，中共中央、国务院印发《数字中国建设整体布局规划》，从党和国家事业发展全局和战略高度，提出新时代数字中国建设的整体战略。建设数字中国是数字时代推进中国式现代化的重要引擎，而党建数字化则是助力数字中国新发展的有力支撑。近年来，全国各地组织部门也在加快探索实践数字党建工作，比如，国家计算机网络应急技术处理协调中心紧扣基层党组织党建工作的时代特点和党员思想行为特征，积极探索信息化条件下开展党建工作的新载体、新方法，建设运行数字党建平台，形成"1+3+N"党建信息化建设模式，有效破解党建工作中的难点、痛点，党建工作质量和水平得到全面提升。再如，福州市把党建纳入"数字福州"建设总体布局，率先提出数字党建的全新构想，逐渐涌现出"以'红色领航'推进互联网企业党建工作的探索与思考""党建联盟牵引互联网企业党建更有'数'"等全国性基层党建创新典型案例，构建起数字党建技术、平台、数据一体化整合、多维度布局、安全化运用的整体格局,为新发展阶段福州的高质量发展打下坚实基础。

总之,伴随着各种网络信息技术的广泛应用和普及,依托新兴技术开展党建工作创新,积极推进党建信息化、数字化建设,已经成为新时代的迫切需要。智慧党建是在信息化发展的新阶段,对党建信息化和党建数字化进行统合概括的时代性称谓,它借助信息化新技术,整合各方资源,更有效地加强组织管理,提高服务群众水平,增强党建工作在网络世界的引领力,提升党建工作的数字化影响力,从而提高党的执政能力,巩固党的执政基础。因此,在"数字中国"顶层规划加速落地的进程中,加快智慧党建的推广应用,既是让信息技术为党建赋能增效的典型体现,也是筑牢"数字中国"基础堡垒的必要之举。

> **本章思考题**
>
> 1. 对于智慧党建的相关理论,请列出你认为比较重要的三个理论,并简要概述。
> 2. 除了本章内容之外,你还了解其他与智慧党建相关的理论吗?请简要概述。

第四章

智慧党建的支撑技术

随着时代的发展变迁,中国共产党始终立足党和国家事业发展全局,聚焦重大战略需求,调整科技政策,支持科技事业,引领科技发展。与此同时,科技发展也是党的建设的内驱动力,为党自身不断完善进步提供基础性支撑。新时代,面对党员群众的多样化需求,智慧党建与科技创新紧密相连,充分应用大数据、云计算、人工智能、虚拟现实等多项新兴技术,为党建工作提供支撑、增添能量。本章从数据处理技术和智能互联技术两大方面,概述智慧党建的核心技术支撑,进而展现技术应用在党建工作中的重要功效。

第一节　数据处理技术

一、数字技术

（一）数字技术简述

数字技术（Digital Technology）是将客观世界的事物转换成计算机唯一能识别的机器语言，即二进制(0和1)，通过计算机、网络等设备表示、传输、处理所有信息的技术，是计算机技术、多媒体技术以及互联网技术的基础。由于数字技术表征的信息采用对立的二进制逻辑状态，所以通过数字技术传递、加工和处理信息不易受外界干扰，具有便于储存、保密性好、通用性高、抗干扰能力强等特点。

数字技术是一项与电子计算机相伴相生的科学技术，起源于20世纪40年代后期，发展至今，数字技术中的算法和算力技术已经广泛应用于所有行业。数字技术的应用优势主要有：一是创新优势，数字技术是对传统工作方式的有效延伸，能够引领发展方式的变革；二是平台优势，利用数字技术可以随时随地搜集、查阅、存储和发布信息，实时更新、实时共享；三是效率优势，数字技术打破信息垄断，引导传统行业从封闭走向开放，让人人都成为信息的创造者和享用者。

数字技术对经济社会发展具有多元价值，从技术视角来看，数字技术是支撑动力；从资源视角来看，数据是生产要素；从产业视角来看，数字技术是数字经济体系的核心组成部分。未来经济业态的发展方式就是以数字经济为主导，以数字技术创新应用为牵引，以数据要素价值释放为核心，以多元化、多样化、个性化为方向，通过产业要素重构融合衍生而形成商业新业态、业务新环节、产业新组织、价值新链条，从而激活产业活力，使数字中国建设更加强劲有力。

（二）数字技术在智慧党建中的应用

数字技术向社会经济生活全面渗透，出现数字经济、数字文化、数字教育、数字媒体等诸多形式，呈现出"一切皆数"的应用场景。中国共产党因势而谋、乘势而为,借助数字技术延伸党的"手臂",打造智慧党建,使党建工作实现数字化的同时,更加体现时代性、把握规律性、富有创造性。近年来,在党中央的领导和支持下,各级各地党组织积极探索基层党建与"数字+"融合的新模式,基于智慧党建平台运用数字技术推进党建工作的有效开展,取得诸多新突破和新发展,主要体现在学习教育、管理服务、监督审查和意识形态等方面。

1. 党员教育工作

运用数字技术的优势特性,结合不同时期党员教育工作重点,在学习资料、学习方式、学习交流和学习测评中实现数字赋能,推动党员学习教育常态化、规范化。

在学习资料上,数字技术的辅助能使智慧党建平台整合大量优质的学习素材,可及时推送党的思想理论以及国内外新闻动态,为基层党组织及党员提供数量多、更新快、成本低的前沿学习资源,既能实现多样化的资源供给,又能提供个性化的学习内容。例如,重庆市借助数字技术,探索建立党员教育"中央厨房",不仅整合市级部门和区县的资源,按照理论教育、政治教育、知识技能教育等八个方面,分门别类地建立党员教育资源池;而且还通过平台共建、数据互通、成效互认,形成全市党员教育"一张网",充分满足党员多平台、跨时空的学习需求。

在学习方式上,通过智慧党建中的数字学习平台,既能开展线上"三会一课"、网络课堂、专题讲座等,还可以综合运用视频、音频、图像、文字等灵活多样的方式方法呈现教育内容,构建"线上+线下"党建教育的新模式,让基层党员随时随地接受教育并参与学习。例如,江西省德兴市创新研发的"德·红云"智慧党建平台,就利用数字技术定期发布有关学习资料并向全市党员推送,打造党员学习教育的"加油站",同时还在其中设置"微党课""永葆初心""挑战答题""党性体检""政治生日"等学习模块,实现学习教育方式的个性化和多样化发展。

在学习交流中,利用数字技术可创设思想理论教学的多功能基地、教学资源库、互动式教学研讨室、创新应用案例库等功能模块,搭建多功能使用、多模块运行、多场景切换、多视角展示的扩展现实空间,促使各级各地党组织和党员干部突破时空限制,研讨学习内容,交流学习心得,分享学习感悟。例如,江苏省常熟市莫城街道(服装城)在积极引导和扶持数字贸易产业发展的同时,致力打造"锋领尚城·数智新生"党建工作品牌,充分利用当前最新颖的直播互动形式,推出集在线宣讲、在线游学、在线服务为一体的"海棠直播间",打破时间和空间壁垒,创建共建共享、互联互通的开放式党员教育新形态。

在学习测评中,数字技术是对党员和党支部的学习情况进行测评管理的有效手段,能对党员参加理论学习、教育活动、组织培训等的具体情况在智慧党建学习平台上进行自动记录、自动评分、自动积分和自动排名,每月或每季度定期评定一次,并进行公示和奖励。例如,河北省黄骅市教育局通过党员智慧云课堂平台,将"学—考—评"机制贯穿党课学习的全流程,党员们在手机上就能随时随地进行学习、考试与评价,对于党员"三会一课"的学习情况也能够自动记录并保存,提高了党员的学习热情和学习效率。

2. 党建管理工作

建立数字化的智慧党建管理系统,形成党委、党组织、党支部、党员一体化的网络工作体系,能够有效拓展基层党建工作空间,提高管理水平和效能,更好地管理和服务于党员与群众。

第一,数字技术有助于打破部门壁垒和地域界限,消除空间距离与阻隔问题,推动基层党组织的工作触角不断延伸拓展。通过信息化手段和数字化平台的使用,一方面使基层党组织的管理空间得以极大延展,党员和群众都能广泛参与基层管理的协商决策,推动基层管理方式向公开化、透明化和民主化的转变;另一方面也可构建综合管理工作机制,实现基层管理跨部门、跨层级、跨地域协同运转。

第二,数字技术有助于夯实基层党组织政治功能和组织力,推进基层管理流程优化、模式创新和履职能力提升。一方面,通过数字技术的精确计算,使信息清晰化、规范澄清化、职责明确化,既层层压紧压实党建工作主体责任,也为各管理主体积极履责奠定基础;另一方面,数字技术能有效破解管理工作中存在的流程繁琐和信息冗余等难题,使基层党建工作不断简化优化、实现效能提升,从而更好更快地解决涉及党员群众切身利益的问题。

第三,数字技术有助于把广大党员群众汇聚在党组织周围,提升基层党组织的服务管理水平。数字技术作为信息传播与交流的新载体、新工具,在凝聚社会价值共识方面具有明显的优势,特别是可通过信息共享和信任共建有效增强基层党员和群众的归属感、认同感、责任感,增强基层党组织的凝聚力和战斗力。此外,需注意将数字技术和人性化服务结合起来,在基层管理中多些换位思考,建设泛在可及、智慧便捷、公平普惠的数字化服务体系，努力让包括老年人在内的所有党员干部群众在日常生活中都能充分享受数字化服务，消解"数字鸿沟"和"数字障碍"，让数字技术更好地服务于民。

3. 日常监管工作

运用数字技术将党组织中的党员个人信息、工作状况、活动情况等实时存储在智慧党建系统中，形成内容丰富的党建信息数据库，实现用数据说话、用数据管理、用数据监督，为日常监督管理和纪律审查提供强有力的信息支撑。

在上级党组织对下级党组织的审查中，首先，可运用数字技术对基层党组织的全部工作和活动信息以图表等形式进行数据整合、分析和展示，使上级党组织能够对党员的工作日常表现、组织生活频次、政治素质和群众基础等的具体情况一目了然，便于审查工作的开展；其次，可以通过设置不同评价指标，对基层党组织的运行情况、党员发展情况、工作绩效等方面进行综合评估和数字化呈现，将上级党组织的意见建议及时并准确地反馈下去；最后，可定期审查日常数据信息报送情况、不定期抽查个别数据信息，以发现是否存在数据信息造假行为，对于数据信息造假行为要予以严厉处分，确保上级党组织对下级党组织和党员的有效监督、实时检查、准确督导。

在党组织内部的监管中，可借助数字技术打造集党组织管理、党员档案、党员发展、党费管理、党建活动以及数据执行分析于一体的数字化智慧党建管理平台，实现党建工作留痕、全程联动，及时发现党建工作问题，规范高效地完成党建工作目标。比如，在党员发展方面，在数字技术的支持下可形成流程化的党员发展审批体系，使党员培养、预审、转正过程全部通过流程驱动，规范审批程序，确保发展党员工作公开透明；在党员信息管理方面，经由流程上报的各阶段人员信息自动分类汇总成数字化表单以供党组织随时查验并长期存储，同时利用数字技术对一些关键隐秘信息进行加密处理以保证信息安全；在党费缴纳方面，根据党费标准灵活配置收缴方式，并提供党费自动计算、统计、查询、缴费状态标记、缴费提醒、移动缴费等多种便捷应用，有效避免漏缴、忘缴现象；在党建活动方面，数字技术有助于实现党组织各项活动的流程化创建、智能化通知、数字化开展，提升活动效率，丰富活动方式；在数据分析方面，可建立多维度智慧党建数字化分析平台，及时掌握各类党建信息以及各项党建工作成果。

在党外群众的监督中，一方面，要让群众监督发挥实效，就要从摸清数据底数开始，将数字技术与传统监督检查工作相结合，可以比对排查出多条问题线索，督促厘清问题根源，让侵害群众利益的行为无所遁形；另一方面，数字技术赋能下的群众监督，具有简单明了、迅速及时、成本较低、覆盖广泛的优势，能够对传统的监督形式进行补充，进而激活基层监督末梢神经，发动群众广泛参与，更好地发挥监督作用，实现从"有形监督"向"有效监督"的迈进。

4. 网络安全工作

网络安全是数字化发展的重要保障和关键基础。加快数字化发展和加强网络安全防护是相辅相成的。这就需要党建工作者主动学习数字相关技术，并借助智慧党建平台进行信息监测分析、网络舆情研判和回应社会问题，据此来做好网络安全工作，筑牢网络安全屏障，守好网络安全底线。

在信息监测分析中，可以借助数字技术在智慧党建中设置互联网舆情监测、城域网内容安全监测、平台内容安全监测等全域监测系统，同时构建电脑端预警、手机端预警、基地大屏预警的多维预警平台，实现互联网信息的实时监测、快速预警、科学应对、正面引导，推动对全部城域网内容的流量捕获、内容审核、行为分析、信息识别、系统管理，全面提升基层党组织的网络安全和信息化工作水平。

在网络舆情研判中，通过数字技术的信息样本统计，可定期捕捉党员和群众关注的社会热点问题相关信息进行舆情分析，并可及时研判舆情数据反映出的苗头性、倾向性问题，以提升党的网络舆情研判和引导处置能力。比如，基层党组织可以将党员信息纳入智慧党建平台，对党员参与支部讨论、线上交流、网络评论的情况进行数字化处理和监控，随时掌握党组织和党员的思想动态，准确判断党内存在或潜在的意识形态风险，及时跟进并迅速处理，同时在主流意识形态宣传工作中有针对性地设置相关议题议程，不断提升主流舆论的传播力、影响力，强化舆情引导的吸引力、实效性。

在回应社会问题中，基于智慧党建平台，先通过网络问政、数据收集、统计调查等方式联系群众并倾听民意，接着后台能对相关信息进行数字化整合与处理，随后及时对外发布工作信息并回应社会热点问题，既能提高党在网络党建工作中的反应速度与处理能力，也能保证网络环境的健康和谐。例如，湖南省已建立"问政湖南""百姓呼声""消费维权"等多个网络问政与投诉平台，运用数字技术赋能网络社会管理,形成常态化、规范化、高效化的网上群众工作机制,强化党对社会热点问题的舆论引导,也带动群众积极共建网络安全、共享网络文明。

二、大数据技术

(一) 大数据技术简述

大数据技术就是从各种类型的大数据中快速获得有价值的信息的技术,包括数据采集、存储、管理、分析、挖掘、可视化等技术及其集成。所谓大数据(big data),是指具有体量巨大、来源多样、生成速度极快、内容多变等特征,并且难以用传统数据体系结构有效处理的包含大量数据集的数据。大数据最早出现于麦肯锡全球研究院2011年发布的研究报告《大数据:下一个创新、竞争和生产力的前沿》。之后,经研究机构Gartner的宣传以及2012年《大数据时代》一书的出版推广,大数据概念开始风靡全球。①

习近平总书记指出:"大数据是信息化发展的新阶段。随着信息技术和人类生产生活交汇融合,互联网快速普及,全球数据呈现爆发增长、海量集聚的特点,对经济发展、社会治理、国家管理、人民生活都产生了重大影响。"②在大数据时代背景下,任何政府、企业和组织都不能坐视大数据革命带来的战略性机遇和全局性影响,都需要充分调整自身的发展策略,以保持在大数据环境中的创新力和竞争力。当前,大数据技术的广泛应用,使人的活动行为越来越多地以一定的数据形式表现出来,社会系统中的各项数据与治党治国之间已形成越来越紧密的内在关联,影响着党对重大问题的决策研判,提高着政府的管理服务水平,促进着经济改革和商业创新。

(二) 大数据技术在智慧党建中的应用

1. 大数据技术在智慧党建中的作用功效

第一,大数据技术有助于增进智慧党建的感知性。大数据的广泛运用使党组织和党员信息数据的采集和储存变得日益便捷与高效,能形成一种非常稳定且常

---

① 王伟军,刘蕊,周光有. 大数据分析[M]. 重庆:重庆大学出版社,2017:3.
② 习近平. 审时度势精心谋划超前布局力争主动实施国家大数据战略加快建设数字中国[N]. 人民日报,2017-12-10.

规的工作机制,提高决策部门对这些信息数据的感知能力,包括主动数据感知与被动信息感知。前者是指按照有关规定与程序,经由信息化党建工作报送系统主动向上级党组织上报党建信息数据,便于上级党组织及时掌握相关情况;后者是指基于智慧党建信息传递系统,不必经过下级党组织的主动上报,而是直接由上级党组织对相关信息数据进行跟踪与记录。在大数据技术的助力下,智慧党建的感知运营将更加灵敏、更有效率。

第二,大数据技术有助于增强智慧党建的联动性。在传统党建工作模式中,囿于信息传递技术的相对落后,党组织内部的互动与协同在一定程度上受到客观条件的限制,很多情况下影响到预期目标的实现。而大数据技术的主要特征之一就在于"速度"[1],即海量数据的采集与分析、相关指令的信息化传递都变得异常迅速,这加强了智慧党建系统之间信息传递与联动交流的便捷性,在此基础上可进一步开展组织联建、党员互动、活动互联、资源共享等工作。

第三,大数据技术有助于增强智慧党建的精准性。首先,智慧党建可利用大数据技术精准采集相关信息数据并自动生成工作报告,而无需人力资源的投入与支持。其次,可进行量化分析和精准匹配,即从数量、分布、类型等维度对基层党组织进行分析,从性别、年龄、领域等角度对党员队伍进行了解。最后,可对各地各级党组织信息数据进行横向对比与纵向排查,将党建工作中的问题和薄弱环节一目了然地呈现出来,并有针对性地制定解决措施。

2. 智慧党建大数据库

数据库(DataBase,DB)从本质上讲就是一个文件系统,它能够对数据进行集中存储和管理,实现数据的体系化。智慧党建大数据库的构成内容主要包括:一是关于人的信息,如自动分类统计党的领导干部、党员、群众等各类人员的基本信息;二是关于党组织的信息,如党支部、党委、党的章程和党的政策等信息,以及党组织生活规则与工作规范等信息;三是关于党的发展规划与建设信息、历史信息、对外交流信息等;四是其他必要的信息数据等。

大数据是智慧党建的基础和依托,也是其发展的原动力和新引擎。只有通过大数据技术将分散于各种"档案室的资料"归纳整合形成智慧党建大数据库,才能

---

[1] 本书编写组.大数据(信息技术前沿知识干部读本)[M].北京:党建读物出版社,2021:17.

更及时、更精准地发现亮点和问题,更全面、更深刻地部署下一步党建工作。例如,安徽省铜陵市的"先锋在线"智慧党建平台将党务开展情况走势、党组织对比、党组织和党员工作绩效等信息一键生成图示,以实现对领域、行业、支部,甚至是党员状况的精准研判。同时,上级党组织也可以通过智慧党建大数据库综合了解并研判各级党组织的党务开展情况,掌握铜陵市各个党委和党总支的党建工作全貌,当好各级党组织决策部署的信息库和参谋部,这样既能加强党的集中统一领导,也能提高决策部署的科学性以及工作推进的实效性。

3. 大数据党建应用系统

大数据党建应用系统是智慧党建大数据库的具体功能化运用,它依托数据库,对外提供个性化使用数据库中数据的功能和接口,实现对相关数据的价值挖掘并提供相应服务。大数据党建应用系统的主要形式如下。

一是党员及组织互动系统。该系统具体分为资料传递、问卷调查、在线投票、支部意见箱、电子贺卡、党建活动、党建朋友圈、党建社区、党建专题研讨"聊天室"、优秀党员事迹展评等,大数据技术的辅助使党组织与党员的互动结构及内容有序化、简便化、多样化。比如在党员动态管理方面,从预备党员注册开始到与党员大数据库进行绑定,再到自动导入党员身份认证及管理,可完成活动签到、关系转接、党员思想动态汇集等工作。还可通过信息数据智能搭建党员关系网络和虚拟交往社区,实现"三会一课"、党员民主评议、专题学习活动、志愿服务活动、组织生活会等线下线上的动态互动。

二是网上党校教育系统。网上党校教育系统是全体党员的"加油站"和"能量库",具体包括基于大数据的教育内容、基于大数据的教育方式、基于大数据的教育考评三个层面。在教育内容上,根据智慧党建大数据库对各类党员的现状和需求的精准分析,然后分门别类地为党员干部、普通党员、预备党员和积极分子等不同群体个性化制定各类课程套餐;在教育方式上,充分利用大数据筛选技术并定位党员关注的兴趣热点,通过微党课、微理论、微知识竞赛等多样化教育方式,形成各种视频课件、图文资料、学习测试、师资库等教学资料,为各地党员提供在线学习、测试、研讨等教育服务,增强党建教育系统的感染力和传播力;在教育考评上,运用大数据分析技术可对个人的课程进度、参与程度、学习成效等进行量化考评,加强对党员的经常性教育管理。同时也可让参与者对讲授内容、课程结构、学习体验等方面进行打分评价,并收集相关意见,不断改进完善教育系统的操作流程,提升教育成效。

三是党群服务管理系统。党群服务管理系统遵循"问题—需求—服务"导向,利用大数据将党员志愿服务意向、服务专长、时间空间等情况与企业、农村、机关、学校、街道社区、科研院所、社会组织等的需求进行对接,促进信息互换匹配,推进党员、党组织服务群众的个性化、效率化。党群服务管理系统的主要功能包括两个方面:一是党群服务信息的互换匹配,通过智慧党建平台搜集志愿服务需求,梳理设计志愿服务项目,建立完善党员服务信息推送机制,将群众的服务需求与党员的服务工作相连接;二是线上线下党群服务相结合,结合线下的后勤服务等工作机制,党员可使用移动互联平台线上完成困难帮扶、反馈评价等服务工作,从而实现以智慧党建推动党群服务提质增效,以服务质效提升丰富党建工作内涵。

三、云计算技术

(一)云计算技术简述

云计算(Cloud Computing)是一种通过互联网服务方式提供动态可伸缩的虚拟化资源的计算模式,是分布式计算、并行计算、效用计算、网络存储、虚拟化、负载均衡等计算机和网络技术发展融合的产物。自 20 世纪 90 年代末出现以来,云计算服务虽已经历十多年的发展历程,但真正受到整个 IT 产业的重视是始于 2005 年亚马逊推出的 AWS,AWS 令产业界认识到亚马逊创建了一种新的 IT 服务模式。此后,谷歌、IBM、微软等互联网和 IT 企业分别从不同的角度提供不同层面的云计算服务,云计算服务也逐步突破互联网市场的范畴,被政府、公共管理部门、各行业企业等接受采用,并逐渐将传统的自建 IT 方式转为使用公共云服务方式。按照云计算服务提供的资源所在的层次,可以分为基础设施即服务(IaaS)、平台即服务(PaaS)和软件即服务(SaaS)。

在云计算环境下,资源在互联网上进行存储,互联网常以一个云状图案来表示,因此可以形象地类比为"云"。与传统的网络应用模式相比,云计算具备四方面核心特征:(1)网络连接,"云"不在用户本地,要通过网络接入"云"才可使用服务,"云"内节点之间也通过内部高速网络相连;(2)ICT 资源共享,"云"内 ICT 资源并不为某一用户所专有,而是可通过一定方式让符合条件的用户实现共享;(3)快速、按需、弹性的服务方式,用户可按实际需求迅速获取或释放资源,并可根据需求对资源进行动态扩展;(4)服务可测量,服务提供者按照用户对资源的使用量计费。

云计算是信息化发展的重大变革和必然趋势。发展云计算,有利于分享信息知识和创新资源,降低全社会创业成本,培育形成新产业和新消费热点,对稳增长、调结构、惠民生和建设创新型国家具有重要意义。[①] 云计算作为新基础设施建设的重要组成部分,近年来其关键技术不断突破,产业生态日益繁荣,应用范围不断扩大,已成为数字经济时代承载各类信息化设施和推动网络强国战略实施的重要驱动力,同时也为推进智慧党建提供新的发展契机。

(二) 云计算技术在智慧党建中的运用

云计算是智慧党建的重要支撑技术之一。利用先进快速的云计算技术,汇集党建大数据,搭建党建云平台,对各领域党建工作进行全面搜索、系统设计、整体关联,既能使静态数据发挥动态价值,也有助于构建"任务共担、数据共通、成果共享"的"大党建"格局,实现党建工作面上情况"一目了然",整体动态"一键掌握"。

1. 云计算在党建信息管理中的运用

在云计算技术支持下,建构一站式智慧党建云平台,一方面能实现党员日常管理全覆盖,即设置党务管理、党员发展、组织活动、在线学习、民主评议等功能模块,解决党建工作数据庞杂、党员数量多且分散、管理成本高等痛点;另一方面也能满足党员个性化需求,即云平台具有信息公告、热点调查、资料库、即时通信等功能模块,可根据党员需求进行个性化定制,还能支持PC电脑端、手机移动端、触摸大屏端等访问登录,访问者可以随时随地登录,并享受到系列性、便捷性、综合性的服务。

2. 云计算在党组织管理工作中的运用

云计算技术能快速对较大量级的、包括数字、数据、图像、音频等诸多存储方式的数据信息进行秒级综合分析、运算和处理,得出具有参考价值的党建信息,比如,优秀的党员有哪些、不履行党员义务的党员有哪些、党的执政能力和指数趋向

[①] 国务院关于促进云计算创新发展培育信息产业新业态的意见[M].北京:人民出版社,2015:1.

如何,等等,利用若干双"眼睛"时刻关注每一位党员和每一个党组织,及时将监测信息以可视化数据形式呈现给相关决策管理机构或党建系统,据此进行智能化决策管理。例如,贵州省贵阳市通过"党建红云",及时监控党员干部到岗考勤情况、帮扶措施落实情况等,及时提醒、警示和帮助他们处理好党务工作;再如,中国能源建设集团甘肃省电力设计院有限公司党委将探索"手机 APP + 智慧党建云平台"新模式作为党建的一项重要工作来抓,积极探索构建现代化的网络党建系统,通过对基础数据、工作数据、社交平台和党员行为等多维度、多渠道地采集各种信息,使企业党建工作信息化成本更加低廉、性能更加优越、资源更加集成、业务更加协调。

3. 智慧党建大数据云的综合应用

智慧党建大数据云是综合运用云计算技术和大数据技术构建的以党建大数据为基础、汇聚党内外各种信息数据、经由各种移动智能终端登录的,不再局限于党内数据应用系统的一个大型数据集合体,能够实现各类数据的对接、汇聚、提取与共享,为智慧党建的大数据中枢提供数据支撑,并推动大数据党建应用系统的拓展融合。智慧党建大数据云的构建步骤如下:首先,需要综合运用大数据技术和现代科技支撑的各种智能终端,将党建信息源源不断地传入党建大数据云,解决数据输入路径问题;其次,需要解决输入数据的体量、分类和安全问题,以及存储数据的取用手段和管理标准等问题;最后,需要建立统一调控机制,并接通社会民生领域大数据,如健康大数据、扶贫大数据、生态大数据、产业和行业大数据等,形成融合性的云端平台,实现党建信息融合共享、党建情势动态把控、党建工作多维覆盖。例如,贵州省贵阳市的"党建红云",正是综合运用智慧党建大数据云的典型案例,该平台的主要构架为"一云两库六大应用系统":"一云"即贵阳市的"党建红云";"两库"即党组织、党员基础数据库和行为数据库;"六大应用系统"即党建 APP(贵阳市"两学一做"学习教育云平台)、党务公开系统、党员干部教育系统、干部精准帮扶系统、干部选任管理系统和干部考核管理系统。通过智慧党建大数据云平台,一是完成贵阳市党组织系统内部的数据汇聚、党员领导干部在互联网中的参考数据汇聚以及全市"数据铁笼"与党员干部相关的数据汇聚;二是做到以数据化为核心、让党建工作时时处处数据留痕,以自流程化管理为抓手、实现党建工作数据精准督导,以"聚通用"为目标、实现党建大数据融合分析;三是拓宽党组织建设和党员教育管理的渠道,助推全面从严治党向基层延伸,也打通了联系服务基层群众的"最后一公里",让党建工作实现智慧升级。①

四、区块链技术

(一)区块链技术简述

区块链(Blockchain),狭义来讲是由数据区块按照时间顺序以顺序相连的方式组合成的一种链式数据结构,并以密码学方式保证数据的不可篡改和不可伪造的分布式账本。广义来讲,区块链技术是利用块链式数据结构来验证与存储数据、利用分布式节点共识算法来生成和更新数据、利用密码学的方式保证数据传输和访问的安全、利用自动化脚本代码组成的智能合约来编程和操作数据的一种全新的分布式基础架构与计算方式。

区块链具有去中心化、高公信力、全程留痕、不可篡改等特征,能够解决信息不对称的问题,实现多个主体之间的交互、协作与行动一致。区块链技术起源于化名为"中本聪"的学者发表的论文《比特币,一种点对点电子现金系统》,2014年前后区块链技术逐渐从数字货币领域中剥离出来,向垂直领域延伸,如今已广泛应用于经济社会各个领域。

中共中央、国务院高度重视区块链技术和产业发展,多次对区块链创新发展作出重要指示,提出要加快推动区块链技术和产业创新发展。2016年10月,工业和信息化部发布《中国区块链技术和应用发展白皮书(2016)》,总结区块链发展现状和趋势,分析核心关键技术及典型应用场景,提出中国区块链技术发展路线图和标准化路线图。2016年12月,国务院发布《"十三五"国家信息化规划》,提出要加强区块链等技术的基础研发和前沿布局,将区块链技术列入国家级信息规划层面。2017年,工业和信息化部接连发布《区块链参考架构》和《区块链数据格式规范》。2019年,习近平总书记在主持中央政治局第十八次集体学习时强调,"我们要把区块链作为核心技术自主创新的重要突破口,明确主攻方向,加大投入力度,

---

① 段婉娇. 聚力大数据 打造云党建——贵阳市建设"党建红云"平台提升党建工作科学化水平[NB/OL]. (2018-01-08) [2023-08-11]. http://dangjian.people.com.cn/GB/n1/2018/0108/c117092-29751684.html.

着力攻克一批关键核心技术,加快推动区块链技术和产业创新发展"①。2021年,区块链被明确写入《中华人民共和国国民经济和社会发展第十四个五年规划和2035年远景目标纲要》中。2022年,国务院发布《"十四五"数字经济发展规划》,提出七大数字经济重点产业,区块链位列其中。在党和政府的高度关注下,区块链技术及其在金融、医疗、教育、通信、政务服务、社会治理等多个领域的产业应用高速发展,党建工作也不例外。实践表明,将区块链思维和技术有机嵌入党建工作实践,有助于从技术层面破除党建工作中的空间壁垒、时间限制和信任障碍,实现党建工作的信息互联、价值互联和秩序互联,打造共建共享的智慧党建数字新生态,更好地推动技术优势转化为党建工作质效。

(二)区块链技术在智慧党建中的应用

区块链技术的运用为智慧党建注入新活力,也带来全新的工作方式。在"智慧党建+区块链"的运用场景中,多层多链网并存且通过不同权限机制实现互联互通。这是因为,党的组织架构包括中央组织、地方组织、基层组织,基层组织又分为基层党委、总支、支部,所以对应设立的全国智慧党建系统链网,可分为中央链、地方和部门链、基层链和党员链等。比如,党员链由党员通过协议组建,将作为党务管理的底层技术运用于党员个人的身份确认、专业特长、社会信用等信息认证,保证交互透明,保持信息真实,简化工作流程。在此基础上,还可根据工作需要和机密程度,分层级设置更多的链。从区块链技术赋能智慧党建的应用成效来看,主要体现在信息交互、监督考评、提高效率和协同联动四方面。

1. 实现信息交互共享

区块链作为一个分布式的共享信息的数据存储交互体系,能使党组织和党员开展工作的时间、内容、形式、进度以及效果等信息,在链上始终保持真实状态并清楚呈现,便于其及时了解信息、甄别问题、纠正错误、调适改进。例如,宁夏通信管理局机关党委依托局党组成员基层联系点制度,将基层联系点党支部设置为区块链"节点","联系点链上吹哨、部门接单报到"。通过多链并存、不同权限机制或特殊侧链机制互通、信息互认,横向信息交互透明,简化交互流程,实现节点全域

---

① 《新基建:党员的十堂主题课》编写组.新基建:党员的十堂主题课[M].北京:人民出版社,2020:102.

覆盖、信息全网共享、数据全时可用、进度全程可控，有效促进对基层联系点支部党建工作与业务发展的帮扶指导。

2. 助力监督考评工作

在监督工作中，区块链能存储所有信息并实时监控流程中的关键节点，上级党组织节点的相关人员可以在线即时共享和查看信息，全程监督下级党组织的情况。此外，数据的开放共享有利于协同监督，除了各方的私有信息被加密外，区块链数据对接入的所有用户开放，任何党员和群众都可以通过公开接口查询区块链数据和开发的相关应用，系统信息高度透明。通过区块链还可以促进不同部门数据共享，强化统计监督与其他监督的协同联动。

在考核工作中，区块链的公开透明、不可篡改和"智能合约"体系可以使党建工作全过程可记录、可追溯，对构建科学智慧的考评机制和激励机制具有重要作用。比如，在区块链技术辅助下，建立系统完备、科学规范、简便易行的党员综合考核评价体系，使每位党员的学习成效、工作实绩、服务群众情况全程留痕，并通过同质分组、分类考核以及纵向比较、横向对比，使考核指标、考核过程和考核结果等科学合理，从而有效提升考核工作的参与度和实效性，激励党员和领导干部自觉履职尽责和积极进取。

3. 提高党建工作效率

区块链技术的运用有助于打破党建信息孤岛、提高党建工作效率。具体而言，一是有助于快速查找信息。区块链将不同党组织部门作为节点纳入其中，使其活动方案、经验措施、工作进度等信息能够系统呈现，以此相互借鉴交流并自我改进完善。二是有助于加强党员管理。区块链网的节点增删机制与分布式机制对党建工作中的一些特殊情况有显著作用，比如，在流动党员和流动党支部的管理、党员心理健康测评和生活困难认定等方面，能使其更为准确、更有效率。三是有助于提升党建宣传工作的时、度、效。将区块链与党建宣传工作相融合，在宣传速度上将直接打破层级之间的信息传递边界，提高信息的生成速度和传播速率；在宣传广度上，能够联通各种信息传感设备，使党的重大会议精神、典型案例的宣传由有限的空间扩展到无限空间；在宣传效力上，依托区块链智能合约机制对不同党组织部门关于会议精神的宣讲成效、方针政策的学习效果等，进行智能分析并生成相应的影响力报告，为党组织的精准决策和有效管理提供支撑。

4. 激活社会治理动能

在区块链技术的支持下,智慧党建能够加强资源整合、力量融合,扩大党组织与党员、党员与群众参与社会治理的渠道和空间,推动社会治理从"条块分割"转向"条块协同"、从"管理为主"转向"服务为主",从而强化多方协同联动,有效激活社会治理动能,形成党建引领、党员集体参与和维护的"区块链+社区党建"新格局。具体而言,可运用区块链技术建立党建引领下的"智慧社区"共享平台,通过"链"的设置与开放,加强各类业务协同、数据联动,把分散的养老、托幼、医疗、教育、就业等基本民生服务资源统一聚集在基层党建的服务圈内,同时把在职党员、社区工作者、居民群众、非公企业和社会组织等多元社会群体吸引到共享平台上,并使其分别认岗领责,推动各类社会服务下沉到网格、惠及群众。例如,甘肃省兰州市七里河区建兰路街道党工委开辟的"党建区块链",充分发挥辖区各级党组织、社会组织、群团组织的优势,共商区域发展,共抓基层党建,共育先进文化,共同服务群众,共促社会治理,共建美好家园,实现数据共享、优化业务流程、提升协同效率,并将依托已有的网格化管理资源,打造全时全域全链全程的党群服务模式,以激活基层社区治理的"神经末梢"。

第二节　智能互联技术

一、人工智能技术

(一)人工智能技术简述

人工智能(Artificial Intelligence,简称 AI)是利用数字计算机或者数字计算机控制的机器模拟、延伸和扩展人的智能,感知环境,获取知识并使用知识获得最佳结果的理论、方法、技术及应用系统。一般而言,人工智能的发展可以划分为计算智能、感知智能和认知智能三个阶段,目前已经历了计算智能阶段,正从感知智能阶段向认知智能阶段发展。当今时代,人工智能的崛起已是不争的事实,机器人学、智能搜索、语音图像识别等相关理论和技术不断突破,为新一代人工智能发展奠定基础。

出于对产业的高度重视,中国人工智能产业的政策布局较早。2015年7月,国务院出台《关于积极推动"互联网+"行动的指导意见》,首次提出培育发展人工智能产业,并将人工智能列为11项重点行动之一。2016年3月,发展人工智能产业被写入"十三五"规划,当年公布的《"互联网+"人工智能三年行动实施方案》《"十三五"国家科技创新规划》《智能硬件行业创新发展行动(2015—2018)》《"十三五"国家战略性新兴产业发展规划》等多份产业指导文件均对发展人工智能产业做出详细安排。2017年3月,人工智能被首次写入国务院政府工作报告;2017年10月,人工智能被写入党的十九大报告,人工智能和实体经济融合成为产业发展的重要目标;当年7月和12月,国务院相继公布《新一代人工智能发展规划》和《促进新一代人工智能产业发展三年行动计划(2018—2020年)》,在对人工智能产业发展做出规划的同时,提出加快推进人工智能产业和已有各类产业融合。2019年10月,党的十九届四中全会审议通过的《中共中央关于坚持和完善中国特色社会主义制度推进国家治理体系和治理能力现代化若干重大问题的决定》明确指出:"建立健全运用互联网、大数据、人工智能等技术手段进行行政管理的制度规则,推进数字政府建设,加强数据有序共享,依法保护个人信息。"随着一系列人工智能产业发展政策的落地,人工智能技术已加速应用至各个领域,与汽车、医疗、物流、制造业等关键产业深度融合。因此,运用人工智能技术助力党建工作的智能化发展,既是迎合时代发展所趋,也是党建工作所需。

(二)人工智能技术在党建工作中的应用

1. 党的思想政治工作

人工智能通过"智能算法+深度模型"使智慧党建不仅仅停留在数据整合、数据汇总层面,而是随时随地对相关数据进行深度处理,为党的思想政治工作提供智能辅助。具体来看,借助人工智能技术,首先汇聚党员基础数据、收集党员在学习中的发言及其他信息,其次通过"党员数据精准画像引擎"进行智慧分析,精准获得党员的个性化信息,最后再通过"深度学习系统"进行二次分析并针对存在的问题推送解决方案。像这样运用人工智能"推算分析"党员思想状况,既能满足党员教育入脑入心的要求,也能实现党建数据信息的智慧使用,更能推动党员政治素质与思想意识的真正提升,使党组织在政治引领与思想建设中更加有的放矢,也使党建工作更加精准、务实,带领群众坚定不移地听党话、跟党走。

2. 党的基层组织工作

人工智能作为对人的智能的模拟、延伸和扩展包含感知、交互、学习、推理、规划等多种能力,为党建信息在党组织体系中的快速、广泛、深入传播提供便利。一方面,人工智能通过提升信息资源与党组织、党员需求的匹配性,实现语音、图像甚至意念情感元素等多元化形态要素的搜索匹配,为宣传党的主张、贯彻党的决定、领导基层治理、团结动员群众、推动改革发展等提供多样性的智慧支持;另一方面,借助人工智能,智慧党建可以贯通干部、基层党建、人才工作与部分重要部门数据流、业务流、工作流,实现基层党建工作的有效拓展延伸,让"网络群众路线"走得更好、更远,更多地了解群众所思所想,收集好的想法建议,以群众喜闻乐见的方式回应群众关切,也让群众认识党组织、了解党组织、热爱党组织。

3. 党员学习教育工作

基于人工智能的智慧党建教育平台,不仅能为党员教育学习提供信息共享与交流,更能实现教与学的互动,反映教育工作的进展与成效。比如,主题教育活动中,智慧党建在人工智能的支持下,能深入且生动地宣传党中央主题教育精神,广泛拓展主题教育的社会认知程度,让更多党员和群众了解主题教育的内容、认识主题教育的重要性、感受主题教育的氛围,将党的精神与政策传递到全社会各阶层、各领域。此外,智慧党建借助人工智能技术优势,进行党员教育的学习质量监督、个性化学习方案定制、学习互动交流、情感心理元素引导等,将会进一步巩固教育成果、提升教育成效。

4. 党的纪检监察工作

人工智能技术的应用能为党的纪律建设的方法创新提供新思路,并助力监督执纪工作质与效的提升。特别是语音与人脸识别、目标定位等方法的广泛利用,使人工智能逐渐成为进行纪检监察、强化纪律执行、管党治党的技术引擎。比如,安徽省投放的信访机器人、自助信访一体机向全省用户开放使用,推动信访工作提质增效。再如,内蒙古包头市昆都仑区纪委监委将人工智能技术直接引入到审查调查和案件审理工作中,创新研发智慧办案辅助系统"智审通",该系统能够100%识别出程序性错误,实现办案数量、质量双提升,对案件查办具有指引导航作用,对证据材料具有智能把关校验作用,对案件审理具有辅助协助作用。

二、虚拟现实技术与增强现实技术

(一) 虚拟现实技术和增强现实技术简述

1. 虚拟现实技术

虚拟现实技术(Virtual Reality,简称 VR)是指借助计算机系统及传感器技术生成三维环境,创造出一种崭新的人机交互方式,通过调动用户各种感官(视觉、听觉、触觉、嗅觉等)来使其享受更加真实的、身临其境的体验。[①] 虚拟现实体验具有三点特征:一是沉浸感,利用计算机产生的三维立体图像,让人置身于一种虚拟环境中,就像在真实的客观世界中一样,给人一种身临其境的感觉;二是交互性,在计算机生成的这种虚拟环境中,可利用一些传感设备进行交互,感觉像在真实的客观世界中互动一样;三是想象性,虚拟环境可使用户沉浸其中萌发联想。

虚拟现实是一种新技术,也是一种新媒介。虚拟现实技术以其独特的媒介呈现和交互方式为信息的生产和传播带来更为多元化的价值,它能为实体经济带来创新发展的机遇,起到改善民生、促进生产力发展的作用。近年来,虚拟现实技术已与工业制造、规划设计、教育培训、交通仿真、游戏娱乐等不同行业广泛融合,改变人们感知世界的方式,拓展人们的想象空间,影响人们的生产生活。

2. 增强现实技术

增强现实技术(Augmented Reality,简称 AR)是指将计算机生成的虚拟物体或信息叠加到真实场景中,从而提供一种虚实交互的新体验,为用户展示更丰富有效的信息。它以计算机为工具,将人为构建的辅助型虚拟信息应用到真实世界,使虚拟的物体信息和真实的环境信息叠加到同一个空间或平面,同时可以被

---

① 刘华益等.虚拟现实产业发展白皮书[M].中国电子技术标准化研究院,2016:1.

用户识别与感知,并获得比真实世界更丰富的信息。

增强现实技术是在虚拟现实技术的基础上发展起来的新兴技术,也是一种以计算机技术为基础的人机交互技术,其突出特点主要有:一是真实世界和虚拟的信息集成;二是具有实时交互性;三是在三维尺度空间中增添定位虚拟物体。因此,相比虚拟现实技术,增强现实技术系统的实现要更复杂,对相关技术的要求更高,除了计算机网络、通信技术、人机界面、传感器、信息可视化等技术之外,还对心理学、人机工程学等的应用有比较高的要求。简单地说,虚拟现实只是把真实世界展示给用户,而增强现实则是把虚拟世界和真实世界同时展示给用户,实现了虚实结合。增强现实技术能为人们探索宏观世界和微观世界提供极大的便利,具有广阔的发展前景。

3. 虚拟现实与增强现实的区别

一是展现方式不同:虚拟现实的展现标志是搭配头显和手柄进行交互体验,主要是将体验者置于虚拟场景中,沉浸式互动犹如身临其境。增强现实是基于计算机的系统,将数据叠加到用户的视线中,也就是虚拟数据与现实世界的结合。

二是展现设备不同:增强现实能通过特定设备将数据、视频和3D物品叠加到体验者的视觉中,无需佩戴虚拟现实技术中的庞大头盔就能实现信息传输,轻便的展现设备是增强现实技术比虚拟现实技术更占优势的地方。

三是展现内容性质不同:虚拟现实是实时三维计算机图形技术、广角(宽视野)立体显示技术、对观察者头/眼/手的跟踪技术、触觉力觉反馈/立体声/网络传输/语音输入输出技术等多种技术的综合,具备多感知性、存在性、交互性和自主性。虽然虚拟现实技术给体验者营造了逼真的体验环境,但也只是将真实存在的环境"搬"到VR设备当中。而增强现实则不一样,它是一种实时地计算摄影机影像的位置及角度并加上相应图像的技术,也有人称之为"混合现实"。增强现实技术展现的内容是数据叠加在真实世界之上的,可以为人类的现实生活提供额外的数字支持,能快速帮助人类作出分析和选择。

(二) 虚拟现实技术在智慧党建中的应用

1. VR党建教育

VR党建教育是把虚拟现实技术应用到党员教育工作中,打破时空限制,突破传统党建教育模式,把党建理论知识转化为实际应用场景,实现沉浸式的学习互动体验,以创新教育方法、提高教育效果、达到教育目的。这是深化党员教育管理的有益探索,也是开展智慧党建工作的创新体现。

VR党建教育的主要作用:一是增强党员主体感受度。基于虚拟现实技术创设出的直观的党史党建教育情境是对客观现实的真实反映,符合年轻一代党员群体的信息传播与接收特质。虚拟现实技术开辟了新时代党员个体与特定历史时期对话的领域,使人们能跨越时空"亲身"置身于过去或未来的场景中进行探究与选择,增强人的感受程度和认知能力,弥补通过想象无法实现的触碰感和体验感。二是加强教育感染力。虚拟现实技术能巧妙地将党史党建教育中的理论内容转化到受教育者的思想中,通过沉浸式学习获得的知识更易理解且更具持久性,从而促使党员个体主动参与学习、自觉接受教育、不断提高党性修养。三是提高工作实效性。借助虚拟现实技术,让党员群众置身于虚拟现实场景之中,同时运用大量互动模式和多维展示方式,引导他们进行交流研讨、探索学习、实践应用,能极大提高学习效率和教育成效。

2. VR党建智慧展馆

VR党建智慧展馆是利用虚拟现实技术构建的数字化党史党建展览馆,以三维互动体验方式,将传统的展馆及陈列品移植到虚拟展馆中进行展示、宣传、开展教育活动。例如,展馆中可具体构设VR中共代表大会馆、VR重走长征路馆、VR主席讲话学习馆、VR廉政教育馆等功能区,为参观者提供集教育性、思想性、艺术性、知识性于一体的展品内容。

VR党建智慧展馆的主要意义有:第一,展馆是科技支撑党建的具体实践和应用,节约物理空间、建设费用、时间成本等,综合体现环保、时尚、科技,迎合时代发展趋势;第二,展馆通过三维虚拟技术、多媒体技术、数字科技等手段,表现形式更加丰富生动,既能增强参观者的兴趣,也能提高宣传和学习的效果;第三,展馆展品的更新、维护、扩展等更加方便容易,大大提高展馆内容的利用率和使用周期;第四,建设VR展馆既有助于推动党建工作手段从传统走向现代,也有助于推动智慧党建的理念深入人心。

(三)增强现实技术在智慧党建中的应用

近年来,将增强现实技术应用于宣传展示、纪念庆典、主题教育等党建活动中，开展 AR 智慧党建，逐渐成为一种潮流。比如，利用增强现实技术开展党员教育工作，有助于解决基层党员组织活动困难、教育内容单调、学习形式单一等问题，既能丰富教育内容和形式，使受教育者在互动体验中切实提高自身素质和思想觉悟，也能充分体现智慧党建的数字化、移动化、智能化和人性化。

AR 智慧党建的主要作用：一是形象地展示内容，即让静态的图片、文字等"动"起来，并配备音频、创建情景、营造氛围，更直观生动地展现党建工作和学习教育内容；二是线上线下联动，即把线下工作和学习与线上操作关联起来，实现随时随地开展党建活动；三是增强参与互动，即通过多元化形式，增加党建活动的多样性和趣味性，调动参与者的积极性和创造性。

智慧党建在增强现实技术的赋能下，既能让静态的党史党建内容"动"起来，也使党史党建知识的传播真正地"活"起来。AR 智慧党建的具体应用形式有：一是 AR 视频展示，通过扫描识别图文，触发短视频并实现全屏播放，全方位、多角度地展现党史党建场景；二是 AR 场景动画，在背景摄像头打开的情况下，叠加实景动画，达到虚拟党史时空与现实党建场景融合的效果；三是 AR 虚拟合影，根据党建活动及党史展览的主题，用户可通过现场拍照，智能抠图换背景，将现实的人物与虚拟的环境进行结合后完成"隔空"合影；四是 AR 全息人物，用户扫描图案后，面前就会真实显现党史党建的人物、摆件、场景等"全息"影像，生动演绎一个个党史党建小故事；五是 AR 手势互动，通过识别不同的手势，触发特定党史党建内容，可以是小动画也可以是电子书籍等，实现虚实互动。

当前，增强现实技术已逐步被创新性地应用到智慧党建中。例如，广东省电信公司开展的"七·一建党纪念日"活动中，通过"H5+AR"的方式，可在党员用手机扫描相应部分后，自动弹出有关党史知识的图文或视频等资料介绍，以及企业优秀党员工作者的光荣事迹等，还可让党员通过照片合成完成自己与党旗的虚拟合影，这种活动形式不仅起到很好的党建宣传作用，而且能够有效地教育和激励党员"守初心，担使命"。再如，中国移动福建公司、中国移动咪咕公司与福建省厦门市集美区三方联合打造的"5G+AR 党史馆"，主要包含"红色记忆学史崇德、入党宣誓不忘初心、特色互动红心向党"三大模块，依托智能触控屏、AR 探究镜、3D 全息影像、AI 拍机等高科技设备，让中国共产党波澜壮阔的革命历史、集美区珍贵的嘉庚精神以及日新月异的集美新城建设等内容在光影声画的变幻中变得更加具体可感。

三、移动通信技术

(一) 5G 技术简述

第五代移动通信技术(5th Generation Mobile Communication Technology,简称5G)是具有高带宽、低时延、大连接、低能耗特点的新一代宽带移动通信技术,5G通信设施是实现人机物互联的网络基础设施。由于采用了更加精细化的调度方案和无线增强技术,5G可以构建服务质量十分稳定的移动网络,使移动互联网全面替代固定宽带成为可能,也为实时性和安全性要求高的工业级应用打下基础。

在5G出现之前,移动通信技术历经1G、2G、3G、4G的代际发展。1G仅支持模拟语音通信,使移动通信终端实现小型化;2G支持数字语音和短信,使固定电话逐步被手机所替代;3G支持移动互联网服务,使低时效的纸质媒体被边缘化,开启智能手机时代;4G支持增强的移动互联网和视频等大流量业务,手机开始逐步取代电脑的主导地位,大大方便了人们的工作和生活。当前,移动互联网已融入社会生活的方方面面,深刻改变着人们的沟通、交流乃至整个生活方式。但随着移动互联网快速发展,新服务、新业务不断涌现,移动数据业务流量爆炸式增长,4G系统难以满足未来移动数据流量暴涨的需求,于是5G诞生了,它的出现使服务对象从人与人的通信拓展到人与物、物与物通信,它与经济社会发展各个领域深度融合,将引发社会生产生活方式的深刻变革。

随着网络快速发展和技术持续演进,5G成为改变社会、服务大众、支撑经济社会发展的重要驱动力量,并成为支撑经济社会向数字化、网络化、智能化转型的关键新型基础设施。党中央、国务院高度重视5G发展,习近平总书记多次作出重要指示,强调要"推动5G网络加快发展""加快5G网络、数据中心等新型基础设施建设进度"。为此,党建工作需要紧跟时代发展大势,打好主动仗,坚持实际实用实效原则,使5G技术赋能于党建宣传、党务管理、党员教育、党群服务等方面,助推新时代党的建设伟大工程创新飞跃。

(二) 5G在智慧党建中的应用

1. 5G技术应用于智慧党建的优势

运用5G技术推进智慧党建,要坚持实际实用实效原则。抓好"5G +"与党建工作融合的关键,是要搭好"路"和"桥",实现 5G 技术与党建工作无缝对接,真正使 5G 技术为各地党建工作所用。因此,要充分认识 5G 技术的特性,实现从线上到线下、从平台到生态的互联互通,将党建工作的效率和质量提升到新高度,特别是在监管、宣传、教育、服务和交流等方面,都将起到重要的助推作用。

具体而言,一是让党建宣传更迅速。5G 将各种信息的传递效率提升到一个全新的高度,也使信息传播内容不再限于文字、图片等形式,通过高清视频、在线直播等方式,可以使党建工作者在任何地点都能于第一时间获取第一手真实信息,有效避免原本按层级逐级传达而导致的信息失真问题。二是让党员管理与监督更精细。5G 作为可以实现万物互联的信息通信技术,能便捷高效地连接各地党员以及各级党组织,并借助不同的智能终端,实现对党建工作全域、全员、全程的数据采集与汇聚,推动构建统一标准的党建工作数据库,推动基层党组织标准化规范化建设。三是让党员服务与教育更鲜活。借助 5G 高带宽、低时延的特性,结合 AR、VR 等技术,让党员教育的方式更加丰富多样、鲜活生动、深入人心。党员可以足不出户,在 5G 网络的支持下,通过虚拟现实的方式远程漫游参观各地的红色教育基地,这也极大地丰富和支撑了线下党群服务中心或体验馆的场景建设。四是让党群交流更便捷。5G 时代,加速搭建党员与人民群众相互交流沟通的新平台,在党员和党组织与人民群众之间建立无障碍联系。这样,既能促进党群关系更加融洽以及社会氛围更加和谐,同时也有助于党的集中统一领导和科学民主决策。

2. 5G 技术支持下的智慧党建平台建设

运用 5G 网络建设智慧党建平台,通过统一数据标准、多终端覆盖、更精细的权限控制,结合完备的安全体系,延伸并创新党建应用功能,让智慧党建系统更加安全可靠,也让党建工作的开展更加快速有序,从而更好地服务于党员生活、党务服务、党员教育等。

5G 网络支撑的智慧党建平台总体架构主要包含三个层级和一个体系:三个层级从下往上分别是网络和设备层、数据支撑层、业务服务应用层;一个体系是指实现平台安全所需的各类安全保障机制和功能体系。

具体而言,一是网络和设备层,主要是指基于现有的 4G/5G 移动通信网络,结合智能手机、AR/VR 终端、政务终端、大屏、无人机、机器人等丰富的智能终端,构筑一个全域、全程、全员的智慧党建智能服务网络体系。二是数据支撑层，包括数据存储层和基础设施层。数据存储层是智慧党建业务系统建设的核心，主要有党组织、党员、"三会一课"、党群服务、党校资料等数据，为业务平台提供调用服务。基础设施层包括利用政务公有云为智慧党建提供满足业务需求的服务支撑。三是业务服务应用层，由能力层、服务层和应用层三个部分组成。能力层将为智慧党建提供标准化、综合性的能力支撑，满足可拓展与个性化需求；服务层是将智慧党建服务细化成一个个微服务功能，既包括业务层面的党组织管理、党员管理等功能，也包括平台所具备的权限管理、用户管理、角色管理、服务管理等功能；应用层主要是面向党建宣传、党务管理、党员教育、党员服务、决策支撑等业务场景，实现微服务功能的有机整合，最终可以通过微信小程序、政务微信、管理平台、政务终端等为广大党员及普通群众使用。四是平台安全体系，主要包括网络、终端、数据、应用等各层级的安全保障功能，确保智慧党建系统的安全高效运行。

（三）6G 技术发展与应用愿景

随着 5G 应用的快速渗透、科学技术的创新突破、新技术与通信技术的深度融合，针对 6G 技术研发的战略布局已全面展开。

在技术应用上，6G 频段将从 5G 毫米波频段拓展至太赫兹频段，数据传输速率有望比 5G 快 100 倍，时延达到亚毫秒级水平。并且，6G 把陆地无线通信技术和中高低轨的卫星移动通信技术及短距离直接通信技术融合在一起，解决了通信、计算、导航、感知等问题，组建空、天、地、海泛在的移动通信网，实现覆盖全球的高速宽带网。未来，6G 将在用户个性化服务以及物联网、工业互联网、无人驾驶、智能工厂等领域具有较广阔的应用前景。

在总体愿景上，6G 将构建人机物智慧互联、智能体高效互通的新型网络，在大幅提升网络能力的基础上，具备智慧内生、多维感知、数字孪生、安全内生等全新功能。同时，6G 将打造泛在精细、实时可信、有机整合的数字世界，实时精确地反映和预测物理世界的真实状态，助力人类走进人机物智慧互联、虚拟与现实深度融合的全新时代，最终实现"万物智联、数字孪生"的美好愿景。

在战略部署上，2021 年 3 月，《中华人民共和国国民经济和社会发展第十四个五年规划和 2035 年远景目标纲要》明确提出，要"前瞻布局 6G 网络技术储备"，先后成立国家 6G 技术研发推进工作组和总体专家组、IMT－2030(6G)推进组，推进

6G 各项工作部署。2021 年 6 月,IMT－2030(6G)推进组发布白皮书《6G 总体愿景与潜在关键技术》,预计将于 2030 年前后实现 6G 商用,指出未来 6G 业务将呈现出沉浸化、智慧化、全域化等新发展趋势。2021 年 11 月,工业和信息化部发布《"十四五"信息通信行业发展规划》,其中将开展 6G 基础理论及关键技术研发列为移动通信核心技术演进和产业推进工程,提出构建 6G 愿景、典型应用场景和关键能力指标体系,鼓励企业深入开展 6G 潜在技术研究,形成一批 6G 核心研究成果。

在未来的党建工作中,6G 将与人工智能、物联网、虚拟现实等信息技术交叉融合,实现通信与感知、计算、控制的深度耦合,成为服务党员群众、赋能智慧党建、高效互联互通的基本技术要素。此外,6G 可随时随地满足安全可靠的"人机物"无限连接的需求,实现党组织、党员干部、人民群众和智能设备以及物理实体的联通交互,全方位提升信息通信服务质量,助力打造泛在精细、实时互通、有机整合的智慧党建模式,推动构建普惠智能、协同高效的社会治理格局。

四、物联网技术

(一) 物联网技术简述

物联网(Internet of Things,缩写 IoT)是通信网和互联网的拓展应用和网络延伸,利用感知技术与智能装置对物理世界进行感知识别,通过网络传输互联,进行计算、处理和知识挖掘,实现人与物、物与物的信息交互和无缝连接,实现对物理世界实时控制、精确管理和科学决策的目的。[①] 对于物联网,中国科学院在《感知中国报告》中对其做了如下解读:(1) 物联网是全球信息化发展的新阶段,从信息化向智能化提升;(2) 物联网是对已经发展起来的传感、识别、接入网、无线通信网、互联网云计算、应用软件、智能控制等技术的集成、发展和提升;(3) 物联网本身是针对特定管理对象的"有线网络",是以实现控制和管理为目的,通过传感/识别器和网络将管理对象连接起来,实现信息感知、识别、情报处理、常态判断和决策执行等智能化的管理与控制;(4) 物联网应用带来的海量数据和业务模式将给

[①] 熊辉.党员干部新一代信息技术简明读本[M].北京:人民出版社,2020:151.

通信网、互联网和信息处理技术带来数量级的需求增长与模式变化。

物联网的体系结构主要由感知层、网络层和应用层组成，每一层对应的功能分别是信息收集、信息传递、信息处理与应用。感知层用于进行感知识别、指令执行，比如各种类型的传感器、智能手机、GPS、各种类型的智能机器人等；网络层主要以广泛覆盖的移动通信网络作为基础设施，将物体信息实时准确地传递出去；应用层则是实现网络及设备连接的重要结构，通过技术手段对海量的数据和信息进行分析和处理，对物体实施智能化的控制。

物联网在不同应用场景下可以起到不同的作用效果，如交通系统中进行车辆控制、工业企业中实行生产控制、环境保护中开展环境监测和管理工作、智能家居中进行单品连接和物物联动、智慧农业中进行远程控制以及灾害预警等。此外，与其他高新技术融合发展是物联网技术的重要特性。时下，物联网正促进5G、云计算、大数据、人工智能、区块链等新一代信息技术向各领域渗透，深刻改变传统产业形态和社会生产生活方式，引发产业、经济和社会发展的新变革，引领人们迈入万物互联的智能社会。

物联网技术有机嵌入党建工作的主要作用：一是通过智能物联网能够更加精准地记录主体的常态性、捕捉主体的差异性，这将彻底改变传统的经验型党建管理模式，全数据、全信息成为党组织科学决策、精细管理和精准服务的新型依据；二是通过基于移动互联网的万物智能互联，能够实现所有领域数据的动态化、及时化、互联化、共享化，这将为党建工作者第一时间掌握舆情信息、快速处置各类基层问题、高效应对突发事件、实现组织协同发展等创造条件；三是各类大数据和人工智能、物联网等技术的深度融合应用，为创新管理监督方式、提升工作服务质量以及提高党建信息化水平带来绝佳机遇；四是智能物联网有助于促进不同领域的无缝衔接、有效对接以及共享社会发展，使建构智慧党建引领下跨地域、跨系统、跨部门、跨业务的整体联动社会治理格局成为可能。

（二）物联网技术在智慧党建中的应用

1. 建构党建信息系统

物联网技术在党建信息系统中的具体应用：一是党建信息采集系统，党组织通过建设党建信息采集系统，把传感器和管理对象连接到一起，把静态或动态的物体反映出来的图像、音频、视频转化为数据来进行管理分析；二是党建信息分析网络，接入物联网的人与物并不是一对一进行信息交换，而是对这些与党建工作关联的人与物进行同类对比、需求分析、问题解析，从而搭建信息化、智能化的党建关系网络，为决策和服务提供参考依据；三是党建信息应用系统，该应用系统对收集来的各种党建信息数据进行综合处理后，再结合当下政策以及工作需要因地制宜地做出更为科学的处理，比如，可以通过智能传感器为领导干部提供党员日常行为数据的反馈，帮助他们了解工作进度、合理安排工作任务。

2. 完善组织管理体系

物联网技术通过改变人与人、人与物以及物与物之间的关系，推动党的组织体系转向交互式、网络化和扁平化。具体而言，通过数据的共建共享与整合，打破各级各地党组织之间的隔阂，实现信息的交互和服务内容的互联，以最大限度地减轻组织内耗。同时，在完善的物联网条件下，各级党组织不再需要层层开会、层层督促、层层检查，而只需通过数据的采集、传输、处理、共享，即可实现党建工作的整体性运行，以快速对变化的环境作出回应，实现组织管理的最优化。

3. 改进监督执纪方式

一方面，物联网的应用可以消除时间、空间、规模上的局限和障碍，最大限度地实现党员和群众参与的便利化，使所有党员和群众在任何地方、任何时候都可以对党的决策部署发表意见，或投票、或协商、或监督等，以扩大工作覆盖面，促进治理的现代化；另一方面，物联网也可通过技术和程序的设置，对党员干部是否依法履职、依规办事进行全过程和无死角的监督，违反法律法规的行为将会被程序和系统自动制止，并将数据反馈给云端实时公开。这就对党员干部形成常态化、自动化的监督，以达到永葆先进性和纯洁性的目标。

4. 形成联动治理模式

借助物联网技术，创建智慧党建引领下的数据集成共享、业务跨界联动的平台型基层治理新模式，促使基层党建工作的跨界性、跨域性、融合性趋势更加明显。这就要求基层党组织主动搭建数据联通、业务联动的跨部门协同治理架构，除了着力推动党建数据开放共享、构建大数据交换共享中心、提高服务工作效率之外，也要努力推动跨部门协同联动的工作机制和考核制度的建立健全，增强基层治理的针对性、高效性和预判性，为广大群众提供更加个性化、便利化、专业化的服务。比如，通过在党政机关和基层党组织分布智能终端，将片区连成一体，并整合公安天网、城市管理等系统协调部门,打造"网络问需、集成分解、零距离服务"的综合服务管理平台,实现信息采集录入、问题分流督办、结果跟踪反馈、目标考核问效的"一站式网上运行"和"全链条可溯可控"的社会治理格局。

> **本章思考题**
>
> 1. 谈一谈你对智慧党建支撑技术的理解和认识。
> 2. 除了本章内容之外,你还了解其他与智慧党建相关的技术吗?请简要概述。

第五章

智慧党建的框架建构

框架一般是指事物内部起到支撑性作用的主体结构,是用于承载事物系统必要功能的基础要素的集合。由此而言,智慧党建的框架是指承载智慧党建工作系统运行的组织结构、功能要素与范围轮廓。智慧党建的框架建构是一项复杂的系统工程,应基于系统性、全局性、立体化的整体思维与可操作性、可实施性的设计理念,在综合运用数据处理技术和智能互联技术的基础上达到满足智慧党建工作实践需求的目标。因此,本章从整体架构、模块类别、栏目设定、框架图示等维度出发,简要描摹智慧党建的框架建构思路。

第一节 智慧党建的整体架构

智慧党建整体架构是从构图设计思路出发,对智慧党建的整体结构及其构成要素进行的抽象描述。智慧党建工作系统的运行离不开必要的硬件设施、软件环境、主体要素与支撑条件。由此,从实施运行介质、实施运行结构、实施运行主体与实施运行过程等不同视角出发,可以提出遵循不同思维方式的智慧党建整体架构方案,涵括工具载体、组成结构、参与主体和工作保障等方面内容。

一、智慧党建的工具载体

智慧党建工具载体是指从实施运行介质视角出发,遵循技术性思维和工具性思维,综合运用现代互联网技术和大数据技术,融合多接入边缘计算(5G+MEC)、区块链(NFC)、人工智能(AI)、地理信息系统(GIS)、云计算、算法库、3D、AR、VR、融媒体等手段和方法,支撑智慧党建工作系统运行所需要的一切硬件设施、软件系统及软硬件组合产品的统称。本书将支持智慧党建实施运行的各种技术类工具载体归结为三大类:信息获取和存储工具、数据分析和处理工具、接入终端应用工具。

(一) 智慧党建的信息获取和存储工具

因技术手段和方法的多样性,智慧党建对党组织和党员信息、党务工作信息、党群服务信息、党建管理信息、党员学习教育资料信息、社会基层治理信息、党建工作决策信息等进行信息获取和存储的工具类型也很多样。在信息获取工具方面,智慧党建既可以通过传统的互联网信息获取工具,比如各类信息抓取软件、搜索引擎、DNS查询等,也可以通过网络爬虫等智能工具进行信息获取。在信息存储工具方面,智慧党建既可以依托物理介质进行数据存储,并为智慧党建的分析端提供数据支撑,常用的存储硬件有硬盘柜、磁盘阵列、磁带库等,存储软件有设备管理软件、高可用性软件、备份软件、存储管理软件、数据管理软件，也可以通过直接连接存储（DAS）、网络连接存储（NAS）、存储区域网络（SAN）等网络存储技术进行数据的储存。同时，智慧党建数据的获取和采集应根据数据类型、数据时效要求等采用相应的接入方式：一是通过共享交换的方式汇聚各部门的结构化数据和文件数据；二是通过数据直报的方式汇聚电子文件数据并解析入库；三是通过实时数据采集的方式汇聚物联网等数据；四是通过网络爬虫等方式汇聚互联网数据。

（二）智慧党建的数据分析和处理工具

智慧党建的数据分析和处理工具主要由智能技术工具组成，综合运用云计算、大数据、人工智能等技术工具对海量的党建数据进行识别、选择、过滤、整理、统计、分析、共享和可视化处理，深入挖掘其中蕴含的重要信息。同时，还需基于边缘计算、增强分析、数据编织、人工智能、数据即服务（DaaS）、自然语言处理、数据分析自动化、数据安全治理等大数据分析技术设计党建业务模型、数据模型、算法模型等，支撑智慧党建的数据统计、预警预测、关系图谱、专题分析等应用，提供可视化的图像、图片和文字。上述数据分析和处理工具还能为党建部门提供基本党情及其变化信息、党组织工作状态、党员的思想动态和关注热点、党建工作中存在的问题以及风险点。比如，利用大数据应用技术对党员学习、党组织工作情况进行多元分析；利用人工智能人脸识别技术，对党员履职和党组织活动签到情况进行监督评测等。

（三）智慧党建的接入终端应用工具

智慧党建的接入终端应用工具是指智慧党建最终应用层的设备工具，是用以登录智慧党建平台与系统的各类接入路径与端口，主要以电脑、手机、显示大屏幕等实物为依托，利用门户网站、办公 OA 终端、手机 APP、微信公众号、党建应用小程序、客户端内容管理、PC 平台、大数据平台、TV 大屏、一体机等，通过图文音频内容、VR 党建云展馆、AI 智能线上机器人、多形态原创 H5、党建 MG 动画等多样化的融媒体内容，实现党建信息的学习、交流、宣传、展示等，同时这些终端也能进一步进行新数据的收集和储存。除此之外，还有一些新型智慧党建的应用工具，如 AI 党建设备、党建机器人、VR 党建设备、激光投影、人脸识别、红色直播等。不同的智慧应用工具之间也可以相互协同利用，进而与碎片化、复杂化、具时效性的党建信息无缝对接，提供一站式的智慧党建服务，进一步提升党建工作活力与效率。未来，随着ICT技术群（包括5G泛在网、边缘计算、物联网、高密度集成电路、云计算、大数据、人工智能、区块链、数字孪生、XR、量子计算、智能终端等）的迭代升级，还可以借用元宇宙的全息思维实现智慧党建的全新发展，依托大数据、数字孪生、3D引擎等技术对党建终端应用工具进行升级改造，提升党建终端应用工具的数字化水平，打造党建终端虚拟与现实的结合应用。

二、智慧党建的组成结构

智慧党建的组成结构是从实施运行结构视角提出的整体架构方案，遵循的是结构性思维和系统性思维，是指实现和完成各类智慧党建工作任务的系统组成结构。本书将智慧党建的组成结构区分为技术层、功能层、管理层三个层面。

（一）技术层面：智慧党建数据库建设

数据库建设是智慧党建实施运行与整体架构的一项基础性工作。智慧党建数据库应根据各地区各领域各层级党组织开展党建工作的实际需求进行规划建设，实践工作中使用较多的主要包括党组织和党员信息库、党员教育资源库、党务工作信息库、党建管理信息库、党群服务信息库、党组织活动信息库，等等。

党组织和党员信息库主要包含党组织和单位信息、党员信息、流动党员挂靠管理、党费管理等方面内容，其中，党员信息数据应与全国党员信息库无缝对接。

党员教育资源库既包含党的路线方针政策、制度文件、党史理论知识、党务工作知识等理论性与实践性的党建教育资源，也包括根据各地区各领域各层级党组织的业务工作的实际需求而设计的职业规范、专业技术与理论知识、专有领域业务知识等教育培训资源。

党务工作信息库主要包含党员发展工作、民主评议党员、主题党日活动、组织生活会、党小组管理、"三会一课"、党组织换届等常规性党务工作的资料与信息。

党建管理信息库主要包含党建工作数据填报管理、党建工作计划与党建工作总结管理、党建工作考核、党员积分制考核、党员干部管理体系、党建工作台账、党建地图等方面内容。

党群服务信息库主要包含党员志愿者信息、困难帮扶信息、党员双报到信息、网格党建信息等方面内容。

党组织活动信息库既包括开展党组织活动所需要的各类红色场馆、革命遗址、英雄纪念碑、革命人士故居等信息,也包括党组织活动开展情况实录视频、活动简报、精彩瞬间图片、党员个人参加活动的感想心得、党组织活动总结报告与效果评估报告等内容。

上述各类智慧党建数据库都能够发挥数据定义功能、数据组织存储和管理功能、数据操纵功能、数据事务管理和运行管理功能、数据库的建立和维护功能、数据通信连接功能等,①即每一类别信息数据都可以进行数据挖掘、数据分析、数据处理、数据画像,发挥数据功能。总之,通过将分散的各类党建信息资料聚合为智慧党建大数据库进行分布式储存和集中管理,实现党组织上下级间的信息流通与辐射,可以及时研判各项党建工作开展情况,掌握全局与部分的党建工作样貌,为进行大数据分析处理、个性化党建服务等奠定基础。

(二) 功能层面:智慧党建应用平台建设

应用平台建设是智慧党建实施运行与整体架构的一项支撑性工作。智慧党建应用平台着眼于一体化满足各地区各领域各层级党组织党建工作的全部功能,具体可从综合性应用平台与单一性应用平台两个维度进行规划建设。综合性应用平台建设是从智慧党建的宏观理解出发,应在包括本书第二章中论及的智能化电子党务系统、互联化组织活动系统、精细化公共服务系统、立体化云端学习系统、感知化价值传播系统等五大功能系统的基础上进行统筹细分的规划建设,是一项系统性、全局性、全国性的庞大工程,受限于编者的能力与视野,本书在此不做详述,仅帮助读者廓清思路。单一性应用平台是从智慧党建的微观所指出发包含在综合性应用平台内部的,分别具体用于实现各地区各领域各层级党组织不同方面党建工作功能的个性化应用平台。形象地说,如果将智慧党建的综合性应用

---

① 数据库管理系统(DBMS)一般具有以下功能:(1) 数据定义功能,提供数定义语言,用户通过它可以对数据进行组成与结构定义;(2) 数据组织,存储和管理功能,分类组织数据,记录数据的存储路径、用户数据等;(3) 数据操纵功能,数据的增删改查;(4) 数据事务管理和运行管理功能,在数据库的建立、运行和维护上由数据库管理系统统一管理和控制,保证数据的安全性、完整性,包括多用户对数据的开发使用以及故障后的系统恢复;(5) 数据库的建立和维护功能,既包括数据的初始输入、转换功能和数据库的存储恢复功能,同时也包括数据库的重组功能和监测功能,通常由一些实用程序和管理工具来完成;(6) 其他功能,比如数据通信功能、连接功能等。

平台比喻为功能齐全、性能超强的"航空母舰平台",那么,单一性应用平台则是从属于"航空母舰平台"的一个个"子平台"。受益于智慧党建实践探索的丰富发展,单一性应用平台的种类多元多样、功能各有侧重,难以——详述,在此,本书仅对智慧党建实践应用中比较常见的基层党组织工作平台、党员学习教育平台、党员互动交流平台、社会基层治理平台、基层党组织决策支撑平台等进行说明。

基层党组织工作平台是在综合运用党组织和党员信息库、党务工作信息库、党建管理信息库等智慧党建数据库的功能基础上开展各领域各层级党委、党总支、党支部等基层党组织的日常党建工作,比如用于发布党建工作通知、党建新闻公告、党建论坛等信息;在具体功能应用上,根据各个基层党组织的日常党建工作实际需求,既可以同时覆盖上述三大数据库的全部数据功能,也可以仅覆盖其中一个或两个数据库中的数据功能,还可以交叉覆盖不同数据库中的某一类或某几类信息数据功能。

党员学习教育平台主要依托党员教育资源库进行党的宣传教育服务工作,是为广大党员及相关群众打造的党内学习交流平台;在具体功能应用上,可以发挥扫码签到、智能问答、网上党校、专题学习、视频学习、党建知乎问答、党务应知应会、在线测试等作用。

党员互动交流平台是借助于文字图片、语音视频等各类静态与动态的即时交互工具,用于满足基层党组织发布通知公告、进行信息公开、联系党员群众等工作需求,同时为党员提供查询党组织最新动态、向党组织进行线上思想汇报、与其他党员进行交流互动等的交流功能平台。

社会基层治理平台是在综合运用党建管理信息库、党群服务信息库、党组织活动信息库等智慧党建数据库的数据功能的基础上,通过各类相关数据的交互与对接以提升社会基层治理能力和创新服务群众模式的平台。

基层党组织决策支撑平台综合运用党组织和党员信息库、党员教育资源库、党务工作信息库、党建管理信息库、党群服务信息库、党组织活动信息库等智慧党建数据库,通过对各类型数据进行定向抓取、智能分类、逻辑关联等多维度大数据分析处理,运用可视化图表展现党务、政务、业务和社会服务等信息,用以帮助党组织对党建工作情况进行实时监控,并为党组织进行科学民主决策提供支撑性数据报告。

当前,各领域各层级党组织根据自身党建工作实际需求与工作特色,开发设计品类众多的单一性智慧党建应用平台,这些平台设计简洁、直观易用,以微信公众号、小程序、智能大屏幕、VR、直播等方式呈现,通过各类智慧党建数据库的信息传输和反馈,可视化展示党建各项工作的布局、进展、成果等,取得比较好的建设成效,为推进综合性智慧党建应用平台建设积累成功经验。

(三)管理层面:智慧党建规划维护建设

规划维护建设是智慧党建实施运行与整体架构的一项管理性工作。智慧党建的规划维护是指为确保智慧党建的数据保密和信息安全,在系统设计与实施运行中进行严格管理与全过程安全保障。具体从三个方面开展。

一是规划管理,是指对智慧党建的前期筹划阶段进行严格管理。根据各领域各层级党组织的党建工作实际需要,确定智慧党建的实施目标和运行方案,在此基础上合理规划智慧党建的功能模块、栏目名称、内容设计,同时明确定期进行系统维护的时间表。

二是维护管理,是指在智慧党建系统建成之后,在运行过程中需要遵循一系列的标准规范。比如,在数据保密和信息安全方面,要确保符合网络安全等级保护制度、国密算法等,对信息数据进行加密存储;在系统运行方面,需要明确制定系统操作人员的职责和权限、系统更新和维护规则、不同业务的操作规则等,同时还需要支持多种登录方式和细粒度访问控制权限。

三是监测管理,是指对智慧党建的开发系统、数据存储、信息安全、应用程序、运行维护管理体系、网络安全体系等诸多方面进行定期监测,做好安全分析以及时应对突发问题。

无论是在综合性智慧党建应用平台建设中还是在单一性智慧党建应用平台建设中,在前期筹划阶段与实施运行阶段的全过程规划维护都是必不可少的。

三、智慧党建的参与主体

参与主体是从智慧党建的实施主体视角提出的整体架构方案,遵循的是主体性思维。智慧党建的整体架构与实施运行是一项涉及多维主体且持续推进的系统工程,不同主体的党建工作任务和目标也不尽相同。从各类参与主体在智慧党建整体架构与实施运行过程中所扮演的角色及其发挥的功能作用来看,有广义维度的参与主体及狭义维度的参与主体之分。但无论是广义维度的参与主体还是狭义维度的参与主体,多维主体的协同联动都是智慧党建工作体系得以建构的前提。

(一)广义维度的参与主体

广义维度的参与主体是指从工作单位与社会组织视角出发,在智慧党建的整体架构与推进推广过程中承担特定职责、发挥特定职能作用的各省市各地区主管党委、党政机关职能部门、企事业单位、社会团体等,主要分为智慧党建的发起主体、需求主体与建设主体。

1. 智慧党建的发起主体:各级主管党委

智慧党建的发起主体特指各省市各地区主管党委。智慧党建的整体架构与推进推广需要在各省市各地区主管党委的领导下进行,应由各级主管党委倡导发起并积极搭建,可提供给本省市本地区的各领域各层级党组织、党员和群众使用,适用于本省市本地区党建工作。须指出的是,因我国东中西部地区经济社会发展水平的不平衡,以及全国千兆光网、5G 网络、IPv6 等新型基础设施建设的不充分,对于承担智慧党建发起主体职责的各省市各地区主管党委的具体层级可不做限定,而是根据各地实际情况确定。由各省市各地区主管党委承担智慧党建的发起主体职责,这是新时代党建工作的新形势与新特点所决定的,对于提升各省市各地区领导干部和公务员的数字治理能力、提升党建工作效率与工作质量具有重要作用,也是实现国家治理体系和治理能力现代化的应有之举。

2. 智慧党建的需求主体:基层党组织

智慧党建的需求主体泛指各省市各地区各领域各层级的基层党组织。具体而言,包括国企(央企)、机关、城市社区、农村基层、学校、科研院所、新经济组织、新社会组织和新就业群体等各省市各地区各领域各层级基层党组织的党委、党总支、党支部、党员和群众。简单来说,智慧党建的需求主体即是全国范围内的基层党组织和党员群众。智慧党建的需求主体之所以如此广泛,是因为治国安邦重在基层,管党治党重在基础,只有基层基础得到夯实,党的各项工作才能更富有成效,才能不断提升党的凝聚力、战斗力、组织力和创造力。须指出的是,因各省市各地区各领域各层级基层党组织的党建工作实际需求不同,各省市各地区主管党委应构建适合本省市本地区党建工作实际需要的智慧党建整体架构方案与实施运行规则。

3. 智慧党建的建设主体：社会各方

智慧党建的建设主体是指与智慧党建的整体架构及推进实施密切相关的各方面社会主体。这是因为，相较于已形成相对固定的工作流程、较为成熟的工作规范与已积累了丰富经验的传统党建，智慧党建需要综合运用各类先进技术工具对党建工作模式与流程进行创新整合，这种创新整合因技术迭代的迅捷性与融合性会不断进行且不会止步，这就需要汇聚社会各方的智慧与力量来协同推进智慧党建的实施、发展与完善。具体而言，主要有三类建设主体：第一，专业技术主体。技术底座是智慧党建的基石，智慧党建平台与系统的构建、操作、运行、维护与监管都需要专业技术支持，各级党组织需要与互联网运营企业、智慧党建产品研发公司和人工智能研发机构等进行合作，共同推进与开发适合党建工作要求的平台软件和智能设备。第二，社会主体。需要汇聚各级党委组织部门、专家学者、党建智库、人民群众等方面的社会力量，广泛开展智慧党建的调研、评估、研究、推广等，在充分了解社情民意的基础上不断深化对智慧党建的功能应用和构建方式的认识与改进。第三，专业管理主体。智慧党建需要规范管理，需要既懂党建工作又能掌握信息技术和互联网运营管理的"复合型"专业管理人才队伍，应不断吸引优秀人才投身于智慧党建的建设之中，培养一支高水平、专业化、复合型的智慧党建人才队伍。

（二）狭义维度的参与主体

狭义维度的参与主体是指具体实施与使用智慧党建平台与系统的各省市各地区各领域各层级基层党组织的党委、党总支、党支部、党员和群众，即智慧党建的具体应用者。因狭义维度的参与主体在一定程度上与广义维度的需求主体有所重合，在此，本书仅简述党的基层组织建制中最基层的党支部、党员、群众。

1. 党支部

党支部是党最基本的组织，是党开展工作和提升战斗力的基础。做好智慧党建的实施应用与推进推广，关键是要发挥好党支部的主体作用。党支部通过智慧党建平台与系统可以随时调取查看基层党组织、党员的基本信息、活动情况、思想动态等，以提升党组织对党建基本情况把握的全面性、准确性。同时，以党支部为主体对智慧党建进行栏目设计和功能模块开发,能够更好地为各级党组织的科学决策、规范管理、有效服务提供大数据支撑。因此,应将各领域、各条线、各单位的基层党支部紧密联系起来,充分激发党支部在智慧党建推进实施中的创新活力,发挥其战斗堡垒作用,形成智慧党建推进推广的行动整体。

2. 党员

党建工作的主体是党员,智慧党建的推广与实施需要充分尊重党员的主体地位、发挥党员的主体积极性。党员主体分为三类:第一,党员领导干部,他们是智慧党建工作的具体组织者和实施者,应深刻认识智慧党建与传统党建的区别与联系,集中力量扎实推进智慧党建的构建工作。第二,党务工作者,他们主要运用智慧党建平台创新设计"三会一课"、发展党员、民主评议、评议结果公示等党务工作流程,并根据智慧党建系统报告反馈作出科学调整,同时也不断探索智慧党建的创新应用形式。第三,普通党员,他们既是智慧党建推广实施的建设主体,也是其服务对象。智慧党建可以拉近基层普通党员与党建工作之间的距离,应针对广大普通党员的实际需求,不断丰富与创新党建服务的手段和方式,营造党员积极主动参与智慧党建工作的良好氛围,增强党员的组织归属感和荣誉感,同时也要教育引导党员认真学习智慧党建的相关理论知识和实践经验,吸引广大党员自觉参与,扎实推进智慧党建工作。

3. 群众

人民群众是党干事创业的服务对象和可依靠的力量。智慧党建作为新时代党建工作的创新发展,可以更好地落实全心全意为人民服务的宗旨,一是有利于拉近党组织与人民群众之间的距离,使党组织和人民群众之间能够实现党建信息资源的共享,密切党群关系;二是有利于汲取人民群众对党建工作的宝贵意见和建议,使党建工作可以更便捷高效地协同完成。总之,只有将智慧党建运用于为人民服务之中,才能充分发挥人民群众的主体作用,为构建智慧党建服务体系增添力量,凝聚民心,提升基层党组织的工作效率与质量。

四、智慧党建的工作保障

工作保障是从智慧党建的实施流程视角提出的整体架构方案,遵循的是过程性思维和保障性思维,是指智慧党建整体架构与推进实施过程中各项工作的保障举措与保障机制,主要包括智慧党建的规划布局、平台运行、制度规范等方面的运维保障。

(一) 智慧党建的规划布局

智慧党建是一项复杂的系统工程,需要精准把握需求,加强顶层设计,明确功能定位,以合理开展总体规划和建设,确保智慧党建的落地实践。

1. 精准把握主体需求

智慧党建的规划布局首先要科学分析党组织、党员和群众的主体需求,积极探索双向互动的新模式,找准智慧党建的功能定位。智慧党建不能是一个冰冷的平台系统,而是要根据身份广泛且各异的主体需要,明确各平台系统的功能定位,有针对性地加强智慧党建的软硬件建设,为各方主体增添党建工作的温度,提升党建工作效度。

2. 熟练掌握技术应用

智慧党建的规划布局需要熟练掌握技术应用,为此应设立专门的技术服务机构、设置专职技术人员岗位,加大专业人才引进和技术培训力度,紧跟技术发展最新动态,帮助广大党员和群众熟练掌握各类网络信息技术、数字技术、人工智能技术,提升他们对数字资源、数字工具的使用意愿,打通智慧党建的"最后一公里"。

3. 明确结构功能定位

智慧党建的规划布局应以坚持党的领导、促进经济社会发展、提高党建工作效率、服务社会进步为目标方向,为此,需要明确智慧党建平台与系统的结构形态与功能定位,实现智慧党建的功能效用与业务绩效的同步提升,为党组织、党员、群众提供更加智能化、个性化、高效化的服务。

4. 提高规划管理水平

智慧党建的规划布局既需要遵循包括开发系统、数据存储、信息安全、应用程序、运行维护管理、网络安全等在内的诸多技术标准规范,[①]也需要符合党建工作实际、满足各方主体的不同需求,这就需要一支专业化的规划管理队伍,并且不断提高这支队伍的科学规划管理水平,才能在科学规划、规范管理的前提下,保障智

---

① 赵艳华."智慧党建"平台的标准化研究[J]. 理论与现代化,2017(3):60.

慧党建平台与系统的持续运行。

（二）智慧党建的平台运行

智慧党建的平台运行必须摆脱小而全、定制化项目的旧模式，走标准化、规模化的云平台之路，实现可充分共享、可重复使用的功能。这就需要有专职人员队伍保障、技术基础设施保障、系统平台搭建保障。

1. 专职人员队伍保障

目前，在实践应用中比较多见的智慧党建平台一般由专业公司开发设计，这些公司拥有高层次的专业技术人才、先进的软硬件设备、较强的数据收集和处理能力以及成熟的管理体制，其研发的智慧党建平台，除了少数专业公司用于满足自身党建工作需求，大多数专业公司将其作为智慧党建产品形态满足市场用户需求。而作为市场用户的各领域各层级党组织，大多较为缺乏专业技术人才，这也就意味着作为智慧党建产品供应方的专业公司实则掌握着各领域各层级党组织智慧党建平台运行的技术主导权和主动权，其中难免潜含着一定的不确定因素与市场风险，因此各领域各层级党组织需要建设一支专职人员队伍，专门负责智慧党建平台运行的分工、协调、决策以及技术保障等。

2. 技术基础设施保障

由于智慧党建平台与系统的信息数据类别繁多、体量庞大且内容重要，涉及的业务管理范围广泛、基层党员群众人数较多、系统权限控制复杂，这就迫切需要加强信息技术基础设施建设，包括硬件技术和软件技术的基础设施保障。硬件技术主要包括PC、TV、一体机、数据存储服务器以及包括感知模块、应用处理器模块、通信模块等在内的物联终端。软件技术类别较多，除了有线、无线、移动互联等网络通信技术，还有云计算、物联网、大数据等数字技术以及人工智能技术，同时还要实现新一代信息技术、数字技术、人工智能技术等的融合应用，围绕人工智能+大数据、云计算+边缘计算、5G+扩展现实、区块链+量子计算技术、云边端协同、数字孪生+数据中台等方面，不断推进智慧党建的技术创新保障。

3. 系统平台搭建保障

智慧党建需要依托一定的虚拟智能体或智能机器，根据不同主体的需要来处理和运用党建数据，这就需要功能强大、操作便捷的系统平台，可以通过硬件建设和软件建设的衔接配套，把技术基础建设、平台架构建设、党建内容建设有机结合起来,有效解决传统党建工作面临的时间阻滞和空间壁垒问题,构建无缝、畅通、感知、协同、智能、安全的平台运行环境,通过智能保障、多端同步、协同工作的立体化操作应用,实现党建工作的人性化服务、规范化管理、科学化决策。

(三)智慧党建的制度规范

智慧党建的发展完善离不开科学规范的制度保障。具体来说,应建立以下三方面制度。

1. 建立运行维护制度

为减少重复建设和资源浪费,避免形成"数据孤岛",智慧党建的运行维护制度的建立应从各领域各层级党组织的具体需求与党建工作实际出发,在统一技术标准和操作规范的前提下,制定与实施强有力的组织保障制度、经费保障制度、技术保障制度,为标准化、流程化、透明化的智慧党建运行维护规范工作流程,提供制度保障。

2. 建立协调发展制度

智慧党建的协调发展制度主要包括三方面:一是日常工作制度,对于智慧党建平台运行的重点工作和每日台账,应明确责任人负责制,责任人通过系统平台进行集中监控与统计汇总,并在党建工作任务执行过程中实时反馈其落实进度。二是共建共享管理制度,对于智慧党建各个功能平台之间的兼容协同,以及跨层级、跨组织的智慧党建平台间的信息共享和互联互通,应制定明晰的共建共享责任制,明确不同机构、不同单位、不同领域、不同部门的具体职责,解决智慧党建创新难、应用难、维护难等问题。三是人员培训管理制度,应建立完善的人才培养制度,加大智慧党建工作人员的业务能力培训,明确每一位工作人员的岗位分工和具体责任,定期开展工作汇报。

3. 建立安全管理制度

智慧党建的安全管理制度,主要包括三方面:一是信息公开管理制度,应制定信息公开责任制,明确制定智慧党建后台信息报送与信息审核权限分离制度,严格规范信息发布的报批流程,处理好信息公开和信息安全的关系。二是信息审核管理制度,应建立由各基层党组织书记、各基层党务工作人员、智慧党建后台管理人员构成的三级信息审核把关制度,不断提高党员和干部的信息保密和风险防控意识。三是平台安全管理制度,党组织与专业公司之间应制定智慧党建平台日常维护与安全管理合作制度，购置安全性能良好的网络设备，确保智慧党建平台的高性能与安全性。

第二节　智慧党建的模块类别

模块是从程序设计思路出发，通过一定的程序代码和数据结构的集合体来实现智慧党建一定功能特性的单元板块。智慧党建的模块设计应融合吸纳并动态满足党的政治建设、思想建设、组织建设、作风建设、纪律建设、制度建设和廉政建设等各方面要求，打造出灵活化、动态化、多层次、全方位、有深度的智慧党建阵地，形成纵向到底、横向到边、条块联动、区域共建、平台互联、资源共享的"大党建"功能格局。围绕智慧党建的五大功能特性，本书将智慧党建的功能模块简要分为思想阵地、组织阵地、活动阵地、服务阵地四类。

一、思想阵地：实时化的主流价值传播模块

主流价值传播模块是指综合运用文字、图片、语音、视频、动画、3D模型、虚拟现实、直播等数字技术与智能技术的载体形式，加强党的理论知识、政策文件、指导思想、会议精神、党风廉政等的宣传与教育，同步实现智慧教育与价值引领两大功能特性，筑牢智慧党建平台与系统的思想阵地。发挥思想阵地作用的主流价值传播模块，可以整合实现智慧党建价值传播系统与云端学习系统两大系统的功能，其具体功能构成多样且复杂，本书仅简介常规性、通用性的四类功能。

（一）党建信息推送

党建信息推送是指主流价值传播模块及时推送党中央和各层级党组织的党建工作信息，方便基层党组织和广大党员群众了解党的建设的最新情况。在推送机制上，主流价值传播模块可根据"党员数据精准画像引擎"进行智慧分析，精准推送个性化的学习教育信息与工作动态信息，提供权威、丰富、快捷的信息资讯服务，实现党务工作实时提示、党建工作实时动员、党性教育实时进行。

（二）党政新闻发布

党政新闻发布是指主流价值传播模块及时发布治国理政的每日要闻与重大新闻、社会时事热点等，方便各级党组织、党员迅速接收和了解党内外相关情况。在发布时效上，主流价值传播模块可根据新形势下宣传思想工作的总体要求，将党政新闻第一时间传达至广大党员群众，使其及时了解国情、社情、党情、民情等动态信息，便于及时组织开展党组织生活进行主题教育和研讨，实现把支部建在网上，把党员连在线上。

（三）党的创新理论宣传

党的创新理论宣传是指主流价值传播模块及时开展党的创新理论成果的宣传教育。在宣传重点与方式方法上，主要以加强党的政治建设为统领，设置专区专栏，多方位、多角度地重点宣传习近平新时代中国特色社会主义思想，为党的创新理论的传播插上"智能工具翅膀"，使之"飞入寻常百姓家"，提高党员群众争相学习的主动性、积极性与互动性，增强他们运用党的创新理论指导实践工作的能力与本领。

（四）党建风采展示

党建风采展示是指主流价值传播模块及时宣传展示党建工作的整体风貌、工作成效、特色与亮点等，以及党员个体的精神面貌、先进事迹、廉政典型事例等。在风采展示效果上，通过智能触控屏、AR党建场景、3D全息影像、AI拍机等高科技手段，达到虚拟内容与现实场景融合的效果，使党建风采展示从静态走向动态，全方位呈现新时代党的建设的新局面和新气象，增强党建工作的直观性、教育性和指导性。

二、组织阵地：高效化的党建信息数据分析模块

党建信息数据分析模块是指综合调用包括智能化电子党务系统在内的各类

智慧党建数据库的数据信息进行自动统计、主动推送、自动校验、汇总分析等，建立党员、党支部、上级党委之间的相互连接，促进对党建工作的动态监督，实现党建工作信息化、数字化、精准化的全过程高效管理，增强各领域各层级党组织的组织力，筑牢智慧党建平台与系统的组织阵地。发挥组织阵地作用的党建信息数据分析模块，其功能构成多样，本书仅简介常见的四类。

（一）党组织信息编码

党组织信息编码是指党建信息数据分析模块对党组织基本情况、党组织换届情况、党组织队伍情况、党务工作信息、党建工作信息等进行编码和格式化整理。党组织信息编码可以根据各领域各层级党组织的实际工作需要，动态设置数据输入参数、数据输出参数、引用的全局变量等，有利于党组织信息的存储、检索和使用，标准化、系统化、合理化的代码与各种党组织信息中的基本单位组成部分建立一一对应的关系赋予党组织信息管理系统活跃的生命力，助力实现党组织信息的全程跟踪管理、数字化和精准化管理。

（二）党员电子身份认证

党员电子身份认证是指党建信息数据分析模块对党员身份信息进行不同维度的数据积累、计算和分类等全方位的统计，建立完整的党员信息档案和个性化的数字身份标识。党员电子身份认证可以详细记录党员个体的姓名、性别、民族、籍贯、学历、出生日期、身份证号码、联系电话、党龄、工作岗位、学习经历、工作经历、家庭情况、重要社会关系等基本信息，方便党员组织关系的自动转接和实时动态管理，还可以用于党员干部的日常管理、考核考评、竞聘选拔等选人用人全过程，为实施干部选拔任用和管理考核的监督机制提供信息化支撑。

（三）智能查询分析

智能查询分析是指党建信息数据分析模块可以进行党建信息的实时调取、智能筛选、便捷查询和数据分析，为其他功能模块提供数据分析报告。智能查询分析可以按区域、领域、层级等关键词搜索基本组织、基本队伍、基本制度、基本活动、基本保障等方面所有党组织和党员的相关信息，实现对数字、文字、图像、声音、视频等多种形式的党建信息的广泛查询，实现党建信息线上线下联动的常态化、立体化。

（四）大数据监督

大数据监督是指党建信息数据分析模块可以对基层党组织、党员、群众等各类大数据进行精准收集和研判,进而可运用数据分析结果指导党建工作,为日常监督管理和纪律审查提供强有力的数据支撑。大数据监督可以对关键数据点进行实时监测与动态反馈,帮助党组织及时掌握党建工作的执行与实施状况、考评党员工作绩效等,还可以深度参与到制度评估工作之中,为党建工作制度的修改与完善提供数据参考。

三、活动阵地:全方位的党组织活动管理模块

党组织活动管理模块是指基于互联化组织活动系统和智能化云端学习系统,构建可实现各领域各层级党组织互联互通、共建共享的统筹管理平台和指挥中枢,使广大党员能够及时全面地了解和掌握各类党组织活动信息和学习教育资源,便于根据自身的学习兴趣、时间精力和工作需要等选择参加,提升党组织活动的吸引力与凝聚力,筑牢智慧党建平台与系统的活动阵地。发挥活动阵地作用的党组织活动管理模块,其功能构成多样,本书仅简介常见的四类。

(一)日常工作管理

在日常工作管理中,党组织活动管理模块拥有可视化的音视频通信、扫码考勤签到、远程在线授课、党建工作信息汇集与共享等功能,运用图形化方式直观呈现党组织日常工作数据,通过大数据分析,实时监测、实时感知并形成工作发展趋势预测预警报告,支持相关工作信息的自动分类推送和上报,推动党组织日常管理工作向多模态、沉浸式、交互型的智慧模式升级,提升党建日常工作管理效率和科学化、规范化管理水平。

(二)党组织活动

党组织活动管理模块可以用于"三会一课"、品牌党建活动、民主评议会、组织生活会、主题党日活动、志愿服务活动等各类党组织活动的策划实施,可以综合运用VR、AR、MR等智能终端设备,以及PC、TV、PAD、Phone、LED等屏显形式,以线上线下相结合的方式开展各类党组织活动,有效拓展可视化、立体化、电子化的党组织活动空间,使党员和群众能够更方便快捷地参与党组织活动,提升参与活动的积极性与主动性。

(三) 党员学习教育

党组织活动管理模块可以将主题教育活动、网络党校、考试中心、音视频专题学习、远程会议等党员学习教育活动融为一体，投放各类微党课、微视频等，通过"5G+VR云会议"进行授课，提供体验式、沉浸式、互动式的党员学习教育环境，实时跟踪记录党员线上学习内容、时间、心得感想等学习行为数据，结合在线考试和测试情况进行学习效果的评估与反馈，激发党员的学习潜力，巩固党员的学习成效。

(四) 党建智能决策

党组织活动管理模块通过党建3D地图实时反馈、党建分析报告月度反馈、手机短信季度反馈和党组织党员星级评定年度反馈，为党组织和党员评先评优、基层党委工作决策、软弱涣散基层党组织整顿、不合格党员处置、党员发展等提供更加科学、准确、明晰的依据。① 同时，通过党建智能决策的数据分析，还为基层党建工作提供流程管理、信息研判、舆情监测、预警分析等功能，实时精准把握党组织、党员和群众的情况与需求，使党建工作由被动型事后处理向主动型事前预警引导和事中监控管理转变。

四、服务阵地：精准化的为人民服务模块

为人民服务模块是指基于精细化的公共服务系统构建党组织、党员与人民群众之间有效交流、顺畅沟通的智慧交互平台，使党组织、党员广泛倾听人民群众的心声，及时了解人民群众的诉求，使党员与人民群众对党建工作的意见、建议等及时得到党组织反馈，使党建工作集思广益，不断吸收和采纳人民群众的智慧，在提升人民群众对党建工作的参与度和满意度的同时，为人民群众提供高效精准的服务，筑牢智慧党建平台与系统的服务阵地。发挥服务阵地作用的为人民服务模块，其功能构成多样，本书仅简介常见的三类。

(一) 党群服务

为人民服务模块以"信息数据多跑路，党员群众少跑腿"为目标，拥有事务办理、网络问政、便民服务等功能，创建零距离沟通机制，实现党组织、党员与群众三

---

① 本书编写组. 人工智能与国家治理[M]. 北京：人民出版社，2020：256.

者之间的实时线上交流互动，听取、收集、分析群众诉求，将其与党员个人特长、服务意向、服务时间等快捷匹配，实现党员志愿服务的线上管理和线下服务的有机结合，智能搭建党群关系网络和党群互动虚拟社区，将党建服务阵地拓展延伸至网络空间，提高党群服务工作效率和群众满意度。

（二）党群建言献策

为人民服务模块设立群众心声、书记信箱、纪检信箱、建言献策等多元化民情民意反馈渠道，丰富听取人民群众呼声的方式，全面、精准、即时地收集党建工作的相关意见与建议，了解真实的民情民意，及时回应党员和群众关切、疑惑和忧虑的党建热点与难点问题，问政于民，问计于民，激发广大党员和人民群众共建共治共享和谐社会与美好生活的积极性、主动性，帮助基层党组织提高科学决策水平。

（三）党群监督

为人民服务模块设立信息公开、阳光信箱等党群监督专窗与专栏，定期将党务、事务、财务、党员干部职务职责等信息公开，建立多主体监督、多方位监督的联动机制，运用智能技术和程序设置分析处理监督意见与建议，并及时予以反馈，推动党内监督与人民群众监督双管齐下，形成常态化、高效化、自动化的智能党群监督工作体系，确保普通党员与人民群众的知情权、参与权和监督权，提升党员群众对党组织的信任度与赞誉度。

第三节 智慧党建的栏目设定

栏目设定是指从内容设计思路出发，对智慧党建的功能模块逐一进行内容细分,并确定具体名称。每一个栏目在内容与名称上都是相对独立的信息单元,承载并发挥独有的智能党建功能特性。智慧党建平台与系统的功能主页及其下设的每一个功能细分页面都是按照一定内容进行编排布局的栏目表现形式。智慧党建的栏目设定可根据不同行为主体实现不同功能的目标要求进行个性化设定,栏目种类繁多,名目繁杂,本书主要简介六大类通用栏目及其子栏目。

一、党建办公栏目

党建办公栏目主要实现党建线上办公功能,帮助党组织和党员高效快捷地处理党建工作、办理各项业务、加强交流互动,一般下设二级子栏目。

(一)党员在线考勤

运用人脸识别、指纹识别、GPS定位、蓝牙连接、门禁刷卡、申报小程序等技术工具完成党员在线考勤,包括上班签到、下班签退、在外办公的定位打卡、请假休假申请等,实时汇总分析各类考勤信息,进行组织性、纪律性预警与提醒,提供智能、高效、安全的党员考勤服务。

(二)党建在线办公

1. 待办工作:进行工作任务和工作目标的细化部署,支持多级工作子任务的并行设置,根据工作的紧急程度分类登记,并将需要及时完成的工作设为置顶提醒。

2. 通知提醒:以列表形式呈现近期党建工作通知、公告详情,运用系统收件箱和发件箱进行通知提醒。

3. 进度回传:对具体工作部署进行过程性管理,实时上传工作进展动态,及时解答疑难问题,进行必要的工作交流,促进协同完成工作。

4. 结果反馈:上传工作任务的阶段性报告和总结报告,便于上级部门进行督导检查并给予反馈指导。

(三)党建工作交流

1. 工作互联共享:依托信息互联互通机制,实现党组织、党员与群众三者之间实时的点对点的互动交流,根据工作需要精准连接工作人员,实现信息定向精准发送和实时交流。

2. 组织活动栏目：实时接收和发布各类党组织活动的动态信息，在党员、支部委员、党委委员等不同身份角色参与组织活动时显示不同的界面、功能、权限。

3. 互动交流栏目：运用虚拟党建报告厅、智能党建机器人、党建数字阅读等形式丰富党员互动分享载体，提供评论、点赞、收藏等功能，可以在发布内容时提醒好友、带上话题标签等。

二、党务管理栏目

党务管理栏目在内容上全面覆盖基层党务工作范畴，使党组织和党员能系统地在线完成日常党务工作任务，将分散、被动、重复、低效的传统党务管理模式转变为规范、集中、主动、高效的信息化、数字化党务管理模式，一般下设二级子栏目。

（一）党组织管理

1. 党组织领导班子简介：包括领导班子成员履历、分工、职责、任免等信息。

2. 党组织阵地简介：包括党支部类型、数量、特点等，标明党组织地理位置，公开各类党组织活动信息。

3. 党组织结构图：通过直线型、职能型、直线职能型的组织结构图展示党组织架构，党组织信息数据变动可一键同步至组织结构图，进行动态更新。

4. 党组织建设详情：包括党组织名称、组织属性、单位性质、党建工作数据、党组织所获奖项等，可实时更新相关栏目内容。

（二）党员队伍管理

1. 党员基本信息：对党员的姓名、出生年月、入党时间、党内职务职责等基本资料信息进行添加、上传及维护。

2. 流动党员：主要对流动党员的流动时间、联系方式、原党支部、现党支部、流动事由、流动轨迹等信息资料进行实时统计、维护和更新。

3. 发展党员：包括入党申请人的姓名、性别、民族、学历、出生日期、户籍地、家庭住址、单位职务或职业、联系方式等基本信息与材料的记录；入党积极分子的确定和培养教育、发展对象的确定和考察、预备党员的接收、教育考察和转正等不同发展阶段工作流程与材料的记录；发展党员过程中需要说明的特殊情况和重要问题的记录；入党积极分子、党员发展对象、预备党员、正式党员等党员发展各阶段的公示。

4. 党费缴纳：根据党费收缴类目计算党费具体金额，实现党费一键收缴，生成详细的党费缴纳记录。

5. 组织关系转移：记录党员组织关系的转入、转出及回执的回收等信息与材料。

（三）组织生活

1. "三会一课"：在线召开支部党员大会、党支部委员会和党小组会，设置线上会议列表、会议纪要、会议图片等记录，方便会议精神的及时传达和快速查找。

2. 民主评议：以在线打分的方式进行民主评议，引导党员定期进行线上"党性体检"，落实民主评议党员制度。

3. 主题党日：包括党日活动计划、党日活动提醒、党日活动通知等的汇总更新。

（四）党内职务管理

记录党员干部的入职、在职、调动等职务信息，设置党员干部履职日志，记述党员干部的积极贡献，促进党员干部勇于担当、主动作为，提高其履职的积极性和实效性。

三、党员学习教育栏目

党员学习教育栏目集在线学习中心、考试中心、资源中心于一体，通过直播、视频、图文、动漫等便捷灵活、内容丰富、形式多样的方式提升党员学习教育成效，一般下设二级子栏目。

（一）学习中心

1. 直播中心：打破原有线下课堂对时间、地点、主题的限制，以网络直播的方式开展学习教育，通过线上互联互动、图文并茂的方式实现一课多听、一课随听、一课回放等。

2. 网络党校：开设新闻资讯、读本导读、主体班课程、选学菜单、网上答疑、相关链接等子栏目，对党员进行线上理论教育、党性教育、专业能力培训、知识培训等，同时，可连接不同级别的网络党校系统，实现教育资源共享。

3. 线上课堂学习：依托学习资源库，提供课程分类、课程管理、章节管理、学习课程记录、学习章节记录、课程评论等菜单列表，方便党员准确查找学习内容，同时可追踪党员学习行为进行学习积分记录。

4. 专题学习：展现习近平总书记系列重要讲话、党史、党的十九大精神、党的二十大精神等专题学习内容，确保专题学习的时效性、生动性和多样性。

（二）考核中心

1. 学习笔记：党员可以在线上平台记录相关知识点和学习心得，这些记录在平台上永久保存，方便党员查阅和巩固学习成果。

2. 闯关答题：规定闯关的关卡设置、时间限制、答题次数、命题范围、在线排名等的规则，增强党员学习的积极性、高效性、趣味性。

3. 在线考试：规定考试名称、考试范围、考试时间和考试时长等，增设题目、题库和试卷的导入与导出功能，提供复习资料的快速收集和高度共享功能，提高党员的学习成效。

（三）学习资料库

以知识库的形式，对文章、著作、视频、课件等学习资料进行统一整理、实时上传、添加维护、动态更新等，提供资料的分类检索、关键词检索等功能，帮助党员高效完成学习任务。

四、党建宣传栏目

党建宣传栏目实时更新发布通知公告、时政要闻、党建看点、党员先锋等党建工作动态资讯，提供最新动态搜索查看功能，把党的声音传得更开、传得更广、传得更深入，一般下设二级子栏目。

（一）时政速递

实时更新发布党和国家以及上级主管部门的新闻资讯、行业动态等，深入宣传党中央精神，提升传播效度，方便党员随时随地学习和了解最新的时政新闻和思想动态。

（二）党建看点

1. 通知公告：设置党建事务性工作的审核、发布、提醒、查阅等功能，自动提醒党员查阅，避免遗漏重要通知。

2. 动态资讯：以图文、微视频、微相册等形式直观呈现党建工作热点的动态资讯,党员可进行关注、评论、收藏、转发、分享等。

3. 党内公示：对党员发展、领导班子换届、优秀党员评选等进行线上公示,支持通过网页端、微信端、微博端等移动终端查看,便于党员随时了解党组织工作动态。

（三）政策法规

政策法规栏目就是对党政机关制定的关于处理党内和政府事务工作的文件进行传达公示,一般包括中共中央、国务院及其部门制定的规定、办法、准则以及行业的规范和条例规章,方便党员快速查询对照。

（四）党员先锋

运用音频、图片、视频等方式报道党员先锋人物的典型事迹,发挥党员先锋模范的示范带头作用。

五、服务民生栏目

服务民生栏目运用 PC 端、APP 端、党建微信端和智能大屏端等终端显示和大数据分析技术,实现党群服务高效对接、信息资源充分共享、志愿服务便捷实施和社情民意及时畅达等,提升服务群众的精准性、及时性、有效性,一般下设二级子栏目。

（一）党群服务

1. 办事指南：运用文字、图片、表格、流程图等形式呈现党群服务的相关流程,包括服务时间、工作人员及其服务事项、服务窗口、办事指引、联系方式等信息。

2. 需求对接：统计分析与识别分类党员群众输入的问题与困难等信息,生成待办事项并自动分发给相关工作人员,工作人员线上认领工作任务后及时予以解决与反馈。

3. 在线办事：开通在线咨询渠道,在线解决工作事务问题,实现手续简、流程短、办事快、服务优、效率高、质量好;运用智能技术识别人的肢体语言、眼神交流等,构建沉浸式的虚拟办公环境,提高协同合作效率。

（二）信息资源

由于服务对象不同,服务民生栏目的信息资源与党员的信息资源在内容上应有所不同。以团结人、汇聚人、引领人为基本原则,根据党员群众的实际需要,按照文化、医疗、养老、教育、助老等社会民生主题开设在线图书馆,同时注重突出

"红色"主题,开设政治理论资源库、党建动态库、百年党史库等信息资源,实现思想政治宣传和信息资源共享功能,强化思想引领,凝聚社会共识。

(三) 志愿服务

发布志愿者活动内容、活动时间、活动地点、召集人数、活动负责人等志愿服务信息,根据群众提供的需求信息进行定向推送,供群众遴选,记录志愿者的服务时长和次数,用于考评与激励。

(四) 民意畅达

1. 信息公开:及时公开党员群众热切关注的问题,跟踪管理党建工作动态,提高督查督办效率。

2. 留言建议:党员群众通过匿名或实名留言提出意见和建议,表达对党组织各项工作的满意程度,反映自身诉求,平台实时显示意见、建议、诉求等的分类转送办理进度。

3. 民意调查:通过发放问卷、线上访谈、留言建议、接收邮件等方式收集党员群众的宝贵建议,进行民意调查与统计分析,形成调研报告供决策咨询参考。

4. 党务论坛:党组织和党员群众通过文字、图片、视频等方式实时在线上传相关工作成果、个人观点等,参与人可在讨论区评论留言,在线交流研讨。

六、监督监管栏目

监督监管栏目通过党建大数据分析、积分统计考核、党纪监督等功能,对党组织和党员工作进行督导考核,加强党组织和党员的作风建设和廉政建设。

(一) 党建大数据分析

1. 核心数据库:收集、分析和处理党组织、党员、党建工作等相关资料信息。

2. 党建报表:导入或导出各种工作报表,包含党员信息统计、组织信息统计、组织生活统计、党员学习统计、党委工作数据表等。

3. 数据分析:对党组织数据、党员数据、组织生活数据、民生数据等进行数据分析。在此基础上,精准匹配党组织和党员的相关工作内容。

4. 用户分析:全过程追溯积累用户行为数据,进行全方位的分析研判,通过云视图和专题分析报告精准呈现党组织和党员的工作样貌,制定个性化的工作目标和学习计划。

(二) 积分统计考核

1. 党员积分统计：设定积分规则，根据党员的工作、学习、互动、志愿服务活动等的情况进行积分管理，做到实时追踪提醒、实时督办、实时打分。

2. 党员积分考核：结合党员权责清单、目标考核、积分统计等的情况进行系统评分，分析考评数据，生成考评报告，统一归档存储，作为评优评奖的参考依据。

(三) 党纪监督

1. 纪律审查：收集和分析党员群众提供的问题线索，由党的各级纪律检查委员会进行线索信息的核实，对于涉嫌违纪并需要追究党纪责任的进行审查。

2. 效能监管：被考核部门上传工作任务、工作标准、进度计划、完成进度的百分比、阶段性成效、最终成果等信息，在线开展工作责任制考核、作风建设测评、党支部达标晋级和自定义考核，监管部门可在后台进行查询监管与效能评估。

3. 社会监管：党员群众进行实名或者无痕匿名投诉、举报违法乱纪的单位和个人，将证据以文字、图片、视频等形式上传，纪检部门在后台查看案件举报信息，进行调查核实与反馈，加强党内外监督力度。

第四节 智慧党建的框架图示

按照不同的框架建构思路，可以画出不同的智慧党建框架图示。本书主要遵循第五章的框架建构思路，简单画出智慧党建框架建构示意图(见图5-1)与全国综合性智慧党建平台与系统示意图(见图5-2)，具体如下，供读者学习参考。

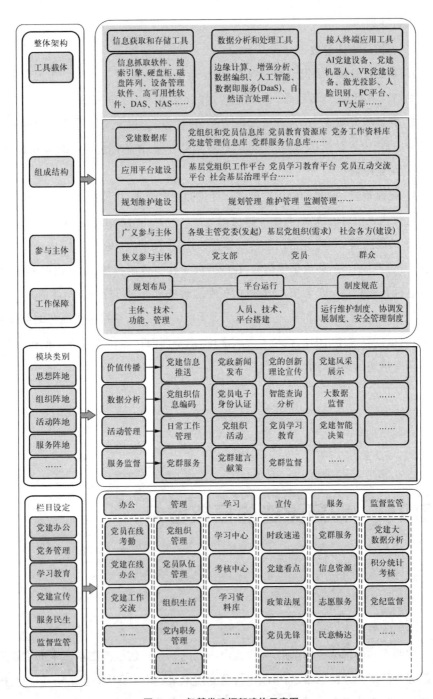

图 5-1 智慧党建框架建构示意图

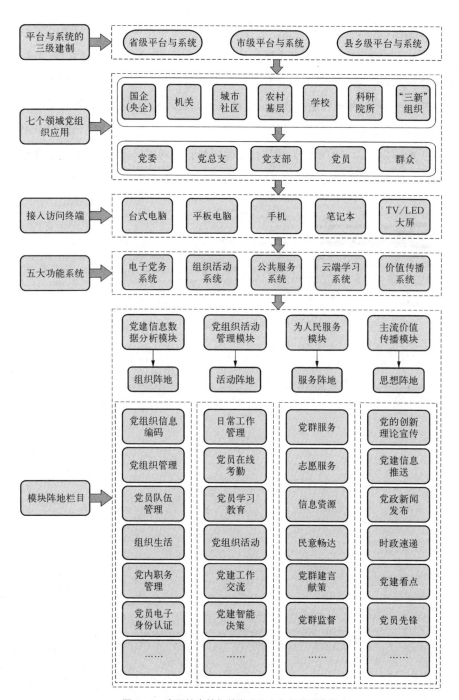

图 5-2　全国综合性智慧党建平台与系统示意图

须指出,本章中对于智慧党建的各类数据库、功能模块、通用栏目及其子栏目等的具体名称表述是为帮助读者更好地理解和掌握,遵循常规性、通用性、普适性的基本原则进行通俗易懂的简介表述。事实上,在智慧党建实践探索的很多典型案例中,会根据各领域各层级党组织党建工作的实际来个性化地设计和确定一些数据库、功能模块及其栏目的独特功能和具体名称。希望广大读者在阅读本书的基础上能够以更宽广的视野来理解和把握智慧党建的整体架构、模块类别和栏目设计。

> **本章思考题**
>
> 1. 如果你所在单位需要开展智慧党建工作,应如何进行智慧党建的整体架构?
> 2. 如果你所在单位需要开展智慧党建工作,请简要画出智慧党建的框架设计示意图。

第六章

智慧党建的功能应用

智慧党建作为一种新型党建工作模式，推动党建工作传统优势与现代信息技术的充分融合，为打造党建工作新平台，拓展党建工作新空间，建强党建工作新阵地，构建"大党建"新格局提供全新路径。智慧党建的功能应用强大，在本书第二章的"智慧党建的主要特征""智慧党建的理念"，第五章的"智慧党建的模块类别""智慧党建的栏目设定"等部分的内容中已有所提及，本章在前文所述基础上，主要围绕党组织和党员的智慧管理、党群互动的智慧服务、理论宣传的智慧引领、和谐社会的智慧治理等四方面进一步归纳介绍。

第一节 党组织和党员的智慧管理

智慧管理是以党组织、党员和党务工作为核心,通过搭建快捷优质的智慧党建平台,综合运用网络信息技术、数字技术、人工智能技术等新兴技术工具有效整合党建资源,实现党组织和党员工作管理的创新突破,解决党建工作中的重点难点问题,提高党组织和党员管理的工作效率。

一、"智慧管理"释放党组织战斗堡垒效能

基础不牢,地动山摇。基层党组织是党开展工作和提升战斗力的基础,是中国共产党伟大事业的根基。智慧党建智慧管理功能的应用可以强化基层党组织的政治功能,提升基层党组织的战斗力和组织力。

(一) 智谋思维强化党组织的政治功能

智慧党建通过新技术、新平台、新观念不断拓展党组织工作的方式方法,搭建多模块管理、多功能服务、多视角监督的多类型平台应用,在为各领域各层级基层党组织提供党建工作技术手段和方式方法转型升级的同时,也开创和培养基层党组织开展党建工作的"智联谋划、智能谋策、智慧谋略"的思维方式,引领基层党组织运用智谋思维不断强化政治功能。具体而言,智谋思维帮助各领域各层级基层党组织切实加强党建工作的顶层设计,进行统筹协调和系统推进,充分发挥政治引领和价值引领作用。

一是紧密结合基层党建工作实际,综合运用智慧党建的云端学习系统、党组织活动管理模块、主流价值传播模块、党员学习教育栏目、党建宣传栏目等,为基层党组织、广大党员、人民群众提供工作管理、学习教育、交流互动和决策支撑的平台,注重培养党员领导干部、党委决策者、党务工作者、普通党员等掌握和驾驭创新驱动的党建工作数字技能。二是借助于智慧党建大中小屏一体化显示、多端

联动的功能优势，组织开展一系列智能化、沉浸式、交互式的政治理论与时事动态学习教育培训活动，帮助广大党员深刻领悟"两个确立"的决定性意义，不断增强"四个意识"、坚定"四个自信"。三是联动发挥智慧党建的大数据监督、党群监督、党纪监督等功能应用，为广大党员提供"一键预警提醒"服务，督促广大党员时刻自觉地做到"两个维护"。四是综合运用智慧党建的公共服务系统、为人民服务模块、服务民生栏目、党员志愿服务项目等，为广大人民群众提供精准化、高效化的社会服务，在将人民群众紧密团结和凝聚在基层党组织周围的同时，拓展云端学习系统、党组织活动管理模块、主流价值传播模块、党员学习教育栏目等的服务领域与服务对象，吸引人民群众积极参与政治理论与时事动态学习教育活动，注重培养具有中国特色社会主义共同理想、数字意识、计算思维、终身学习能力和社会责任感的数字公民，为夯实和巩固党的长期执政奠定坚实的群众基础。

（二）智能技术提升党组织的战斗力

智慧党建利用人工智能、虚拟现实、移动通信、物联网等智能信息技术，为探索新时代党建工作高质量发展提供新思路、新举措、新办法，使基层党组织的战斗堡垒作用得以更好地发挥。具体而言，智能技术赋能党建工作的智能化、数字化和品质化升级，持续扩大党组织的有效覆盖面、激发基层党建工作活力、推动基层党建创新发展，助力基层党组织建设成为有效实现党的领导的坚强战斗堡垒。

一是智能技术与党建工作的融合发展，使基层党建可以突破时空限制，通过"面对面"与"键对键"的结合，有效扩展基层党建工作的范围，实现线上和线下双覆盖。智慧党建运用新一代信息技术，可以形成"纵向到底、横向到边、纵横交错、全面覆盖"的基层党建工作格局，切实做到哪里有群众哪里就有党的工作，不断扩大党的工作覆盖面。二是综合应用多项智能技术，以数据库、智慧平台、智慧系统等各项智能化建设为基础，进行模块设计、功能开发、系统运行，将文字、声音、图像、数据、动画等多种形态融为一体，构建可实现各领域各层级党组织互联互通、共建共享的统筹管理平台和指挥中枢，有效推进党建管理交互的智能化以及党支部标准化、规范化建设。三是利用智能技术便捷、高效的特点，构建服务、引导、教育党员群众的综合信息化平台，提供涉及党员群众切身利益的服务。此外，通过智能技术手段畅通信息渠道，及时将党的方针政策、重要紧急的活动信息、通知、公告进行发布，在短时间内形成最为广泛的网上社会动员，整合凝聚基层党务队伍，充分发挥各方力量，使其共同参与到各项服务工作中来。

（三）智慧模式提升党组织的组织力

智慧党建为基层党建工作开辟新阵地和新模式，有效地对党组织内部的各种要素进行调配、统合，构建党组织工作管理的智慧模式，形成上下贯通、执行有力、严密高效的组织体系"网络"，展现整体合力，巩固组织优势，发挥组织功能。组织力是组织生命力的具体体现。基层党组织的组织力强弱直接关系到党的创造力、凝聚力、战斗力、领导力和号召力，对党执政兴国具有重要影响。通过智慧模式的创设，能够实现基层党建信息资源的有效采集、分析、应用和管理，促进党组织各项工作和活动的开展，从而加强基层党组织的组织力，推动基层党组织的全面进步、全面过硬。

一是智慧党建综合运用网页、视频、语音等多种信息化途径，搭建面向移动终端的云信息、云服务、云管理的智慧党建新模式，将党建内容以更加生动活泼的形式呈现。比如，通过建立数字党建管理运用、支部组织生活应用、党员个人手机应用三位一体的 5G 全景党建数字孪生平台，营造良好的智慧党建氛围，极大地提高党内组织生活的规范化程度，充分激发广大党员参加学习教育、争当优秀党员的内生动力。二是智慧党建通过信息化的管理模式，把以往模糊定性、不可量化的党建活动及其效果系统化、数字化、指数化，变成可操作的定量分析，通过图表、视频和及时动态更新的数字化手段，使组织基本信息、领导成员基本信息及其党务信息、基层党员基本信息、干部队伍的基本信息等立体化显示出来，促使党建工作者从聚焦因果转变到从更广阔的关联上思考定位、解决党建问题。[①] 三是智慧党建有利于突破传统的党建工作局限，在组织设置方式、党员教育管理、党务工作运行等方面更加高效。最重要的是，在智慧党建工作模式下，党员个体之间也能实现零距离沟通交流，建立起网络状的广泛联系，有助于加强党员队伍的建设和管理，在更大程度上提高基层党组织的组织力建设水平。

二、"智慧管理"激发党员先锋模范作用

党员先锋模范作用的发挥既是党的先锋队性质的内在要求，也是党的先进性

---

① 中央党校党建部.基层党建工作手册[M].北京：人民出版社，2019：50.

和纯洁性的具体表现。智慧党建作为锻炼培养党员的重要平台,利用智慧管理的方式方法,提升党员干部干事创业的积极性和胜任力,进一步激发党员发挥先锋模范作用,保持党员队伍的先进性和纯洁性。

(一) 牢固树立理想信念

坚定理想信念,坚守共产党人精神追求,始终是共产党人安身立命的根本。习近平总书记在党的二十大报告中明确指出:"中国特色社会主义是实现中华民族伟大复兴的必由之路。"①这一规律性认识至关重要,要求广大党员必须牢牢坚定中国特色社会主义理想信念。智慧党建具有鲜明的价值引领特性,可以通过多媒体、移动端、网络等形式丰富的矩阵式、数字化宣传教育渠道,以及图文、音频、动画等类型多样的生动化、智能化宣传教育方法,搭建具有广泛影响力的思想文化传播平台和党建教育数字化公共服务平台,增强党组织在网络空间的政治引领力和思想凝聚力,实现主流价值高效传播,筑牢理想信念主基石,守好意识形态主阵地。从而不仅从思想层面促使广大党员树立坚定的中国特色社会主义理想信念,自觉提升党性意识和先锋意识,还能从实践层面推动新一代年轻党员践行初心使命、勇于担当作为、积极干事创业,在实现中华民族伟大复兴中国梦的进程中充分发挥先锋模范作用。

(二) 带头执行决策部署

贯彻执行党的路线方针政策是党章赋予每一个基层党组织的重要职责,也是每一个党员的应尽义务。立足新时代的世情国情民情,全党全国人民需要坚定自觉地维护党中央权威和集中统一领导,实现统一思想、统一意志、统一行动。智慧党建营造的双向互动式沟通环境,一方面能使党中央的路线、方针和政策,以及上级党组织的意图、指令和信息,借助虚拟的云平台进行大数据整合、模块化集成、功能化展示,快速辐射传递给各个基层和党员,并通过不同应用场景的沉浸式学习体验,帮助广大党员能够及时领会党的路线方针政策的精神实质,把握正确的政治方向,增强贯彻执行党的路线方针政策的自觉性和坚定性,加快对新政策、新决策的响应速度;另一方面也使基层和党员的信息反馈可以突破时间、空间限制,

---

① 习近平.高举中国特色社会主义伟大旗帜 为全面建设社会主义现代化国家而团结奋斗——在中国共产党第二十次全国代表大会上的报告[M].北京:人民出版社,2022:70.

随时随地发送至云平台，经过分类梳理和精准分析，及时传递给实体党支部，供组织参考决策。从而形成一个完整的体系，既确保党的路线方针政策的有效贯彻执行，也激励党员干部更好地引领党和人民事业发展。

(三) 自觉提升网络素养

新时期党员干部的网络素养包含两个方面：一是使用网络的知识和技能；二是对网络新闻信息的甄选和理解，以及分析、批判、评价的辩证思维能力。习近平总书记强调，各级领导干部要学网、懂网、用网，积极谋划、推动、引导互联网发展。[①] 智慧党建的普遍推行能促使党员干部自觉学习互联网、主动研究互联网、带头运用互联网，增强互联网思维和意识，提高运用信息技术的能力和本领。因为只有深学、真懂，才能会用、善治，科学谋划、推动、引导互联网良性快速发展。智慧党建通过开设网络知识教育和技术培训课堂，帮助党员干部掌握互联网的发展特点和规律，学会学懂应对重大复杂网络舆情舆论和突发事件的方法和技巧，并且把网络知识和技能熟练运用到岗位工作中，实现思想政治工作传统优势与现代信息技术优势接轨融合，把网络变成党员干部亲民、为民、惠民的重要通道，使党员干部做好网络强国建设的时代先锋。

(四) 严格遵守党规党纪

严守党规党纪是对每一名党员最基本的政治要求，是全面从严治党的必然要求。习近平总书记提出："加强纪律建设是全面从严治党的治本之策。"[②] 智慧党建依托智慧化党组织管理中枢平台，通过党建大数据分析、积分统计考核、党纪监督等功能栏目的设置，将党员与党组织的相关工作与活动信息以图文形式公开展现，并且对其实时更新追踪，设立三级预警机制，智能分析党员个人的思想状态以及党纪党规的遵守情况，做到有的放矢地智慧化监管，督促党员实时对照党纪党规、严格遵守党纪党规，牢固树立纪律和规矩意识，守住拒腐防变防线，始终坚持为民办事，勇于开展批评与自我批评，自觉接受组织的监督和管理。从而既保障整个党员队伍的清廉作风，增加群众对党的信任和支持，也促使党员干部做好遵纪守法的先锋，带动群众共建法治社会。

---

① 中共中央党史和文献研究院.习近平关于网络强国论述摘编[M].北京：中央文献出版社，2021：6.
② 中共中央文献研究室.习近平关于全面从严治党论述摘编[M].北京：中央文献出版社，2016：111.

三、"智慧管理"提升党务工作质效

智慧党建通过互联网、大数据、云计算、人工智能等新一代智能信息技术的加持,打破传统党务工作的局限性,优化党务工作流程,增强党务工作处理的迅速性、公开性和便捷性等,全方位助力新时代党务工作质效的提升。

(一) 党务办公信息化

智慧党建助力各基层党务工作者从繁琐的党务工作中解放出来,通过线上线下相协同的党组织管理、党员管理、发展党员管理、党费管理、干部管理、通知公告、党建资料管理、任务安排、物品管理、活动室预约等功能,对基层党建工作进行动态跟踪与全面管理,实现信息化办公。具体而言,一是实现办公的规范化和流程化。在智慧党建管理平台上,可以将日常性或者阶段性的重要工作分发给对应的责任部门和责任人,设置任务的类型和完成时间,并利用平台消息进行提醒,相关责任部门或者责任人收到任务后及时落实工作并进行线上汇报,管理者对任务的完成情况及时进行线上跟踪和检查,打造清晰可视、协同联通的办公流程。二是促进办公的自动化和高效化。智慧党建管理平台通过智能化电子党务系统,实现组织管理、党员管理、绩效考评、党员发展、组织转移、领导班子、换届选举等模块的标准化、自动化,尽可能地降低党务工作者的重复性劳动,提高党务办公效率。三是满足办公的个性化和多样化需求。智慧党建管理平台通过较为成熟的大数据分析及智能统计功能,实现自动化统计分析,自定义报表生成和导出,准确满足不同单位、不同维度的统计要求,也为有针对性地加强党员教育管理、开展组织活动、选配领导干部等基础党务工作提供更科学精准的信息支撑。

(二) 组织生活常态化

智慧党建通过创新工作理念,不断优化党组织生活的内容、方式和载体,实现党组织和党员、党员和党员之间"亲密""即时""微距"接触,最大限度地在党员架构管理、监督考核以及"三会一课"等方面实现党的组织生活常态化。具体而言,一是完善党员架构管理。智慧党建平台可综合党组织管理、党员管理、发展党员管理、党费管理、干部管理、先进党支部管理于一体,建设党组织数据库,针对各级党组织党员基本信息、"三会一课"活动、党组织活动积分、考核监督等，提供基础党务服务，为基层党建工作减负增效。二是进行大数据可视督导。智慧党建平台的大数据中心全方位、多角度、多维度地对党员综合统计、党员活动、党费收缴等各类党建工作情况进行汇总统计和直观展示，做到事前有提醒、事中有督导、事后有考核，对"三会一课"、主题党日等组织生活进行大数据实时监督考核。党组织和领导干部可实时了解党务工作落实情况，随时进行线上检查督导。大数据实时监督解决了党组织数量多、分布广、监督时效不强等问题，推动党建工作信息化，组织生活规范化。三是开展"三会一课"组织活动。智慧党建平台对"三会一课"、主题党日等组织生活的上报、审核、落实、提醒、考勤、记录、归档、督查督办、统计分析等各个环节进行全方位管控。活动前可通过系统发布"三会一课"基本指标，通知党员出席，现场手机扫码签到实时获取考勤情况，活动中可发起视频会议、民主投票、在线考试等活动，有效减少基层党务人员工作量，让基层党组织生活提质增效。

（三）党员发展科学化

智慧党建借助新技术手段，实现对党员发展工作的科学化、精细化、智能化管理，解决基层党员发展的诸多问题，全面助推新时代党员发展工作的高效高质开展。具体而言，一是运用智慧党建平台中的发展党员管理模块，实现从党员申请入党、提交入党申请书到入党积极分子的确定和培养教育，再到发展对象的确定和考察、预备党员的接受，最后到预备党员的教育考察和转正，全部流程均在线上进行，不仅能减轻党务工作者的工作强度，提升工作效率，也为党员提供了便利。二是智慧党建平台同时具备 PC 端、微信小程序端等不同访问方式，能够实现对新发展党员的集中式信息化管理，对确定入党积极分子、发展对象、预备党员、预备党员转正情况进行翔实的记录并形成规范化的电子档案，做到"一事一记、一步一审"，对每一个发展步骤进行"云管理"，让发展党员工作更加有据可依，做到信息可追溯。三是智慧党建平台可以与各地各级党组织党务系统内部横向联动贯通，实现发展党员在网上的同步管理，切实做到发展党员程序严密、流程清晰、质量可控、档案齐全、责任可查，从而全面提升发展党员工作的规范化、科学化水平。

第二节　党群互动的智慧服务

全心全意为人民服务是中国共产党的根本宗旨。智慧党建具有较强的政治价值属性,坚持全方位精准服务理念,不仅搭建起信息化与党建工作的"连接"桥梁,同时还搭建起党员与群众之间的沟通桥梁,可以让基层党组织和党员干部为人民群众提供更加便捷、更有温度、更具专业性的服务,进一步密切联系群众和精准服务群众,构建并维护和谐的党群关系。

一、"智慧服务"密切联系群众

密切联系群众是中国共产党的优良传统和最大政治优势。智慧党建搭建起党组织密切联系人民群众的桥梁,能满足基层党组织宣传党的主张、贯彻党的决定、领导基层治理、团结动员人民群众、构建基层治理新格局、推动基层社会治理体系和治理能力现代化的要求,让人民群众"直接"与党员对话。因此,智慧党建平台在助力基层党组织党务信息公开、倾听人民群众意见、发挥人民群众监督功能等方面具有"智慧服务"优势,有效强化党同人民群众的血肉联系。

(一) 党务公开智能"窗口"

智慧党建在协同推进党建信息化方面探索出多种方式和手段,为党务公开提供智能"窗口",实现信息公开,党建共抓、资源共享。一是智慧党建的党务公开栏目,将党务信息及时发布至PC端、APP、智慧屏幕上,实时记录并公开党务信息,搭建党组织与党员、党员与人民群众之间沟通交流的桥梁,便于每一位人民群众对党组织进行监督,保障党组织工作的透明有效,实现以信息化、智能化、网络化的方式保障和推进各项党建工作的有效开展。二是智慧党建利用信息技术,协同线上线下资源,对原来分散的资源进行统筹、管理、优化、运用,各部门能够快速获得党建工作决策所需要的横向纵向数据,再以信息流推动工作流,同步实现程序流与监督流，达到党的建设与社会治理、服务群众的有效结合，发挥整体优势，引导群众，凝聚共识。三是智慧党建平台的数字化党建信息"窗口"与智能终端设备的结合使用，生动全面地把党务信息公布出来，把党建工作内容展示出来，方便人民群众快速学习和了解党建工作内容，推动基层管理方式向公开化、透明化和民主化转变，密切同人民群众的联系，把广大党员和人民群众紧密团结在党组织周围，凝聚起最广大人民群众的智慧和力量，有效提升基层党组织服务管理水平。

（二）群众声音智联"信箱"

智慧党建平台给群众提供了一个可以随时随地反映民意、查看反馈进度的智联"信箱"，为党员干部倾听群众意见呼声、了解群众生活难题、回应群众关切开辟了新的途径。一是智慧党建平台设立书记信箱、纪检信箱与投诉举报等功能栏目，可以直接通过智慧党建平台系统查看处理进度，确保群众信件直达，保障群众监督权。二是智慧党建平台在大数据技术辅助下，建立社会评价管理系统，拓展运用"互联网+大数据"的人民群众诉求征集渠道，以问卷调查、在线投票、支部意见箱等方式，实现对人民群众评价意见和反馈问题的实时记录。三是基于智慧党建系统的智能分析功能，能从海量信息数据中对人民群众的意见进行有效分析，提高党组织科学决策水平，不断解决人民群众最关心的利益问题。

（三）党群交流智慧"基地"

智慧党建作为智慧化服务平台，在推进"党群一张网"工作中，为党组织、党员和群众创建了一个多维智能的交流沟通"基地"，有效加强了党和群众之间的沟通质效，从而让为群众办实事、办好事的过程同时成为党组织联系群众、凝聚人心的过程，成为树立党组织威信的过程。智慧党建通过线上党建宣传、党建活动、党员论坛等功能，帮助党员、群众搭建交流互动的场所，给予党员和群众发表言论、表达意见的机会，形成积极沟通、主动分享的良好氛围。智慧党建的党群互动新平台，一是创建了党群互动新模式，实现党员群众双向互动，即由单向灌输向互动交流转变，由管理向服务转变；二是提升了党群工作效能，增强了基层党建工作的智能化、便捷化和高效化，为群众工作的开展提供智能助力；三是打开了党群互动的新格局，有效解决党组织生活脱离群众的问题，在加强党的执政引领力、核心领导力、组织服务力的同时实现以党建工作带动和促进群建工作。

二、"智慧服务"精准服务群众

随着社会信息化的迅猛发展,人民群众个性化、个体化的需求日益彰显,这对党组织了解人民群众、服务人民群众、凝聚人民群众提出了新的要求。2016年4月,习近平总书记在网络安全和信息化工作座谈会上的讲话中明确指出:"让互联网成为我们同群众交流沟通的新平台,成为了解群众、贴近群众、为群众排忧解难的新途径,成为发扬人民民主、接受人民监督的新渠道。"[①]智慧党建通过协调推进党员志愿服务、解决群众利益诉求、凝聚群众发展共识,帮助广大党员发挥为人民服务的先锋模范作用,提高党组织和党员精准化服务人民群众的工作能力,真正实现民有所呼、党有所应。

(一) 智慧匹配推进党员志愿服务

智慧党建能有效组织和发动广大党员志愿者主动参与开展志愿服务工作,真正发挥志愿服务工作服务群众、奉献社会的作用,促使志愿服务呈现积极健康、协调发展的良好态势,促进志愿服务制度化、常态化。一是智慧党建通过设置服务民生功能栏目,广泛收集并归纳整理人民群众的基本服务诉求,同时对党员服务项目与人民群众需求信息进行精准匹配,整合出党员志愿服务清单,为党员开展志愿服务工作做好基础准备。二是基层党组织可以通过智慧党建系统采集党员信息。党员根据个人特长、志愿服务时间等填报信息,然后,基层党组织根据智慧党建系统发布的体现群众实际需求的志愿活动的时间、地点、所需人数等,组织党员到活动地点打卡签到并开展活动,活动结束后党组织对本次活动进行评价并反馈到智慧党建平台,详细记录每一名党员的服务项目和服务成效,促使志愿服务工作全程可溯、成效可见。三是智慧党建可以实行党员群众"点单"、社区党组织线上"下单"、党员适时"接单"的智慧匹配机制,推动志愿服务的智慧化管理和精准化运作。通过智慧党建平台对党员、党组织进行志愿服务活动积分排行,建立志愿服务排行榜,把活动积分作为党员民主评议、评优评先、年终考核的重要依据,切实增强党员参加志愿服务的积极性、主动性、实效性。

---

① 习近平. 在网络安全和信息化工作座谈会上的讲话[M]. 北京:人民出版社,2016:8.

(二)智慧互动解决群众诉求

智慧党建为解决群众关心的热点难点问题提供了一个新载体,为基层党组织发挥服务功能,及时了解群众诉求,进而抒民情、解民忧、汇民智、聚民心提供了一条有效渠道。一是智慧党建平台是集信息发布、服务介绍、需求征集、意见反馈于一体的综合化服务平台,通过对基层党组织工作进展及重点事项办理情况及时跟进、督办,畅通各级党组织联系服务党员群众的渠道,实现在线互动和线下反馈,最大程度地发挥组织效能。二是智慧党建通过开设线上党员论坛、建言献策、党员之家等功能栏目,从不同层次视角了解党员心声,推动基层党建工作从单向交流转变为多向交流。三是智慧党建极大地提高了基层党组织的统筹协调能力,增强了各领域各层级党组织之间的互联互动,架起党委、党支部与基层党员及群众之间的沟通桥梁,搭建基层党组织、党员和群众资源共享的"新阵地",有力推动基层党组织在更大范围、更广领域、更深程度上了解民意、解决民需。

第三节 理论宣传的智慧引领

智慧党建结合"互联网+新媒体"的方式,能够准确把握社会环境、工作对象、方法手段的变化,为宣传党的主张、贯彻党的决定、领导基层治理、团结动员群众、推动改革发展等提供多样化的智慧支持。依托智慧党建平台,理论宣传能够通过多媒体信息传播,从宣传渠道、内容、参与主体等多个维度主动适应信息传播方式和党员群众接受习惯的变化,有利于实现党的创新理论的智学智享,夯实思想阵地,凝聚全社会的信仰力量。

一、"智慧引领"实现智学智享

党的十八大以来,习近平总书记高度重视理论宣传工作,特别是创新宣传方式,强调"要加强传播手段和话语方式创新,让党的创新理论'飞入寻常百姓家'"①。通过智慧党建的技术应用,能让全社会在潜移默化中学习、传播、践行党的理论,达到"润物细无声"的宣传效果,实现基层党建工作线上与线下同步、虚拟与现实互补、传统向现代递进的转变。

(一) 智云学习平台的共建

智慧党建搭建智云学习平台,激活党建学习云端新模式。一是党组织通过智慧党建平台能够有效实现线上线下的联系互动,党员群众可以根据平台推送自觉完成学习任务。如打造"5G 新阅读·全景 VR 数字红色服务",为党员群众提供知识性、艺术性、具有科技感的学习内容,使理论宣传资源得到极大程度的充实和丰富,从而在大幅降低知识获取成本的同时提高知识获取效率。二是党组织可以利用智慧党建可视化平台,围绕党建工作"宣传、会议、学习"三大核心场景,通过创新党建的工作手段,整合优质的党建内容资源,开展纵横交织的智能平台共建共学活动。智云学习平台系统可以根据不同时期的党建教育要求和党建学习目标,调整学习内容和党建课程,有效消除以往知识创新者与基层学习者之间的信息鸿沟,对党建教育工作进行适时的内容和模式优化,切实增强党员教育内容的丰富性、拓展性和多样性,助力党组织强化党员思想政治教育,实现现代化科学教育。三是智慧党建在技术加持下,可以为党员打造沉浸式的智云学习体验,通过创新数字党建学习服务模式,锚定学习内容、借用科技便利,深入搭建适应不同场景的学习服务平台,拓展虚拟现实技术在智慧党建中的应用,让党建学习在智慧技术的引领下焕发全新的生命力。

(二) 智库理论资源的共享

智慧党建是为所有受众提供便捷信息服务的资源共享平台,能借助技术手段对信息进行收集整合、公开发布、实时更新,实现党建教育资源共享、共受益的目

---

① 习近平. 在全国宣传思想工作会议上的讲话[N]. 人民日报,2018-8-22.

的。比如,通过智慧党建大数据库,可以对外提供使用数据库的功能和接口,有效整合党中央的重要讲话、重要文件、最新的政策法规,汇集各地各级党组织的工作报道、经验分享、视频党课等教育、工作资料,促使各级党组织和党员干部突破时空限制,便捷地获取理论资源。从具体实践上来看,智慧党建共享功能的实现也可以依托5G双千兆技术、VR技术以及互联网电视、云渲染、云分发等新兴技术,实现"1点定制、N点共享",即行业主管部门定制特色党建内容智慧屏,N个下级部门共享定制屏内容,进而实时学习主管部门党建定制内容,实现党建智库资源的互联共享。同时,智慧党建平台也可与不同的信息化平台有机连接起来,共享信息、协同行动,加速推动高质量党建,与政府、企业、社会组织以及党员和群众等共享丰富的理论资源。

(三) 智联多元主体的共学

智慧党建通过技术手段实现互联互通,形成党委、政府、企业、社会、党员群众等多元主体参与学习,有利于构建全面感知、精确研判、全网协同的党建学习共同体,并且把体系化、智能化资源融入多元主体共学中,使党的创新理论学习无缝贯穿于各项业务、日常教育、管理服务和社会活动中。例如,可以开发智慧党建云社区,通过移动互联网平台聚合多个线下社区,将党组织、党员、群众、驻区单位、社会组织在线联系起来,实现与现实社会的有效对接。也可以通过利用智云学习平台及时传达党的创新理论,切实提高学习效率,有效汇聚各方面力量,更好地引领社会发展,打造数据驱动、人机协同、跨界融合、共创共享的新模式。同时,在利用大数据技术的基础上,分析多元主体的共性和个性化特征,通过智能算法对多元主体的学习需求进行多维追踪和动态分析。现在较为前沿的技术是利用可穿戴设备的智能数字学习功能,为多元主体和对象提供全息虚拟交互的高质量沉浸式体验。此外,智慧党建系统利用区块链技术搭建起数据中心和相关功能平台的应用架构,全面整合党建宣传、党建学习、党建考核、党员服务、追踪监督等功能,杜绝代学、替学、挂机等作弊行为,通过利用区块链技术的数据分布式存储,实现党组织上下级信息间的流通及辐射,形成党建自上而下的学习自觉性。党员也可以通过移动端在线学习,随时随地查看资料、学习和考试,不仅为党组织和党员提供了方便,更能有效提升党员学习的积极性和主动性,发挥理论助力实践的优势,进而使党员在学习理论中担当起社会责任。

二、"智慧引领"赋能主流价值传播

新时代,宣传工作逐渐向智慧化的方向发展,基层党建工作需要紧跟时代发展步伐,不断适应信息化、智能化和数字化的潮流。通过优化智慧党建的引领方式,将智能技术嵌入党建宣传工作中,实现精准识别受众对象、智能制定宣传方案、智慧评估宣传成效,不断夯实思想教育阵地,提高主流意识形态的传播力和引领力,深化党员群众对党的创新理论、政策方针、制度规定的了解和认同。

(一)精准识别受众对象

精准识别受众对象是宣传工作实现智慧引领的基础。习近平总书记指出,"宣传思想工作是做人的工作的"[①],厘清受众对象的个性化特征和需求是开展宣传工作的逻辑前提。在传统情境下,宣传工作者无法全面分析数据,在一定程度上弱化了对受众进行识别的有效性和精准度。然而,智慧党建能够利用技术手段为精准识别受众提供平台,有助于宣传部门精准研判党员和群众的个性化需求。一方面,智慧党建能够实现对受众思想动态的精准画像。智慧党建利用智能算法技术对广大受众的网络行为"痕迹"进行全样本数据收集、关联性数据分析和动态化数据处理,实时监测党员和群众的关注动向,根据民众的现实生活了解其思想变化,从而实现对党员和群众思想行为特征的"精准画像";另一方面,智慧党建在技术加持下能够实现对受众需求期待的精准研判。比如,智能算法系统基于数据画像精准捕捉民众的兴趣点、探求民众的需求度、把握民众的核心关切,在引导社会热点、化解思想困惑中引发情感共鸣、增进思想认同,不断增强受众黏性,推动宣传工作由以往的给定性传播向适切性服务转变。

(二)智能制定宣传方案

智能制定宣传方案是宣传工作实现智慧引领的核心。应在精准识别受众个性化需求的基础上,借助智慧党建的智能化优势制定宣传方案。一方面,智慧党建使宣传方案的制定更有针对性。在传统情境下,宣传工作者由于自身精力的局限和技术短板,几乎不可能制定"一对一"的个性化宣传方案。随着智慧党建的推

---

① 中共中央党史和文献研究院.习近平关于网络强国论述摘编[M].北京:中央文献出版社,2021:51.

广应用，宣传工作者不再需要事必躬亲，宣传方案制定的某些环节可以通过人机协同完成。智能技术的嵌入不仅可以节省宣传工作者的时间和精力，还可以有效规避方案制定中的人为误差。比如，智能算法能够精准聚焦广大人民群众在知识构成、思维方式、认知习惯等方面的个性差异，绘制人民群众思想特征和行为呈现的个性化图谱，宣传工作者据此制定更具针对性的宣传方案，推送更加贴近党员和群众期待的宣传信息。另一方面，智慧党建使宣传方案的制定更具适用性。宣传工作者制定宣传方案，旨在将党的创新理论更好地传递给广大党员和群众，夯实党的执政基础和群众基础。随着党的创新理论的发展和民众思想认知的变化，既有宣传方案的针对性和实效性不断弱化，这就需要借助智能算法检测宣传方案的适用性，根据算法排序对宣传方案加以筛选和优化，对不合时宜的宣传方案进行更新和完善，确保宣传方案能够匹配人民群众的自身特点、契合人民群众的需求期待，使智能化宣传由理念转变为现实。

（三）智慧评估宣传成效

智慧评估工作成效是宣传工作实现智慧引领的保障。智慧党建的有效助力使对宣传工作效果的评价、考核日趋科学化、智慧化。智慧党建在数据收集和分析方面的优势使宣传工作者能够科学把握广大党员和群众的思想状况及变化趋势，动态研判他们受到宣传教育后的思想及行为方式的变化。首先，基于智慧党建的评估数据更具完整性。传统的数据分析软件无法处理人民群众的网络行为产生的非结构化和半结构化数据，而智慧党建的算法系统能够深入分析这些原始数据并从中找出有价值的关联性信息，使宣传工作的评估数据更加全面和完整，进而实现对宣传工作最新进展、趋势动向的全景式把握。其次，基于智慧党建的评估更具及时性。利用算法数据系统追踪广大党员和群众对宣传思想内容的关注、了解和认知状况，从而掌握客观翔实的数据信息，在此基础上对这些数据信息进行分析和处理，可及时、精准地把握受众思想行为状况的整体态势。最后，基于智慧党建的评估具有预见性。技术的有效嵌入不仅助力宣传工作者精准把握工作成效，还能借助受众数据建模的预测功能进行预测性分析，通过数据模型动态化演示受众的思想变化图谱。此外，智慧党建通过提升宣传工作者发现问题、解决问题的能力和效力，不断增强宣传工作的针对性和实效性。总之，智慧党建有助于实现宣传工作的智慧评估，为优选宣传议题、优化宣传方案与科学评估宣传工作效果的良性循环夯实基础,从而巩固壮大主流思想舆论,扩大主流价值影响力。

三、"智慧引领"凝聚社会思想共识

网络空间成为党凝聚共识的新空间、汇聚正能量的新场域、打赢舆论斗争的新阵地。依托智慧党建平台,开展全时段、宽范围、多内容、深层次的思想引导、政治引领,有利于抵制错误思潮的影响、营造清朗的网络空间、画出最大同心圆,从而在凝聚社会思想共识的基础上引导党员群众践行核心价值观,为实现党和人民的共同事业而奋力前行。

(一) 智能过滤错误思潮

在互联网技术的助推下,自媒体迅猛发展、应用广泛,各种错误思潮充斥着网络世界,不断挤占马克思主义理论的生存空间。错误思潮在网络传播所呈现的政治指向性和行为诱导性不仅削弱了人民群众的理想信念,还对马克思主义在意识形态领域的权威性、主导权和话语权形成挑战。想要巩固马克思主义在意识形态领域的指导地位,巩固全党全国人民团结奋斗的共同思想基础,让党的声音成为网络空间最强音,需要清醒认知、前瞻布局和有效治理。智慧党建通过大数据、智能算法等过滤技术,能够构筑阻挡各种错误思潮侵蚀的"隔离墙",精准屏蔽海量数据中的错误信息,让历史虚无主义、反马克思主义、西方新自由主义等错误思潮无处遁形,巩固壮大主流思想舆论,确保主旋律高昂、正能量充沛,从而形成积极健康的信息传播环境和宣传工作场域。总之,智慧党建的新型价值传播系统能够有效规避错误思潮的渗透,提升意识形态工作的广度和深度、质量和水平,为信息化时代各级党组织整合思想、凝聚共识开辟新的疆域。

(二) 营造清朗的网络空间

习近平总书记强调:"网络空间是亿万民众共同的精神家园。网络空间天朗气清、生态良好,符合人民利益。网络空间乌烟瘴气、生态恶化,不符合人民利益。"①网络空间既是信息平台,也是思想文化大熔炉,对亿万网民的心理、思维、价

---

① 中共中央党史和文献研究院.习近平关于网络强国论述摘编[M].北京:中央文献出版社,2021:71.

值观产生重要影响,营造良好的网络环境是信息化发展的根本落脚点。智慧党建的推广应用有助于网络空间治理体系的不断完善,一方面,智慧党建能够督促并协助相关监管部门发挥治理主体作用,通过技术手段全面侦查网络空间信息动态,从容应对各种来自网络空间或被最新技术加持过的新的挑战与冲击,并对颠倒黑白、造谣生事、涉及违法犯罪的信息给予有力打击;另一方面,智慧党建能够鼓励多元主体基于责任感共同参与网络空间治理,调动网民、企业与社会组织力量加速推进网络空间自我净化能力的建设。

(三) 共筑线上线下"同心圆"

习近平总书记为网络舆论引导工作指明方向:"实现'两个一百年'奋斗目标,需要全社会方方面面同心干,需要全国各族人民心往一处想、劲往一处使。"[①]智慧党建搭建的思想阵地,秉持融媒体、多元化、一体化的发展理念,在党建宣传教育的内容、形式、手段等方面进行创新优化,帮助网民深化对党基本理论与路线的了解与认同。因此,在利用智慧党建平台唱响主旋律,将网上舆论工作的领导权、管理权牢牢掌握在自己手中,加强网上正面宣传的同时也要做到凝心聚力、融合发展,有针对性地做好争取人心的工作。具体而言,一方面要以智慧党建引领媒体融合。媒体融合发展是党把握传媒规律、顺应历史大势所做出的一次战略谋划。智慧党建有助于推动媒体融合发展,实现技术建设和内容建设的协同推进,构建融为一体、合而为一的全媒体传播格局。比如,重庆市委党建全媒体加快客户端智能化、智慧化、智库化的迭代升级,全面促进端、网、微、刊、"重庆党建"学习强国号等党建党务新媒体互联互通,并根据移动端需求带动融媒体指挥中心和演播中心优化升级。另一方面,要以智慧党建引领思想共识。智慧党建科学分析受众的思想觉悟程度,对于网络红色地带人员,支持鼓励他们自我提高、自我完善;对于网络灰色地带人员,智能化加强党性教育力度,争取将他们转化成红色人员;对于网络黑色地带人员,要重点关注,及时推送至相关党组织并精准制定教育管理方案。从而让智慧党建成为凝聚共识的"宝库",画出团结奋进的"最大同心圆"。

---

① 中共中央党史和文献研究院.习近平关于网络强国论述摘编[M].北京:中央文献出版社,2021:69.

第四节　和谐社会的智慧治理

智慧治理本质上是运用现代信息技术对一定区域内社会各项事务进行整体性、智能化治理的模式。运用现代信息技术和智能手段开展党建工作，有利于促进党建工作与基层工作深度融合，构建基层党建与基层治理的良性互动，为党建引领下的基层治理工作提质增效。依托智慧党建探索智慧化基层治理模式，旨在解决党建、治理和服务相融合的问题，双向提升基层党建和治理的动能和水平，实现以智慧党建引领"智慧城市""智慧乡村""智慧中国"的建设发展，共同维护好人民幸福生活、社会和谐稳定、国家长治久安。

一、引领"智慧城市"建成

党的二十大报告指出，要"加强城市基础设施建设，打造宜居、韧性、智慧城市"，"以城市群、都市圈为依托构建大中小城市协调发展格局"。[①] 将智慧党建嵌入城市创新发展中，使社区文化、治理、服务要素和党建工作相互协同，有利于实现城市精细化和动态化管理，建设以党的领导为中心、以人民幸福为目标的现代化城市社区，提高城市规划、建设、治理水平。

（一）创新城市基层社会治理的智慧模式

智慧党建能够有效推动城市探索数智化的智慧治理模式，充分发挥数字化和智能化对基层社会治理的管理、服务、运行的深度赋能，进而实现智慧城市的可持续发展。一是有利于构建智慧化城市网。通过完善智慧党建的信息化建设，打造线上线下相结合的党群服务网，设置信息发布、活动管理、督查督办等功能。在此

---

① 习近平.高举中国特色社会主义伟大旗帜　为全面建设社会主义现代化国家而团结奋斗——在中国共产党第二十次全国代表大会上的报告[M].北京：人民出版社，2022：32.

基础上,对数据进行分析应用,能够有效支撑党员发展、党务工作、为民服务等,有效推进基层治理数智化的整体统筹和效率提升。例如,通过将 AI、区块链、物联网等关键技术与"数字城市""智慧城市"等理念结合,以尖端数字技术为基础,解决线下服务的时空制约和语言障碍等困难,极大提升工作效率和沟通效果,增强市民生活的幸福感和便利感。二是有利于简化基层办事流程,提高办事效率。借用智能物联网有利于促进不同部门、不同系统、不同业务之间的相互联动,为基层治理的资源共享和发展提供便利。例如,加强电子商务、移动支付、共享经济、智慧出行等新型数字生活服务在日常生活中的应用体验,发展智慧商店、智慧商圈,提升居民对于数字资源、数字工具的使用意愿,共同营造良好的数字生活氛围,让全民享受便捷的数字服务。三是有利于深化智能决策应用。智慧党建的核心在于大数据分析应用。推进智慧城市的建成,需要挖掘党建大数据价值,借助智慧党建平台建立"搜集数据—量化分析—经验实证—决策优化"的智慧决策模式。基于智慧党建的数据资源和架构支撑,以及在 PC 端、移动端和大屏端的可视化数据展示,能够对城市各领域运行情况进行跟踪分析。在此基础上,通过多方参与和党组织督导,实现从单纯"向上反映问题"到大家"商量着解决问题"、吹哨报到上下联动、党群互动精准治理、数据研判助力决策等。同时,还可以利用城市云端大脑和虚拟仓储进行数字参谋,优化城市信息决策系统,辅助党组织决策层做出科学精准的决策。

(二) 整合城市基层社会治理的有效资源

智慧党建对城市基层社会治理发挥强有力的数字赋能作用,促进基层社会治理各个领域的资源得以协调整合、有效利用。一是统筹社会服务资源。智慧党建强大的党务、政务、服务功能,使党建引领下的基层社会治理更加高效、更有温度。通过构建党建引领下的基层社会治理信息化服务,能够统筹社会救助、养老服务、残疾人服务、就业援助、妇女儿童服务等业务资源于一体,打造城市生活智慧服务体系,围绕城市居民的不同需求,提供"一体化、一站式、多层次、全方位"的服务,并不断提升服务的标准化、便利化和智能化水平。二是整合数据信息资源。智慧党建坚持"数据促融通、系统提质量、使用全覆盖、运用智慧化"的工作思路,运用技术手段对数据信息进行广泛收集和集中储存的同时,也能实现信息数据的跨部门共享和多方面利用,实现城市数据的互联互通以及城市治理的联合互动。三是协调社会人才资源。智慧党建有利于加强数字化人才队伍建设,通过立体化云端学习系统培养懂党建、懂业务、懂技术的复合型党员干部,优化信息化人才队伍培养体系和发展体系。同时也可在智慧党建平台建立项目与人才需求库,搭建人才交流基地,帮助需求方实现与人才的精准对接,进而借力高素质人才推动智慧城市的建设发展。四是协调整合组织资源。智慧党建有利于发挥基层党组织在社会治理中的引领作用,构建起党工委引领、社会化共建、社区化共治、邻里式共享的城市社区治理新模式。通过智慧党建管理系统实时掌握基层组织的党建工作动态,促进各级组织部门与各领域党员干部协同工作。同时,结合街道乡镇机构改革,按照有利于基层治理、充分发挥党组织作用、加强党员教育管理、扩大党的工作覆盖面等原则,智慧党建在深度进入产业链、行业协会、龙头企业和各种经济联合体等的基础上,进一步强化基层党组织整体效能,凝聚推进基层社会治理体系现代化的强大合力。

(三) 推进城市基层社会治理的精细化、科学化

智慧党建使党组织力量、行政力量、社会力量等在智慧平台上进行智能联动,精准发现基层社会治理中的各类细微问题,实现优质、专业、人性化的治理效果,为基层社会治理的科学化、精细化注入强大动能。一是有利于推进监测防控的智能精准。智慧党建通过普适型监测系统对城市发展进行实时监控,可以提供科学、精准的数据,发现不同领域的一些问题。同时,通过智能终端,每个党员和群众都可以将发现的问题及时上报,再利用智慧党建的大数据分析系统,找到更精准、更理性、更优质的解决办法。此外,利用探头画面和城区中心智能系统,经过AI算法,能够聚焦风险发现、智能分析、应急管理等,提高对于各种风险早发现、早识别、早预警的能力,增强跨区域、跨层级、跨部门快速响应和联勤联动的能力。二是有利于推进信息供给的精细适用。智慧党建能够利用智能算法强化信息分发服务的个性化,使信息与受众之间的匹配更加精准。同时,可以借助智慧党建的信息服务平台广泛征求群众的意见建议,并借用实时监控、自动分析、快速研判的智能化行政系统,收集掌握不同主体的数据信息,照顾到不同单位、不同群体、不同类型的差异性需求,再根据不同的实际需求,提供精准对接的服务、资源、政策等,增强人民群众的满意度和便利感。三是有利于推进城市治理的智能高效。纵向维度上,坚持"重心下移"与"减负增能"原则,依托智慧党建构建市、区、街道、

社区各层级间的联动机制，充分整合现有的各类管理力量，畅通执行链条，确保社会问题的及时发现、向上传递与有效解决。横向维度上，基于智慧党建构建跨部门、跨区域、跨层级的组织之间的合作平台，完善多样化的正式或非正式合作机制，促成政府、群团组织、公众、企业等参与主体间的有效沟通、相互配合，使其共同应对跨领域的复杂性和动态化的社会问题，推动基层社会治理朝着精细化、精准化和高效化的方向迈进，全面推进基层社会治理的整体现代化。

二、助推"智慧乡村"建设

党的二十大报告提出"全面推进乡村振兴"，"坚持农业农村优先发展，坚持城乡融合发展，畅通城乡要素流动"，"扎实推动乡村产业、人才、文化、生态、组织振兴"，这为做好新时代乡村振兴工作指明了前进方向、提供了根本遵循。处于国家乡村振兴战略全面实施的重要关口，契合新时代城乡融合发展的客观需要，智慧乡村建设势在必行。智慧乡村是乡村管理的一种新理念，是新形势下社会管理创新的一种新模式。在智慧党建的基础上，通过充分利用新一代信息技术的集成应用，加快"党建＋智慧化＋乡村"的建设步伐，实现"党务、村务、商务、服务、事务"的智慧化，推动村民自治智能化、乡村生活智慧化、乡村治理智联化，加快农业农村现代化进程。

（一）村民自治智能化

乡村基层自治是一项系统工程，涉及乡村的自我运转、自我管理、自我服务等，是智慧乡村建设的重要方面，而智慧党建为乡村自治搭建了智能化的平台。第一，智慧党建助推乡村信息互通。随着移动互联网和智慧技术的进一步发展，社会治理主体的空间不断扩大，乡村可以有效打通基层发声渠道，建立"指尖上"的信息精准快速传达机制。而智慧党建平台也能够快速回应并解决各种问题，进一步增强多元治理主体与党政组织之间的互动沟通。由此，以村级智慧党建平台为抓手，有利于充分发挥各主体的智慧和优势，实现乡土社会和人文秩序的重建，促进智慧乡村的可持续发展。第二，智慧党建助推村民自我管理。建立以"方便、智能、科学"为核心的乡村智慧党建平台，整合党务管理、村民议事、积分制管理、网格化管理、乡风文明建设等方面的工作，通过电脑屏、电视屏和手机屏的互通共享，实现对村民的服务管理以及村民的自我管理，形成村民自主管理、自发参与、自我约束的良好格局。第三，智慧党建助推村民事务处理。依托智慧党建平台完成村民自治事务，推动村民自治主体在平台中实现正常沟通、交流，并逐步在平台中完成议事行为，继而结合行政村特点，在平台中设置一些满足行政村需要的功能模块，如村庄通信录、村庄租赁信息发布、村庄招商引资等，不断完善村民管理系统，从而给技术型乡村基层自治带来便捷。

（二）乡村生活智慧化

智慧党建有利于搭建乡村振兴的服务矩阵，利用数字化技术和信息资源共享平台，为广大农村地区的党员群众送上有速度、有效率、有温度的党建服务，实现乡村生活的智慧化。第一，智慧党建可以为各个乡村打造专属的"网络名片"。比如，在村政府设置集合诸多信息的智慧大屏，上面实时显示全村动态，总人口数、常住人口数、党员人数、土地面积、党建活动等数据在屏幕上清晰呈现，让村民对村情一目了然。第二，智慧党建可以搭建民生服务平台，依据"人""村""厂"等不同服务主体，科学划分不同服务模块，从党建管理到日常生活，从技能培训到农业种植，从资源引进到安全生产，"智慧服务触角"将延伸到村民生活、生产的方方面面，进一步达到"产业兴旺、生态宜居、乡风文明、治理有效、生活富裕"的乡村振兴战略的要求。第三，智慧党建可以集成政务办理、生活服务、社交娱乐等信息服务功能，研发建设"民生小站"，村民只需实名登录，即可随时随地用手机获取信息和办理业务，真正实现让数据多跑腿，让村民少跑路，不断提升基层群众在智慧乡村建设中的幸福感、获得感。

（三）乡村治理智联化

发挥智慧党建在引领乡村治理中的基础支撑作用，构建智联化乡村治理新体系，激活乡村社会的活力，推动乡村治理协同提效。一是通过智慧党建激活乡村多元治理主体力量。推动农村社会发展，发挥基层党组织的战斗堡垒作用和广大党员的先锋模范作用，提高基层村干部队伍的社会治理能力，激发乡村各方治理主体力量。通过智慧党建赋能乡村治理，利用平台积极宣传新农村的发展，吸引各类主体的积极广泛参与，村民无论是否在村居住，都能及时了解村内事务的变化发展，还能和村两委及其他村民及时沟通交流，共同为村集体建设出谋划策。二是通过智慧党建搭建乡村治理的数字化平台。借助数字化技术手段、在线化管理监控方式,在智慧党建中建立乡村综合治理信息系统网,实现部门信息横向联系、上下信息纵向互通,有力推动乡村治理体系的完善和治理能力的提升。三是智慧党建能够推动乡村多元共治的高效化。依托智慧党建平台,积极探索实施村委会统一运营、农民自主运营、大企业集中运营相结合的高效管理模式,切实提高村民在乡村治理、产业建设、农业发展等方面的话语权和参与度,不断提升村民的参与意识和网络素养,让乡村多元主体治理成效更加可期。

三、指引"智慧中国"建构

"智慧中国"建构在智慧党建的推动下,正在稳步向前。信息技术正以新理念、新业态、新模式全面融入我国经济、政治、文化、社会、生态文明建设各领域和全过程,给社会生产生活带来广泛而深刻的影响。智慧党建平台的普遍推广应用有利于推进信息技术与社会治理、经济发展、民生服务等方面的相互贯通,促进党建工作与时代发展相融合,进一步推进国家治理能力和治理体系的现代化。

(一) 推动国家治理转型

新技术变革对人类社会的生产方式、国家和社会的治理模式以及全球发展格局均产生重大影响,技术发展力量在不断推动着国家治理现代化转型的进程。相较于传统党建活动模式,智慧党建依托新兴信息技术,创建数智化党建综合平台,在实现党建工作整合提升的同时,也对国家治理的理念、模式和方式产生重大影响。一是更新国家治理理念。智慧党建蕴含一种强调协同与合作的全社会智慧治理理念,有助于促进政府树立智慧思维、转变治理观念。同时,智慧党建能够全空间、全时间、全过程地融入到社会系统的各个领域、各个层次,使社会生活的各个方面、各个主体都能够各居其位、各司其职、各尽其能、各得其所,更好地发挥作用。二是变革国家治理模式。智慧治理的核心应用是通过现代信息技术改进信息的搜集、加工和处理过程,根据信息来规划、设计和实施国家治理活动,深刻推动国家治理模式的变革。智慧党建的全国化应用,有助于建立以党建、制度和技术为核心的三位一体的现代国家治理模式,改变过去以人力发挥主导作用的传统治理模式,转向系统、智能、精准的现代化治理模式。三是革新国家治理的方式。国家治理任务之一就是要正确引导新技术更好地为社会进步与国家发展服务。

智慧党建有助于实现技术与国家治理的深度融合，可以不断强化互联网、大数据、人工智能、区块链等数字技术在国家治理中的应用。智慧党建平台在数字化技术的加持下，将国家治理的感知触角广泛延伸、深度下沉，对社会各类信息数据进行搜集整合与智能分析，为国家治理提供更加科学和准确的决策数据，从而持续提高国家治理的科技支撑能力。

(二) 助推国家治理现代化

党的二十大报告明确提出要"健全共建共治共享的社会治理制度，提升社会治理效能"[①]。坚持中国共产党的领导是党和国家的根本所在、命脉所在。推动国家治理体系和治理能力现代化必须将党的领导贯穿于治理的各方面和全过程，把党的建设和时代发展有机结合，实现以党建促治理、以强治理优党建。智慧党建的应用进一步推动着国家治理体系的设计和应用，优化着国家治理的运行方式，也助推着中国式现代化更具有多维性、整体性和系统性，有利于深入推进国家治理体系和治理能力现代化。一是推动多元共治体系的建设。智慧党建的本质在于运用智慧理念、智慧技术、智慧手段，构建一个与现实党建工作持久、稳定连接的数字平台。智慧党建有助于最大限度地调动各种力量，有利于整合行政资源、公共服务资源、社会资源、市场资源等，形成社会共治格局。利用智慧党建搭建跨部门的合作与资源共享的平台，能有效促进国家城镇化、工业化、信息化、农业现代化的同步发展。此外，通过智慧党建平台能够实现治理场域的拓展，使得党建工作与国家治理有机衔接，实现多元共治的现代化治理模式。二是提升国家治理的科技支撑能力。将大数据、人工智能、区块链等数字技术与社会治理有效结合，能极大推动社会管理服务创新，打造数据驱动、人机协同、跨界融合、共创共享的智能决策、智能管理、智能服务的新模式。[②] 同时，在推进国家治理现代化过程中也不能忽视人的主体性，有学者指出："对一个合作有序的社会而言，技术从来都只是工具，对工具运用的规制才是决定技术影响社会秩序的关键因素。"[③]智慧党建的治理模式能从线下转向线上线下相融合的模式，从单向政府监管向更加注重

---

① 习近平.高举中国特色社会主义伟大旗帜　为全面建设社会主义现代化国家而团结奋斗——在中国共产党第二十次全国代表大会上的报告[M].北京：人民出版社,2022：54.
② 辛勇飞.数字技术支撑国家治理现代化的思考[J].人民论坛·学术前沿,2021(9).
③ 邱泽奇.智慧生活的个体代价与技术治理的社会选择[J].探索与争鸣,2018(5).

社会协同治理转变,能有效调节技术使用的效度,优化线上线下多渠道服务,从而助推基层治理体系和治理能力现代化。三是增强国家治理的监管防控能力。通过深入发掘大数据、人工智能、云计算等技术的潜力,开展智能治理判断分析,能够对社会动向和发展趋势进行预测,实现对各领域治理全流程的实时动态监控预警,提升源头治理、动态监控、应急处置能力,及时化解社会矛盾,提升国家治理体系和治理能力的效能。

> **本章思考题**
>
> 1. 请简要谈谈智慧党建在党员和党组织管理方面的功能应用。
> 2. 请简要谈谈智慧党建在理论宣传方面的功能应用。

第七章

智慧党建的实践探索与案例分析

从当前智慧党建的实践进展来看，智慧党建在各领域党建中已取得可观的实践成效，不仅服务于各领域党组织的中心工作，而且扩大了党建工作的覆盖面，以数字化、智能化方式提升新时代党的建设质量。基于此，本章选择国有企业智慧党建、农村智慧党建、高校智慧党建、科研院所智慧党建、机关智慧党建、城市社区智慧党建、"三新"组织智慧党建等的典型案例作为代表，全面展现智慧党建的实践成效和经验启示。

第一节　国有企业智慧党建的实践探索

2019年12月,中共中央发布《中国共产党国有企业基层组织工作条例(试行)》,提出要注重运用网络信息化手段和新媒体平台,增强党组织活动和党员教育管理工作的吸引力、实效性。这是国有企业积极开展智慧党建实践探索的制度依据。国有企业作为党和国家事业发展的重要物质基础和政治基础,应按照以习近平同志为核心的党中央关于党建工作的精神指示,创新开展智慧党建工作,将智慧党建融入企业的生产经营中,实现智慧党建与业务管理的双提升,为各行业智慧党建的实践探索树立示范标杆。

一、国有企业智慧党建的实践背景

随着国家经济不断发展和国有企业改革工作持续推进,国有企业在社会上的地位也越来越凸显。党建工作是保证国有企业建设质量稳步提高的重要因素,能从根本上保证国有企业始终跟随党的领导,走在正确的发展道路上。与此同时,国有企业党建工作中存在的问题也不断暴露出来,如何提高党建工作质量、充分运用大数据技术对党建工作进行精准化建设、运用人工智能使党建信息化建设更智慧,成为摆在国有企业面前的现实问题。为此,国有企业应充分贯彻党的方针,把握时代脉搏,聚焦智慧党建,开辟新的路径,以自我革命的精神在党建工作上实现新的突破。

(一)国有企业智慧党建有利于贯彻落实习近平总书记关于国有企业党建重要论述的精神

党的十八大以来,以习近平同志为核心的党中央以自我革命的精神推进全面从严治党,要求各组织自觉担负起管党治党的政治责任。国有企业党建工作质量不仅关系到国民经济是否健康发展,而且还关系到党的执政基础,所以,加强国企党建工作是全面从严治党的必然要求。对此,习近平总书记围绕国有企业党建发表系列重要讲话:"各级党委要抓好国有企业党的建设,把党要管党、从严治党落到实处。""国有企业领导人员是党在经济领域的执政骨干,是治国理政复合型人才的重要来源,肩负着经营管理国有资产、实现保值增值的重要责任。""坚持党的领导、加强党的建设,是我国国有企业的光荣传统,是国有企业的'根'和'魂',是我国国有企业的独特优势。"为深入贯彻习近平总书记关于国有企业党建重要论述的精神,既要压实国有企业管党治党的政治责任,扎扎实实地按照党中央的要求开展党建工作,同时还要结合时代发展特征,将党建的新理念、新思路运用至国有企业党建领域,而智慧党建作为党建发展的新趋势,必然要融入国企党建。

(二) 国有企业智慧党建有利于不断提高国有企业的党建质量

在新时代全面从严治党的新要求下,以及互联网不断发展繁荣的新环境下,国有企业迎来提升党建质量的新课题,要想回答好这个课题,就离不开智慧党建。智慧党建能够利用新兴技术,及时发布党建相关最新资讯,提升党建创新含量,规范党建活动内容,推进国企党建的政治建设;能够围绕"两学一做"学习教育的常态化、制度化,打造云平台、手机APP等线上平台,开辟网上学习阵地,定期在平台上发布有关学习资料并向全体党员推送,破除时空限制,架构共建共享、互联互通的开放式党员学习新模式,推进国企党建的思想建设;能够依托互联网组建各级党组织网络群组,展示党组织的组织概况、领导班子、党建工作进度、标准化建设完成情况以及管理党费核定、收缴工作;能够通过"线下＋线上"的双重管理,打破传统党建"限时、限地、限人"的束缚,增强党组织的凝聚力和战斗力,推进国企党建的组织建设;能够依托互联网无边界、零距离、大数据、高速度的特点,将党建工作深入渗透到党员生活中,建立严肃党内政治生活长效机制,实现工作流程化、操作便捷化、交流实时化,推进国企党建的作风建设;能够依托智慧监督系统,开展新时代正风肃纪反腐工作,推进不敢腐、不能腐、不想腐一体化,助力国有企业党风廉政建设和反腐败工作;能够通过大数据计算,围绕落实"三会一课"、组织生活会等基本制度和开展"党员主题党日"等基本活动的情况,结合民主评议会对党员进行量化考核,加强党员的教育管理,推进国企党建的制度建设……依托智慧党建的智慧宣传、智慧学习、智慧管理、智慧监督等功能,国企党建质量能够极大地得到优化和提升。

(三) 国有企业智慧党建有利于积极促进国有企业高质量发展

智慧党建是实现国有企业高质量党建的重要路径,能从多个方面保障国有企业高质量发展:一是优化管理方式,简化管理流程,提高党建工作的管理创新能力、技术创新能力和组织创新能力,提升党建管理的效率和科学性,实现重大经营管理事项决策前由党组织前置研究讨论,确保党组织的意图得以体现、压实党委责任,使党委在引领企业发展、推动工作落实上发挥政治优势,从而有效破除信息流通障碍,为国企发展凝心聚力,统一思想;二是创新工作程序,运用信息化手段,建立统一的党务平台,开设"党务""政务""商务""事务"等模块,互联网化党建工作,规范党建活动的组织和记录、党建信息宣传、理论学习、党员的互动交流、问题的收集和反馈、党员的考核监督,助推党建工作标准化、信息化,规范党务流程,便于党务工作者照章办事、按图索骥,提升规范和效率,实现互联网和党建工作有机融合,使党建工作场景更加丰富多元,为新时代国企党建工作提供科学、智能、新颖、便捷的数字化工具;三是显著提升国企综合实力,有力推动党的政治优势、组织优势和群众工作优势转化为国有企业的创新优势和发展优势,使国有企业在经济社会发展大局中的战略支撑作用进一步凸显。习近平总书记强调:"要发展数字经济,加快推动数字产业化,依靠信息技术创新驱动,不断催生新产业新业态新模式,用新动能推动新发展。"①智慧党建推动国企同步部署、同步落实政治责任、经济责任和社会责任,实现国企在数字经济时代的转型发展,为促进经济平稳运行和社会健康发展做出更大的贡献。

二、国企智慧党建的案例分析

(一) 解决党员学习教育问题:以智慧党建搭建政治教育和党建宣传阵地

龙岩烟草工业有限责任公司党委通过组建党员劳模"5G+"创新工作室,聚焦卷烟生产制造的价值定位,把技术创新与党员骨干"双向培养"联动起来,探索建设"党业云融合",致力于打造基层数字治理"聚能环"和劳模工匠的"培养皿",并

---

① 敏锐抓住信息化发展历史机遇 自主创新推进网络强国建设[EB/OL]. (2018 – 08 – 02)[2023 – 08 – 11]. http://www.cac.gov.cn/2018 – 08/02/c_1123212082.htm?isappinstalled = 0.

构建"T-A-C-T"工作模式,实现基于数字技术的"沉浸式教学""教练式培训",将党员培养为技术骨干;同时,依托"云上微创新"活动,搭平台、建赛道、识别骨干并将其发展成党员。所谓"T-A-C-T"工作模式,即"Training-Self Arise-Coaching-Task assignment"。"Training"为教育培训环节,打造数字化"指尖党建"平台;"Self Arise"为自我提升环节,自主研发构建"3D维修交互系统";"Coaching"为导师"传帮带"环节,通过"5G+VR云会议"进行授课,一个VR会议机可以覆盖郑工授课的教室全景,突出现场教学的覆盖面、及时性;"Task assignment"为任务考核测评环节。这一工作模式提供了制造业企业数字创新的产学研一体模式,构建了劳模挂帅、骨干示范的运行模式。"党业云融合"模式提供了基层党组织党业融合的工作方案,充分整合技术资源,通过科技创新与人才培养的双线并行和双融共促,真正做到"党业融合"。

中国能建安徽电建二公司党委认真部署党史学习教育工作,利用智慧党建云平台建立"党员微课堂",打造"指尖上的党员教育平台",举办"唱响红歌经典,献礼建党百年"歌咏比赛。所属各单位结合工作实际,迅速传达学习,压紧压实责任,公司上下形成学党史、守初心、担使命、促发展的浓厚氛围,推动学习教育走深走心走实。针对项目点多面广,公司充分利用互联网技术,运用智慧党建平台,开办网上微党课、网络知识竞赛,组织优秀党课及党建视觉作品评选;开展支部联学,精读细研,把二十大报告提出的新思想、新观点、新方法转化运用到具体工作中来,破解市场开发、技术攻关、项目管理方面的难题,引导干部职工把学习成果转化为工作动力,确保党的二十大精神的学习全覆盖、出实效。

中国水利水电第五工程局有限公司中东抽水蓄能电站项目党组织严格落实集团公司总体党建工作安排,不断夯实基础工作,呈现出"一线""双驱""三强化""四确保"的党建工作特色,让水电五局首个海外"高端市场"项目党建工作有组织、有活动、起作用、有影响。中东项目所在国属于发达国家,移动互联网较为普及,项目党组织提出了创建"智慧党建云平台"的思路,要求所有党员职工下载人民网推出的"人民党建云"APP,利用软件功能,在移动互联网平台开展党建宣传、党务管理、学习教育、党建互动四个方面的工作,实现党的大政方针、政策的落实与国内同步进行。同时,充分应用"互联网+"技术,通过视频远程会议、邮件、QQ群、"五局时代、电建微言"微信公众平台等渠道,及时将党建声音零距离传递给境外每位党员，让项目党组织自觉接受国内上级党组织的领导和指导，确保各项措施在中东项目中的执行落地。

(二) 解决党建管理工作难题：以智慧党建提升党建管理的科学化水平

上海电气集团党委以党的建设为引领，发挥好党的领导作用，在坚持"稳中求进、守正创新，坚定不移走高质量发展之路"的工作过程中，针对集团党建管理工作中的各种问题，开展了很多积极的探索和有益的实践。比如，在考核监督方面，通过信息化技术手段搭建党委信息系统进行定量评价、党建督查工作采用定性评价、党委书记述职评议采用交流评价三个维度的综合评价系统，使党建考核更多维、更全面。在考核运用方面，采用系数法，将党建考评结果运用到产业集团、直属企业及功能性公司的年度考核排名中，加强考核结果的运用。此外，还陆续上线党委工作信息系统、党组织信息交互系统和党员在线学习系统，构建起全过程党建信息管理模式，全面提升集团党建工作的科学化、信息化、规范化水平。

中国铁建房地产集团有限公司党委针对基层党建工作中常见的痛点，推出智慧党建系统作为提升基层党建工作科学化水平的有力武器，在管理党组织、服务党员等多个方面发挥重要作用。针对基层党组织的各类学习活动、会议及选举等工作，党委在系统中设置规范化流程与相关文书材料上传功能，并设置换届提醒功能，确保各级党组织按时完成换届选举工作；针对基层党务工作数量繁多的问题，党委统筹规划发展党员的25个标准环节，并将其嵌入智慧党建系统，只有按时间节点和规定动作完成一个环节，才能进入下一环节，确保发展过程规范严谨；针对党员办事手续繁多的问题，党委在系统中将大部分手续简化，如在办理转入转出手续时，不再需要邮寄组织关系介绍信和回执，只需在系统中上传相关材料、填好信息即可，党员信息系统也会进行实时更新……这些措施减轻了人员的工作负担，解决了手工台账不准、不细的问题，保证了党务信息的及时性、数据的同源性和成果的共享性。解决问题之余，党委还在系统中嵌入党员积分和排名功能，党员参加党组织活动情况、争先创优成果都会在该系统中体现，以此提高党组织的凝聚力和向心力，促进企业发展。

中国水利水电第十二工程局有限公司党委着力推动党建工作与信息技术深度融合，跳出传统线下工作的惯性思维和路径依赖，以满足基层党建、纪检、共青团工作实际需求为目标，开发"水电十二局党建管理系统"。该系统集成党建、纪检及共青团三项业务工作,其中党建管理模块包含组织管理、发展党员、组织生活、党建品牌管理、责任制考核等;纪检系统模块包括组织管理、人员管理、履职考核、责任制考核、监督执纪等;共青团系统包含团组织管理、"青"字号品牌建设、示范团支部建设、"红娘奖"等。该系统上线后,党建、纪检、共青团等工作都能实现网上运行,有助于创新工作思路,丰富活动载体和工作方式,实现各项工作资源共享、优势互补,实现交流学习便捷化;同时,还能够实时监测基层工作动态,智能分析数据结构。党建管理系统上线运行是水电十二局党委主动适应新常态、运用"互联网+党建"的一次创新性实践,是顺应时代发展、落实新时代党的建设总要求、提高党的建设质量的重要举措,是推进党建工作创新、解决党建工作中存在的问题、全面提升党建工作科学化水平的有效途径。

(三)解决党建和业务融合难题:以智慧党建构建"大党建"工作格局

中国石油集团于2020年10月初步建成具有自主知识产权的智慧党建平台,为国企党建数字化转型贡献"石油样本"。在基础功能设置上,平台由党建门户网站群、PC端业务管理系统和移动端APP"三位一体"构成,具备信息资讯、业务管理、学习教育、线上活动、交流服务、在线考评、大数据分析七类核心功能,推动党建工作实现智能化感知、智能化管理、智能化应用和智慧化决策。在党建与业务的联动上,基于智慧党建平台建设党建、工会、共青团业务管理模块,做到信息在一个平台上汇集,工作在一个平台上开展,数据在一个平台上沉淀,通过数据联通、工作联办、业务联动和资源联调,实现党建工作全过程、全维度管理。在应用成效上,平台突破时空限制,把海内外百万石油员工紧密联系在一起,实现党工团组织和员工全覆盖,构建"党组建网、党委用网、支部上网、党员在网"的"大党建"工作新格局。

中国银行党委认真贯彻落实党中央部署要求,自主研发、精心打造的"复兴壹号"智慧党建平台,通过极致的用户体验,以用户为中心,连接起多元化的党员群体,赋能党员和党组织工作的全场景,实现党员与组织的协同在线。具体可实现三大赋能:一是体验赋能。一方面赋能党员,不仅能提供设计精美、支持社交媒体分享、个人专属的党费缴纳和政治生日凭证,而且智能与人工客服还可二十四小时随时在线提供服务支持。另一方面赋能党组织和党务工作者,通过APP端、PC端、微信小程序三大渠道协同为党员服务,六大功能模块创新性地解决了突出的党建工作难点痛点。二是学习赋能。采用多维度双向开放、多边交互的模式赋能学习,营造"仪式感",强化教育功能,把对党员的教育融入日常工作中。三是组织赋能。通过建立动态的信息收集和反馈机制,极大地提高了党内统计、发展党员等日常党务工作的效率;打造指尖上的党建平台,着力解决现实党组织固化、海外党员和流动党员管理难的问题,借鉴社交媒体形式构建人性化的活动平台和党建圈,畅通党员、组织之间沟通交流的渠道,增强党内活动对党员的吸引力,进而增强党组织的活力;支持手机银行、微信、支付宝等多种渠道缴纳党费,通过构建全流程智能化管理体系,有效提升了党费收缴、使用和管理工作的便利性、安全性和及时性,实现党费自动汇总归集,极大地简化了财务管理,实现对收支情况的实时监控,降低小金库和资金挪用风险;以大数据思维构建可视化的、实时的、精细化组织管理模式;同时为"颜值正义、内涵深刻"的青年一代建设了团建平台,并支持工会管理,构建智慧"大党建圈",使党建带动群团有了新的内涵。

广州市国资委党委依托广州国有资产管理集团有限公司下属广州广府通信息科技有限公司,充分整合监管企业党建资源,创建广州国企党建服务中心、广州国企智慧党建中心和广州国企党建微信公众号"三位一体"的运营体系,搭建业务统筹指导、信息互联互通、资源合作共享的一体化运营服务平台,打造广州国企党建学习教育和学习体验的阵地,着力提升国企党建工作科学化、网络化、智能化水平。具体做法有:一是创新建立"全网运营"模式。打造市国资委中心平台＋N家监管企业特色平台模式,在广府通公司设立运营中心,充分利用"三位一体"的运营平台,实现与各监管企业智慧党建特色平台、党群活动中心的连接、联盟,形成全市国企一盘棋、资源与信息共享的格局。二是建设智慧"全网运营"系统。利用大数据、人工智能等技术搭建广州国企党建云平台和数据服务平台,以更加智能、科学的手段形成党建指数和数据产品,实现党组织和党员管理的可视化、立体化。三是有效输出"全网运营"服务。充分利用运营中心的技术、专业运营优势,向市属国企输出矩阵式媒体宣传、主题党日活动、数据报表、投稿系统等专业化内容运营、活动运营、数据运营及技术产品应用服务,不断增强广州国企党建的能力和活力。

三、国有企业智慧党建的实践经验

从已有的案例实施效果来看,许多国有企业细心大胆地开展智慧党建工作,创新方式方法,科学利用大数据,全面提升党建工作质量。这些成功案例各有长处,从中分析总结出的宝贵经验对未来国有企业智慧党建工作大有裨益。

(一) 国有企业智慧党建要将党的领导贯穿始终

国有企业是中国特色社会主义的重要物质保障和政治基础,具有明显的社会主义性质。要保证这一性质不变,离不开党组织作用的发挥。因此,国有企业在实施智慧党建的过程中,要充分发挥党组织的功能和作用,将党的领导贯穿始终,才能真正成为社会主义市场经济中的主导性力量。习近平总书记指出:"坚持党对国有企业的领导是重大政治原则,必须一以贯之;建立现代企业制度是国有企业改革的方向,也必须一以贯之。"[①]所以,国有企业智慧党建要充分发挥党组织的领导作用和核心作用。具体而言,国有企业要通过坚持党的领导为智慧党建把握正确的方向。尽管智慧党建要突出强调运用新的科技成果,但也不能完全依赖技术,必须通过党的领导,防范技术风险,及时做好风险准备,确保智慧党建沿着正确的政治方向前行。另外,国有企业还要坚持党的领导,为智慧党建建立专业化党务干部队伍。党管人才是党的一项重要原则,国有企业在党的领导下,造就一支政治素养过硬、专业技能高强的智慧党建队伍,确保智慧党建稳步推进。

(二) 国有企业智慧党建要与业务工作深度融合

党的思想路线是"一切从实际出发,理论联系实际,实事求是,在实践中检验真理和发展真理"。我国现有国有企业数量较为庞大,尽管它们的性质相同,但每个国有企业负责的业务内容和具体工作并非完全相同,甚至存在较大差异。这一差异性决定了国有企业党组织在开展智慧党建工作时要有充分的自觉性和自主性。自觉性是指将企业自身工作内容的实际情况与党中央制定的关于党的建设的政策路线相结合,自主性是指在构建智慧党建工作体系时能够凸显针对性、创造性和实效性。如中国石油集团、中国银行等均结合企业实际开发智慧党建并开展党建工作,这启示国有企业党组织应尽可能地把握自身的管理特点、工作方式、员工队伍,结合单位实际制定智慧党建工作思路,针对问题、对症下药,使智慧党建较好地融入企业工作。

---

① 习近平.论坚持党对一切工作的领导[M].北京:中央文献出版社,2019:148.

(三) 国有企业智慧党建要契合企业运作规律

国有企业改革和发展的重点之一是加强和改善管理,企业的经营管理效果是其能否有效运作的重要因素。因此,国有企业党委应充分考虑到国有企业与其他社会团体的不同之处在于具有经济效益功能,只有认识到这一特殊性,具体问题具体分析,自觉将党建工作与企业运作充分结合,才能够长效开展智慧党建工作,提高国有企业的生命力和鲜活力,从而促进国有企业健康发展。如果生搬硬套其他组织的智慧党建经验,可能会造成过于注重智慧党建、忽视企业整体运作的后果,这就不可避免地使二者相互独立、相互排斥,因此,结合我国现阶段的基本国情和不同国有企业现状,国有企业智慧党建工作要遵循"以党建促企建、以企建带党建"的原则,总结实践经验和规律,利用智慧党建的智能性、科学性、快捷性等先进性,充分保证智慧党建工作与经营管理工作的相互融合、相互带动,充分保证二者的同步部署、同步检查、同步考核、同步奖惩,并在工作内容、工作手段、工作流程及工作成果的检验上实现协调配套、交叉衔接,这既提高了智慧党建工作的灵活性和生命力,也高度契合国有企业的运作规律。

(四) 国有企业智慧党建要深化领导干部现代化意识

面对智慧党建这一新生事物,领导干部应本着实事求是、与时俱进的精神,适时认识到互联网时代已然来临,社会文化、社会经济、交往方式都深深受到互联网的影响,传统的党建工作难以适应当代信息爆炸对党建宣传教育工作的冲击,难以应对当代大量人口流动所带来的党建管理工作上的难题。这一新情况要求党组织必须重视党建工作与网络信息技术、数字技术、人工智能技术等的结合。纵观中铁、能源建设和水利水电建设等大型国企智慧党建建设的过程,会发现领导干部都能主动学习信息化时代的新知识,转变传统党建思维方式,积极利用互联网的特点助力企业党建工作的开展。正是他们对于智慧党建的正确认识和思想观念的及时转变,使得智慧党建实施顺利、成效鲜明,呈现出繁荣发展的局面。因此,国有企业党组织的领导干部应充分认识到互联网、新媒体的双刃剑作用,即它们虽然会冲击传统党建模式,但更能够为党建现代化发展带来全新的机遇,从而积极跟上时代潮流,转变传统党建模式,敢于迎接新的挑战。要想牢牢把握互联网、新媒体为党建现代化发展带来的机遇,就必须要加强对智慧党建的重视程度,加快推进党建信息化建设,以带头引领之势促使智慧党建观念深入人心,促进国有企业党建工作长期良性发展。

第二节　农村智慧党建的实践探索

农村基层党组织是党在农村基层组织中的战斗堡垒，是党开展在农村的全部工作的基础。2019年1月，中共中央印发的《中国共产党农村基层组织工作条例》明确提出坚持和加强党对农村工作的全面领导，强调注重运用现代信息技术，提升乡村治理智能化水平。新形势下，面对农村发展、治理和改革过程中出现的挑战和实践需要，各地农村基层党组织都在积极探索智慧党建，使其不断赋能乡村数字化治理，化作农村党员干部干事创业的强大动能，为乡村振兴提供了源源不断的创新活力。

一、农村智慧党建的实践背景

农村作为中国政治建设、经济发展的基础地域，在新时代背景下也需要创新自身的基层发展路径。在政治方面，应进一步打牢党在农村的执政基础，在党的建设中逐步解决现阶段广大农村地区存在的"三化"问题；在经济方面，需更加关注于脱贫攻坚工作的推进；在党建方面，要在乡村振兴中加大对农村基层党建的支持力度。因此，积极探索农村智慧党建的切实实践在政治、经济、党建等方面都有其必要性。

（一）农村智慧党建有利于巩固党在农村地区的执政基础

农村智慧党建是基于信息化技术建立的党建工作平台，新时代推进农村智慧党建建设是巩固党在农村地区执政基础的要求。首先，智慧党建中信息流通不受现实条件制约，信息传播广、速度快，可以有效摆脱党建工作的局限性。新时代农村智慧党建与新媒体紧密结合，发展新的党建形式，借助网络构建信息沟通渠道，打造新型党群沟通方式，有助于夯实党的执政之基，使农村基层党组织的党建质量不断提升，充分发挥基层党组织的战斗堡垒功能。其次，农村智慧党建能够有效改善我国农村治理水平,从而在一定程度上促进村民意识的觉醒,使高度透明的农村基层治理成为可能。与传统方式相比,农村智慧党建平台能够以更快的速度传播信息,农村基层党组织也能够更快更及时地收到反馈,这能在客观上督促农村基层党建工作良好开展,以及党风廉政建设工作得到舆论的支持。可以说,农村智慧党建的推进有助于党务公开工作的深度进行,有助于使农村基层党组织不忘初心,牢记使命,从而切实保障人民群众的切身利益,打造共建共治共享的农村社会治理新格局。

(二) 农村智慧党建有利于破解农村基层党建"三化"问题

党的基层组织是党开展全部工作和提升战斗力的基础,"三化"问题精准指出当前基层党建的突出矛盾和薄弱环节。同时,农村作为党最广大的基层组织,其化解"三化"问题的成功与否必然是全国解决"三化"问题的重要突破口。从概念上来讲,"弱化"就是指轻视、淡化基层党组织建设;"虚化"就是指基层党组织建设的形式主义现象;"边缘化"就是指在基层党的领导的重要性减弱,党组织的指引性不断从中心向边缘、由主流向非主流的方向偏离。总体而言,基层党组织"三化"是指基层党组织在基本定位上的偏向甚至远离,在主要功能上的减退甚至消逝。当今是信息化时代,更需要大力运用互联网和"大数据"技术,不断加强、改进、创新基层党建工作。所以,加强智慧党建的推广建设能够在组织设置上提升有效性和合理性,增强基层党组织的覆盖率,从而解决"弱化"问题;能够在党员教育层面上提升党员的思想政治素质,推动党员同志发挥模范带头作用,更好地为群众服务,解决"虚化"问题;能够在党组织领导班子以及党组织指引性建设层面避免组织软弱涣散情况的出现,加强工作人员的现实绩效考核,推动"边缘化"问题的有效解决。

(三) 农村智慧党建有利于推进乡村振兴

在经济快速发展的新时代,习近平总书记不止一次提出要推进乡村振兴,而乡村振兴不仅需要国家政策的支持,还需要农业信息的充分供给与对农业相关专业知识的学习。农村智慧党建可以及时提供惠农信息和农业生产生活信息,从而助力乡村振兴建设。新时代也是信息时代、大数据时代,网络技术的迅速发展使大数据在各类管理工作中的优势越来越凸显,推进农村智慧党建的建设和发展可以有效搜集与整合不同时期不同地区的惠农政策以及与农业、农村、农民相关的生产生活信息,既保证农村、农民跟得上快速发展的信息化时代,也在一定程度上为帮助农民把握农村工作的发展方向等提供有效的数据依据和信息支持;不仅如此,农村智慧党建还能使农民在智慧党建平台上进行专业的农业生产学习。智慧党建平台依托各类互联网技术,对有关农业生产生活的单一、枯燥的文字资料进行技术性处理,使之变为声情并茂、生动有趣的视频、音频资料等,使农民高效利用农闲时间接受专业的农业生产教育,从而促进乡村农业的科学化、现代化、专业化,进一步推进中国乡村振兴;在宣传方面,可以通过农村智慧党建平台对展现地区特色的优质农产品等进行宣传,实现基层党支部间乃至全国范围内的广泛宣传,以自身优势吸引消费者、投资者,促进乡村振兴。

二、农村智慧党建的案例分析

农村工作千头万绪,抓好基层党建工作则是关键。近年来,越来越多的农村逐步建设和发展智慧党建,跟随时代的发展,运用信息化手段推进农村党组织建设,努力解决农村党员生活、教育等各层面的问题,为党员群众提供更好的服务。在全国智慧党建的建设中,一些农村地区以及社区逐渐向全国展现其独具特色又行之有效的智慧党建实践案例。

(一)解决农村党建和党员教育难的问题:内蒙古沟门镇"智能、多样化"智慧党建案例

内蒙古沟门镇党组织干部针对教育难、管理不便等问题,积极采用智慧党建系统,逐步在党组织和党员的管理、教育等方面实现基层党建的智能化与功能的多样化。

首先,沟门镇积极构建党建"云平台",努力实现党建引领的智能化。沟门镇党委的智慧党建由三部分组成,分别为沟门镇官方宣传平台、"AI党建云"手机微信小程序以及数据大屏。在这三部分的基础上形成沟门镇"网上党校+组织管理+服务党员"的良好运行模式,实现移动互联网和党建工作的有机融合。党建"云平台"通过数据收集,定期生成党组织和党群用户的可视化分析报告,精确定制组织和个人的"画像",为有针对性地加强党员教育管理、开展岗位交流、储备后备力量等提供更科学精准的信息支撑。以沟门镇党建的手机微信小程序为例,小

程序平台上有党员注册报到信息,并在此基础上充分发挥平台管家功能,方便个人及时获取支部发布的党建资讯、党建活动预告、学习教育指南等。

其次,沟门镇重视党员教育,积极打造线上"云课堂",并从内容、形式等方面实现党员教育的多样化。为解决传统大集中式党组织生活较难开展等问题,适应党员教育日益多元化的诉求需要,沟门镇有针对性地转变思路,从"线下"转战"线上",打造多个平台以丰富"云课堂"载体。沟门镇智慧党建依托"AI党建云"微信小程序,在线上向所有党员推出党史学习教育"云课堂",方便党员随时"上线"、"打卡"听课。并且,为了充实党员教育内容,"云课堂"还专门划分学习专题,让每一名党员能够多方面地学习党史知识与政治理论。在学习之外,沟门镇智慧党建还在微信小程序上以多种形式开展"云课堂"测验来防止名为"自学"实为"不学"的情况,沟门镇党组织利用在线测试方式,及时掌握党员、干部的学习情况,从而做到测试时时在线。

最后,在党群管理和服务层面,沟门镇智慧党建还通过强化"云监督"来实现党组织预警管理的精准化。沟门镇为了给党员群众提供更好、更精准化的服务,在各村党群服务大厅设置智慧党建平台的实时监测功能,并同时配置手机监测APP,通过充分利用数据大屏和云监控等现代化"新型武器",将监督建在云上。此外还建成并启用智能化督查——"e督"系统,将该系统与手机监测APP有机结合,实现随时查岗、随时对话、随机监控的"掌上督查"应用,加速党群服务中心的效能提升,营造良好的服务环境。

总之,沟门镇智慧党建在传统党建发展模式的基础上,积极主动贴合时代发展要求,不仅结合新时代新技术来创新党员教育方式,还大力实现党组织服务模式的创新,在定时开展党群联系活动的基础上加强党群互动的频率与深度,将党组织单向输入变成双向互动的模式,从而实现党群互动形式的多样化发展,做到党建沟通"活起来",实现智慧党建的优良实践。

(二)解决农村基层治理面临的困境:湖南省郴州市飞天山镇和平村"立体云平台"智慧党建案例

湖南省郴州市飞天山镇和平村在过去常常出现村内环境差、村民生活幸福感低等问题。为解决这些关系民生的重要问题,飞天山镇积极与5G移动技术合作,采用更加智慧化、现代化、科技化、便利化的党建系统,并在和平村党建工作站内,依托家庭安防视频云平台,打造党建工作站"立体式"网格化服务试点,在实际取得的效果方面真正达到推进乡村治理和建设能力的现代化。两方的顺利合作以及技术的有效应用既能便利和平村的日常管理,也有助于基层党建的创新发展。

湖南省郴州市飞天山镇和平村智慧党建视频云平台最初是建设安装在和平村党建工作站,党员和群众一进门就能看见墙上的视频监控平台,这样工作站内的工作人员可以实时观测到村内的变化和需求。例如,针对村里道路上的垃圾检测与处理问题,只需要工作人员打电话告诉保洁人员视频画面所呈现的具体位置,即可远程控制和监督保洁人员的垃圾清理工作。视频云平台不仅提供视频监控,也是触及乡村各个角落的服务网。同时,智慧党建视频云平台的家庭化、移动化还可以起到防火、防盗、防各类事故的预警作用,助力农村地区建立健全安全视频监控系统,24小时看家护院,为村民"放哨",保乡村安全。此外,随着城市化的发展,不少农村青壮年选择外出务工,老人和儿童留守农村成为普遍现象。视频云平台能帮助外出务工子女与远在千里之外的家人建立稳定的亲情联系网,在外务工的人员通过手机或电脑就能实时查看家里的视频监控画面,借助双向对讲功能还能实现和家里的老人孩子随时对话沟通,虽然人在千里外,但家却近在眼前。

湖南省郴州市飞天山镇与郴州移动联合建成的智慧党建系统不仅能满足村民看家护院、照顾老幼的基本需求,还能为基层党建、社会综治、应急安防、疫情防控、便民服务等工作提供便利。云平台的建立使各村长拥有了管理"法宝",通过一台手机、几个摄像头就能实时录像监控、语音对讲,还能随时随地进行广播,广播到户,让村民第一时间知晓最新资讯;移动化、便携化的家庭视频云平台进一步在社会管理和服务层面沟通党建工作与村民的情感需求,切实展现智慧党建系统与5G技术为乡村建设插上信息化的翅膀,提供更加令人舒心的服务,村民们的生活幸福感大大提升。

(三)解决农村党建服务功能发挥不佳的问题:湖南省常德市临澧县、桃源县"多功能"智慧党建案例

湖南省常德市充分发挥智慧党建平台的广覆盖、快传播、少聚集等优势,及时将中央、省市精神传达至基层,推动基层党组织工作有条不紊地高效运转。常德市临澧县和桃源县内多个乡镇、村庄在疫情中充分运用"我的常德"手机APP,发挥智慧党建平台的各项功能,在宣传、指挥、监督等各方面实现高质量的管理和服务。

在宣传方面,智慧党建打造指尖"小阵地",助力疫情防控宣传。湖南省常德市临澧县积极引导全县党员群众通过"我的常德"手机 APP 中的"党务"功能模块及时了解市、县疫情防控工作进展情况和疫情防控常识,从而有效提升广大党员群众对疫情的自身防控能力。同时,澧县甘溪滩镇芦茅村还通过智慧党建为因疫情而隔离的村民提供"亲情服务",通过智慧党建系统的视频连线功能与重点隔离的医学观测对象进行视频通话,及时掌握其身体及生活情况,了解其生活需求。

在管理和指挥调度方面,智慧党建打造远程"会议室",助力疫情调度指挥。湖南省常德市在疫情防控期间,针对不能大面积开会的防控要求,积极选用智慧党建灵敏的视频会议系统,在严峻的疫情防控形势下,各级疫情防控工作指挥部通过覆盖全市所有乡镇(街道)、村(社区)的智慧党建视频会议系统,让远程指挥调度代替近距离的工作部署,避免工作人员的聚集。常德市各乡镇、村落中越来越多的基层干部反映,通过智慧党建视频会议系统进行工作调度和疫情期间的管理,增强工作时效,避免疫病感染,切实减轻了基层党员工作负担,让他们有更多的精力和时间投入战"疫"。

在监督方面,智慧党建打造在线"督查室",助力疫情防控责任落实。为更好地督促各村干部在抗疫期间坚守岗位,桃源县沙坪镇纪委每天通过智慧党建平台的"慧眼望乡"功能,检查各村上班纪律,并实行一日一督查、一日一通报的规范化制度。此外,石门县还利用智慧党建平台的"慧眼望乡"功能,每天按时查看各村"村村响"广播播放、村部环境卫生、村部是否有人员聚集等情况。通过智慧党建平台的这一实时监督功能,能够切实实现各村镇的 24 小时在线观察与联系,从而保证疫情期间各村镇的良好秩序与公共安全。

在疫情防控这场没有硝烟的战斗中,湖南省常德市智慧党建平台为各村、镇以及社区战胜疫情赢得了时间、提供了助力,各村、镇、社区运用智慧党建平台进行管理和服务的过程也真实彰显了党建引领,体现了平台魅力。针对常德市"多功能"智慧党建平台所凸显的为民服务的强大功能,该市、县、镇、村以及社区广大党员干部纷纷"点赞"。

(四)解决乡村振兴难题:山西省长治市上党区振兴村、甘肃省陇南市成县陈院镇梁楼村、福建省福州市长乐区的智慧党建案例

山西省长治市上党区振兴村为顺应党建信息化发展趋势,着眼基层党建实际需求，构建具有振兴特色的"党建+教育+旅游"新模式，新建了振兴党群馆、振兴展览馆、家风家训馆、村史村志馆，这既是响应时代的呼唤，也是精神传承的需要，更是振兴党建的接力跑。同时，为加快智慧党建的建设步伐，实现5G党建全覆盖，振兴村率先与山西移动签约创建5G智慧小镇，成立山西省首个5G联合创新实验室。未来几年，振兴村智慧党建将以打造"一中心、一平台、一品牌"为核心目标。"一中心"是基层党建工作指挥中心，"一平台"就是基层党建云平台，"一品牌"就是建设全国一流智慧党建品牌。未来会建立振兴村智慧党建大数据，即"三库五档"。"三库"是指党委、党支部、党小组数据库，"五档"是指基层党员、"两委"干部、企业干部、机关干部、积极分子的学习档案。振兴村坚定信心听党话，不忘初心跟党走，凝聚民心感党恩，公而忘私想百姓，扎根乡村爱百姓，和谐共富为百姓，正心明德承古风，成风化人树新风，强基固本正民风，这是振兴村的党建做法，也是其工作亮点。

甘肃省陇南市成县陈院镇充分运用"互联网+"思维，联合陇南移动率先在全市打造"村级智慧党建+5G数字乡村云平台"，依托5G技术、物联网、云计算、大数据、人工智能等先进技术，打造基层党建引领，自治、法治、德治、综治、智治五治融合，多元参与的乡村治理体系，提升基层治理精细化、智能化、现代化水平，便捷群众生产生活，打通乡村信息服务最后一公里，助力数字乡村建设，全面推进乡村振兴。目前，村党支部已多次使用"智慧党建平台"召开党支部大会、村民代表会议，党支部各项工作不再受时间、空间限制，党支部定期组织流动党员远程参与党员大会、支部书记上党课、重大事项议事决策等，党支部管理党员、发动群众更加方便有效，党组织的凝聚力得到进一步提升。作为全市第一个智慧党建+5G数字乡村云平台指挥中心，陈院镇党委将开辟"互联网+大数据+党建"的新模式，在智慧党建、乡村治理、智慧农业、疫情防控、便民服务、应急指挥等方面发挥积极作用，持续提升全镇基层党建工作信息化水平，推动基层党建工作全面进步。

福建省福州市长乐区将基层党建工作与乡村建设深度融合，创新数字工具，开拓应用场景，探索打造可复制、可推广的长乐"数字乡村"样板，不断提升乡村振兴质效。一是"数字+产业"激发农业经济发展新动能。开发"云游长乐"智慧平台，利用镇村党群活动中心、村（社区）综合文化服务中心等场所，设置红色直播间，开展直播培训课程和电商交流会，培训带货人才，以数智助力土特产"上线"。

发挥党员在乡村产业发展中的示范引领作用,发动驻村第一书记、村两委干部等组建红色主播队,推介地方特产。线上线下推动"村企联姻",促成电商、涉农等企业和村级党组织结对共建,共促成14对,发挥行业优势助力农村发展,促进共赢发展。二是"数字+生态"绘就农村人居环境新画卷。探索"党建+河长制"治理新模式,线上建立智慧河长数据平台,对全区257条河道进行全方位监测及网格化管理,打造"全域覆盖、全网共享、全员可控、全时可看"的农村生态环境模式;线下建设"党建+河长制"主题公园,划分党员责任区,党员干部带头维护河湖环境,形成"组织引领、党员示范、群众参与"的全民共建共治共享的河流治理新格局。落实党建引领下的垃圾分类,开发"长乐垃圾分类"微信小程序和"随手拍"功能,村民可对身边与垃圾分类相关的不文明或违规行为立即拍照取证,上传举报;发动党员村民组建红色小分队,下村入户评分记录,用数据和事实检验每家每户垃圾分类情况,巩固美丽乡村建设成果。三是"数字+治理"书写居民平安长乐新文章。结合长乐区实际推广"枫桥经验",线下发挥基层党组织战斗堡垒作用,组建党员志愿服务队,深入基层排查纠纷、化解矛盾;线上开发民情调解平台"乐和解",提供智能+人工咨询、在线调解、法规检索等服务,调解各类矛盾纠纷。推进"数字+"与基层治理深度融合,在百户村、东湖社区分别试点建设"智慧乡村""智慧社区",市政基础设施全天候、智能化动态运维,搭建"智慧百户""i东湖"等城市管理平台,融合党务、政务、惠企、研学、治理等多元服务,构建高标准数字化公共服务体系。

三、农村智慧党建的实践经验

从以上案例可以发现,全国各省市农村智慧党建建设不断适应时代要求,实现各种功能、多元平台的服务,并在疫情期间取得了管理水平不降低、服务质量不下降等显著成效。实践是认识的来源与动力,在全国各地农村智慧党建运行的实践中总结特点,提炼经验,能够进一步指导农村智慧党建工作在全国各地农村党组织中实现创新性发展。

(一)以服务农村群众的生产生活为现实要求

在中国农村的党组织工作中,即使是跟得上时代潮流、抓得住党建发展大势的"智慧党建",在其建设和运行中也要始终以服务农村群众为现实要求和最终归宿。在全国农村党建工作中,不论是建设智慧党建平台还是拓展智慧党建功能,所有行动的最终指向都是群众生活的安定和有序。各农村党组织要充分将智慧党建系统强大的资源传播、接收、整合、分析、共享等优势转化为推动党建发展的力量,通过智慧党建自身的不断提升与优化实现服务群众水平的稳步提升;针对农村在生活、工作、学习等方面的现实问题,党组织更应以为群众提供高质量服务为出发点和落脚点,借助智慧党建的强大的信息传递等技术优势,畅通群众意见的接收和反馈渠道,便于群众随时随地通过智慧党建线上系统反馈自己的建议、表达自己的诉求、尽快寻求党组织的帮扶,同时在一切特殊时期党组织也能通过智慧党建的网络互联性争取到更多外援,从而能够及时解决群众的问题。

(二) 以健全农村智慧党建工作机制为保障

为保证智慧党建工作全面、有效推进,各党组织需制定并不断完善智慧党建的相关工作机制,从而实现对智慧党建工作的全面保障。首先,要建立健全责任管理机制。各农村党组织可以党委为"中轴",针对智慧党建工作在农村的具体开展进行统筹和设计,并对各党支部的相关任务进行层层安排、管理和考核,推动智慧党建工作的有序推进。其次,要建立健全信息运行机制。各农村党组织应对党建信息进行实质性的保护,同时对党员群众的相关信息也要分类管理,努力扫除智慧党建工作中潜在的信息安全隐患。最后,要建立智慧党建评估机制。为保证智慧党建运行的持续性和高效性,全国各农村党组织应立足实际,针对各基层党组织日常党建工作中存在的问题,合理利用智慧党建系统,发挥其线上监督和约束作用,对党内工作、生活等各方面进行规范,同时定期对农村党员群众就智慧党建使用情况进行评估和通报。针对运行中存在的问题,各农村党组织在党建工作中要积极完善对智慧党建系统的评估机制,从而以此为基础进一步拓展到各项工作的评估和改善中,协助党组织促进智慧党建工作的查漏补缺,推动基层党建工作的高效运行。

(三) 以提升农村党建质量为准则

对于智慧党建的建设,各级党组织需要明确智慧党建的各项功能,从而利用不同功能在管理、教育、宣传等方面提升党建工作的实际质量。在湖南省常德市桃源县、郴州市飞天山镇和平村和山西省长治市上党区振兴村等农村基层党建工作中均展现了新时代智慧党建平台的管理高效化、宣传广覆盖、教育便捷化等优势，保证了党建工作的高质量建设。在管理方式层面，各农村基层党组织应该充分运用智慧党建系统大数据、云计算的强大功能对党组织、党支部、党小组的相关信息进行录入并实时更新，同时也能推进党组织及时将党组织会议、活动等党建"线下"组织活动的基本情况、到会人员、总结反思等归档"上线"，推进党务公开的切实落地，从而能够真正实现推进党组织建设的科学化、便捷化、现代化发展。在宣传教育方面，全国各农村党组织要依托智慧党建系统，开拓党建多元平台作为党建教育宣传的工作阵地，多元平台能够扩大宣传教育覆盖面，全面提升宣传教育成效，同时也能够及时针对当地群众生活中的诉求，对症下药，宣传党的各项惠民政策、理论知识。

第三节 高校智慧党建的实践探索

高校的基层党组织是高校贯彻落实党的教育方针、培养合格人才的直接组织者，是学校党委各项工作部署落到实处的直接责任者，是学校教学、行政、后勤工作的直接推动者，是广大师生员工的直接服务者。2021年4月，中共中央发布《中国共产党普通高等学校基层组织工作条例》，指出要推动高校思想政治工作传统优势和信息技术高度融合，增强思想政治工作的针对性、实效性。可见，借助各种信息技术优势，构建高校智慧党建系统，优化高校基层党组织工作方式方法，创新开展新时代高校党建工作，是为党育人、为国育才的必要举措。

一、高校智慧党建的实践背景

高校担负起为党育人、为国育才的历史使命。在中国各大高校的建设中,只有不断加强党的领导,切实推进党的建设工作在高校的改进与完善,才能真正落实中国特色社会主义好大学的构建,才能将"立德树人"这一高校建设的基本要求落实,才能在新时代真正掌握党在高校中的意识形态领导权,才能在信息化时代真正推进信息化治理的有效实现。

(一)高校智慧党建有利于落实立德树人的根本要求

新时代是信息化、数字化时代,新时代的客观特征决定了处在这一环境下的高校的育人方式和形式的变化。在高校党建工作与新时代的环境良好融合的要求下,推进高校智慧党建的建设和发展实为新时代高校管理工作顺利进行的必然路径。同时,高校智慧党建工作体系的构建是提升大学生思想政治觉悟的关键,[①]推进新时代高校智慧党建系统的建设和运行,能够为高校人才培养提供技术和组织管理方面的系统性支撑。在党员的管理和教育方面,高校智慧党建系统能够在学生党员的培养和发展过程中增强其学习党的理论知识的科学性和系统性。同时,智慧党建又能最大程度地发挥信息技术对于高校党建的促进作用,利用新形式新方法开展学生党建工作,有利于提升学生党员的参与兴趣和热情,增强其在智慧党建系统中学习的积极体验,为高校实现"立德树人"的培养目标提供平台支撑。

(二)高校智慧党建有利于掌握高校意识形态领导权

高校党组织是中国共产党发展党员、培养党员的重要基地,同时也是争夺意识形态领导权的重要阵地。习近平总书记明确提出:"现在,互联网已经成为意识形态斗争的主阵地、主战场、最前沿,我们不占领,别人就会占据……"[②]在高校建设智慧党建系统,能够让学生党员更加系统、科学地学习党章党规及习近平总书记系列重要讲话,同时在学生党建、校园文化、心理健康等各个方面接受党的宣传

[①] 林宁.高校智慧党建工作体系构建研究[J].学校党建与思想教育,2022(2):29.
[②] 习近平.论坚持党对一切工作的领导[M].北京:中央文献出版社,2019:287.

与教育。高校智慧党建系统作为宣传党的路线、方针、政策及国家领导人重要讲话精神,发布党建工作资讯等方面重要的网络阵地,必然能够帮助中国共产党在新时代真正掌握高校意识形态领导权。

(三) 高校智慧党建有利于提升高校信息化治理能力

随着时代的发展,党组织接收群体的增大,在组织管理和信息传达方面都需要更加符合时代发展的形式。[①] 高校作为培养年轻党员的主要阵地,是党员培养和发展的时代先锋。新时代高校的全员数量不断攀升,在接收和发展越来越多党员群体的过程中,必然面临着日常信息处理耗时较长的问题。信息化、智能化的智慧党建系统必然能够大大降低各项工作的复杂度,尽可能地延展高校党建的时间与空间。在信息化时代,提升自身的信息化治理能力是各高校的时代之任,通过高校智慧党建系统的建设,必然能够提升高校党建的基础工作效率,在信息化治理水平的提升方面起到实效。

二、高校智慧党建的案例分析

作为党员培养和发展的主要阵地,高校党建工作的重要性不言而喻。新时代以来,全国各大高校的智慧党建系统逐步构建,在高校内党员干部的选聘、教育和党务管理等方面提供助力,也涌现出一批又一批立足自身情况又积极实现党建创新的高校智慧党建实践案例。

(一) 解决高校党员干部培养和选聘的问题:浙江大学、海南大学的智慧党建案例

智慧党建系统的建设与运行为各高校在党员干部的培养发展与选聘方面提供良好的技术和平台支撑,推动高校党建工作实现新发展。在高校党建工作中,学生党员的培养以及党员干部的选聘一直是极为重要的党建工作,针对培养选拔工作复杂、发展系统陈旧等问题,浙江大学等高校在智慧党建系统的帮助下,创造性地构建出一套"一体化"的培养、选拔与发展制度,实现高校党建工作的提质增效。

---

① 刘洋溪,李佳欣,袁梦迪."互联网+"时代高校智慧党建的优化路径[J].湖北经济学院学报(人文社会科学版),2021(4):15.

浙江大学以抓实组织建设，打造德才兼备的"中坚力量"为党建工作的目标，在出台各项改进党组织建设的机制后，又提出并实施党组织"对标争先"建设计划，开展以建设一个"智慧党建"平台、培育十个标杆院（系）党组织、打造百个样板党支部、培养千名好支书、培训万名"先锋学子"为主要内容的"一十百千万"工程。采取委任制、选任制与聘任制相结合的方式，打好干部选、育、管、用"组合拳"，打通专职党政管理干部和专业高素质人才发展通道，启动青年学术骨干实践锻炼"双专计划"，选聘青年专家到管理岗位锻炼业务与管理能力，建设德才兼备、又红又专的干部队伍……浙江大学在党建工作的创造性实践下，顺利实现五年内学校高层次人才数量增长超过50%。

海南大学在学生党员培养和发展方面始终把政治标准放在首位，突出政治上的先进性，全面开展政治体检。学校开发智慧党建云平台，设置发展党员的关键节点逻辑把关功能，在平台上对党员发展的关系审查、活动表现、思想谈话等各项程序严格把关，对党员发展工作中的每一个环节进行全程纪实，既减轻原有的党员发展工作负担，又保证发展党员工作在阳光下进行。例如，严格实行"两审""两查"制度，即横向审核发展对象资格，审查主要社会关系情况，纵向详查政治立场、遵纪守法、群众基础等方面的一贯现实表现，细查历史表现。同时，对于入党谈话进行相关记录，安排特邀党建组织员与发展对象进行深入谈话，将谈话结果与政治审查结论通过智慧党建平台相互印证，严把发展党员"入口关"。海南大学在加强学生入党教育、严格标准程序等环节上下功夫、齐发力，强化组织育人水平，在培养"感党恩、听党话、跟党走"的优秀青年学生党员方面起到重大作用。

浙江大学和海南大学在新时代智慧党建系统的建设运行中，主动进行党员培养和发展全过程机制的创新，以新时代智慧党建先进技术为前提，抓牢抓实学生党员发展审查和培养的各项工作，在减轻以往党员发展工作负担的基础上同步实现党员干部培养选聘的制度化、规范化，展现高校智慧党建系统运行的实效性。

（二）解决高校党建信息数据管理和整合的问题：西安交通大学、重庆大学的智慧党建案例

高校党建工作一直以来都存在着各项工作数据处理复杂、信息整合以及保存不便的问题，这也一直是高校党建工作中的重大难题。新时代以来，各高校通过智慧党建系统的引进、运作和创新实践，逐步在技术支持的基础上实现了各项数据和信息的统一、精细、规范和准确处理。以西安交通大学等高校智慧党建系统的建设和运行实践为例，展现了智慧党建在高校党的各项信息数据的管理和整合工作中的重要作用，反映了智慧党建系统在中国基层党组织中的创新性和有益性发展。

西安交通大学以建设党员"想上、爱上、能用、会用"的党建综合门户和党员精神家园为初衷，建立面向学校党员、干部、群众的网络党建学习平台。这一平台具有四项核心功能，其中两项涉及党建工作的信息和数据管理：一是党员管理，即实现党员信息共享，完善党员管理制度。通过建立党组织、党员信息数据库，构建集查、建、联、管于一体的党员动态管理模式，强化党员管理模式。针对党员标准贯彻、网上党员思想汇报、党员党籍管理，形成有效的党员管理制度，达到"提高党员素质、夯实组织力量"的目标。二是数据分析，即用党建大数据说话，实现党建工作科学化。这一功能以云端自助管理系统和智能移动端口为支撑，云端自助管理系统的后台具备数据分析能力，可以统计每个党员的学习时长、频次和内容以及每项内容的点击情况，既可为教学内容的编排和组织形式的确定提供决策依据，也可以作为一线党员学习情况的考核依据。借助智能移动端能够充分应用互联网优势，在党组织与党员之间、党员与群众之间建立全方位的交流通道。党员可以随时通过 APP、微信查看组织信息，处理党内事务，实现党建工作的规范化和便利化。

重庆大学依托党建信息化平台，打造"党务工作、干部考核、党校学习"三大系统，为理论学习和党务工作提供更好的服务。通过完善党建纪实管理系统，重庆大学全面梳理党组织和党员信息，精确记录党组织和党员管理数据，实时跟踪党委理论学习中心组学习、"三会一课"、民主生活会等的情况，及时进行反馈指导。同时，完善学生党员干部管理系统，加强档案的信息化管理，确保数据的完整性和准确性，为学校党委选人用人提供有力支撑。通过加强党务模块建设，完善党组织、党员信息管理模块，打通信息共享堵点；通过完善组织管理模块，建立电子任务清单，做到关系转接全员全覆盖；通过完善数据管理模块，提高党务工作效率，基本实现实时化、全方位、分层次的精细化管理。重庆大学在智慧党建系统的建设和运行中，逐步实现了教育培训全流程精准化、科学化管理，为全校万余名党员和教职工带来更好的服务。

西安交通大学和重庆大学将智慧党建的技术性尽可能地发挥出来,让这一有利点能够真正服务于高校党建工作,通过技术支撑大大降低信息和数据管理与整合的复杂程度,在实现精确化和规范化管理的同时减轻了党建工作人员的负担。高校党建工作实现新变化的背后是高校立足党建工作的现实需求和现存问题,积极探索和建设高校党建工作。

(三)解决高校党委组织活动和建设问题:东北大学的智慧党建案例

快节奏时代,人们越来越关注自身的工作与生活,在高校党建工作中也常常出现学生党员在基层党组织策划的活动中参与度不高、满意度不够、活动效果不明显等问题。为解决这一问题,东北大学积极探索和运用智慧党建系统,尽力打造"有内容、有温度、有吸引力"的党建活动。同时,在高校党建工作中,东北大学还在党建工作中融入红色校史和校友故事,将党建工作与思想政治教育相结合,展现党建活动的实际效果。

东北大学聚焦学校自身的特色,推进"智慧党建"建设,打造有思想、有内容、有温度的学校党建微信平台"We党微家",创新载体,提升组织力。该平台建立不到两年就获得了高达24万亿次的点击阅读量。与此同时,东北大学加强党建氛围营造,建设35个标准化党员活动场所,基于已经建成的VR党建红色教育基地,构建"党建新媒体矩阵",推动信息技术与党建工作深度融合,立足学校历史,举办"讲述·东大共产党人的故事"典型推介会,引领广大师生党员坚定信念、奋发有为。在党建活动的组织和设计方面,东北大学在智慧党建微信平台的支持下积极推动党组织"动"起来,立足把"要支部活动"变为"支部要活动",推进"四位一体"党建活动载体建设,强化"支部立项"的基础保障作用,突出"特色支部创建"的引领示范作用,发挥"基层党建工作创新奖"的创新驱动作用,夯实"学生党员述责测评"的监督保障作用,形成一批效果明显、师生认可的党建品牌活动,同时促进学校党组织开展党建活动的主动性持续提升。

从东北大学一系列党建活动的探索与实践来看,在党建活动方面,智慧党建系统的建设运行不仅能调动活动所面向人员的积极性,还能使活动的参与者在多姿多彩的党建活动中得到更多的获得感和归属感。VR党建红色教育基地的建立使党建活动的参与者即使在疫情期间也可以感受学校的红色历史,聆听党员校友讲述的红色故事;"We党微家"微信公众平台的建立使党组织活动的宣传效力更强大,影响面更广。从组织层面来讲,高校智慧党建系统能创新党建活动的形式,收获更加强烈的实效;从服务层面来讲,高校智慧党建系统为学生党员党建参与感和幸福感的产生提供了巨大推动力。

三、高校智慧党建的实践经验

从各高校智慧党建的典型案例可看出,中国高校智慧党建系统的建设紧跟信息化、智能化时代的发展要求,在党员培养和教育方面能够实现系统规划、科学发展;在活动组织和管理方面能创新形式,展现党建活动的多样性;在数据管理和整合方面能够合理运用智能技术,减轻工作负担。在马克思主义实践论的指导下,总结经验、提升水平,从而进一步指导高校党建工作的后续发展是全国各高校智慧党建系统建设和运行的必然路径。

(一)"谁来做":推进高校智慧党建要增强基层党组织的组织力

高校多年来的党建工作中一直存在着有关活动组织的系列问题,例如谁来开展党组织的相关活动、如何开展党组织的活动、怎样提升活动的参与度和参与活动的获得感等。随着智慧党建的引入与建设,许多高校在智慧党建的支撑下逐渐创新高校党组织活动的形式和内容,取得显著效果。东北大学党组织就针对其日常党组织活动中存在的形式单一、参与度低以及满意感、获得感弱等问题进行解决:通过建设和运行智慧党建系统,打造高科技支撑下的VR新载体,借助"We党微家"线上公众平台进行宣传和介绍,极大提升了党组织活动对于学生党员的吸引力,给予学生更好的参与体验,使其拥有高度的获得感和幸福感。高校积极进行智慧党建的建设和发展探索,能够创新活动的载体,提升党组织的活动组织力,让活动参与者体验感更好、学到更多、获得感更强。

(二)"如何做":推进高校智慧党建要科学运用数智化技术

新时代以来,现代化技术已经越来越融入人们的学习和生活,对人的生活产生了巨大影响。而高校党建工作想要在信息化时代中取得蓬勃发展,必然离不开数字化、智能化的高新技术。在高校积极探索智慧党建系统的过程中,以数字化技术为基础衍生的数据和信息处理技术能够顺利解决党务工作中的数据处理问题,提升高校党建工作的精确性和规范化。如西安交通大学和重庆大学在党建工作中积极建设智慧党建系统,借助智慧党建的信息和数据处理技术,极大地降低了以往党员发展和学习数据的整合和统计工作的复杂度,减轻了党务工作人员的负担,提升了学校党建工作效率,解决高校智慧党建工作中"如何做"的技术性问题。

(三)"做什么":推进高校智慧党建要结合大学生的成长规律

高校党组织不仅承担着一般的党组织建设工作,还承担着培养、发展和教育学生党员的重要任务,因此在学生党员的培养和发展中如何能真正让高校学生受到良好的教育至关重要。高校大学生群体在其成长阶段上已经具有一定的接受教育的自主性与创造性,因而高校党建工作的开展必然要考虑到其成长阶段的思想和行为特征。这也表明高校智慧党建工作不是仅靠一般的党建组织人员就可以完成的,而需要更专业的不同领域的人才,针对学生的多种需求进行培养和教育,如思政课教师、党务管理人才、基层社区服务人员等。浙江大学和海南大学就针对学生的培养和教育设置了规范、严格且具有独创性的培养和发展环节,对学生进行日常管理和教育培训,不断提升其能力素养,使高校学生在智慧党建工作的影响下成长为更优秀的人才。

第四节　科研院所智慧党建的实践探索

党建与科研深度融合是深化科技体制改革、强化国家战略科技力量的有力抓手和根本保证。科研院所作为科技创新的主力军,要不断推进党建与科研深度融合,以高质量党建促进高水平科技创新。智慧党建的建构能促进党建与科研在共建、共治、共享方面实现互促共进,推动中国科技事业快速发展。

一、科研院所智慧党建的实践背景

科研院所拥有数量庞大的高级知识分子,吸收其中的优秀分子到党内,加强科研院所党建工作,是增强党的阶级基础、扩大党的群众基础的必然要求。随着科技的发展,智慧党建在党建工作改革创新、提升基层党组织的组织力、推进组织建设规范化等方面日益发挥重要作用,科研院所也紧跟时代步伐,开展智慧党建新征程。

(一)科研院所智慧党建有利于扩大党建覆盖面

智慧党建正逐步成为科研院所党建工作的重点之一。一方面,近年来网络信息技术飞速发展,其中以互联网的飞速发展为代表,网络平台俨然已成为了新的社会公共空间,人们能够在互联网畅所欲言,交流感受;能够将互联网作为获取新闻的主要渠道,拓宽信息来源;能够在互联网上开展网课学习活动、进行办公活动……面对这一新生事物,党以高度的政治敏感性和时代性,将其运用在党的建设工作中,是作为马克思主义政党的鲜明特色的体现。另一方面,尽管科研院所的党建工作基本达到全覆盖的程度,但是仍然需要注意的是,科研院所有着特殊的改革历史和体制构成,其中存在职能部门调整、岗位内容变动、人员相互流动等问题,而党的建设是一项综合性、长期性的重要工程,需要强有力的党组织部门、行之有效的工作模式和高效专业的分工,显然科研院所如果仅依靠传统的党建工作模式,难以协调组织各个党支部,难以组织有效的党建活动,难以发挥党委的作用。因此,科研院所应适时开拓思路,利用现代科学技术,创新开展智慧党建,从而有效拓展党建覆盖面、提升党建效果。

(二)科研院所智慧党建有利于促进科技事业发展

习近平总书记在 2020 年 9 月召开的科学家座谈会上指出,当今世界正经历百年未有之大变局,我国发展面临的国内外环境发生深刻复杂变化,从我国"十四五"时期和长远发展来看,加快科技创新是推动高质量发展的需要,是实现人民高品质生活的需要,是构建新发展格局的需要,是顺利开启全面建设社会主义现代化国家新征程的需要。[①] 科研院所能够为创新驱动发展战略提供重要支撑,而做

---

① 习近平. 在科学家座谈会上的讲话[M]. 北京:人民出版社,2020:6-7.

好科研人员的思想政治教育工作,进而增强科研院所的政治性,发掘科研人员的创新性,是科研院所做出事业成果的关键。科研院所应用智慧党建,在党建内容上融入科研成果,在党建形式上贴合科研工作者的职业特色和需求,从而能够加强党的建设,营造良好的政治氛围,使智慧党建真正发挥科技事业发展的政治保障作用。

(三) 科研院所智慧党建有利于推动高层次科技人才培养

科研院所是国家科技创新体系的重要组成部分,是贯彻落实创新驱动发展战略的核心力量之一。[①] 作为科技创新人才的摇篮,科研院所的智慧党建能创新党组织活动内容和方式,充当培养高层次科技人才的重要载体。首先,智慧党建创新传统党建工作的载体,能够运用新兴技术高效整合教育宣传资源,以现代化的手段传递给科研人员,实现学习方式的进步;其次,科研院所工作人员整体学历较高,独立意识和创新思维活跃,对于智慧党建这一新事物的接受度和关注度较高,能够快速适应这一新的学习载体,增强自身参与性、积极性、互动性,实现学习积极性的提高;最后,智慧党建有助于加强队伍建设、加强人心团结、加强思想凝聚,能够以独特优势将科研工作内容和党建工作内容紧密联系起来,不断提高专职党务人员的业务熟悉程度,培养科研人员的党建水平,快速形成网上阵地,从而有助于形成明显的工作合力,促进党建和业务双提升,实现学习效率的提升。

二、科研院所智慧党建的案例分析

在全国智慧党建的建设中,一些科研院所准确把握国家发展大势和自身实际,始终贯彻落实党的建设总要求,肩负起新时代赋予科研院所的时代重任,展现其独出心裁的智慧党建实践案例。

(一) 提升党建整体智治水平:浙江省产品质量安全检测科学研究院

浙江省产品质量安全科学研究院统筹运用数字化技术、思维、认知,将院党建工作与数字化建设融合推进,构建起集管理和服务于一体的"数字党建"平台,通过科学设定智慧党建应用场景高效开展党史学习教育,提升党建整体智治水平。2021年浙江省质科院党委研究制定《省质科院智慧党建平台建设方案》,对"数字

[①] 石政. 科研院所开放式创新体系建设初探[J]. 科技中国,2018(6).

党建"平台建设工作通盘考虑并做出详细规划。第一时间成立智慧党建平台建设工作专班，以该院党委书记作为第一责任人、院党办作为主抓责任单位全面负责智慧党建平台建设的推进。

该平台设置"党建动态、党建园地、党史学习、支部生活、清廉质科、党务公开、群团工作"七大模块，具备即时信息发布、在线党建知识学习、发布学习交流、党员教育管理、党费线上缴纳、创先争优展示六大功能。在"党建园地"模块下分设"学习计划安排""党务工作制度""心得交流"栏目。"支部生活"模块呈现支部管理的制度、党员信息、每月争先创优活动等，实现院内党员管理"一件事"。"清廉质科"模块则开通了"廉政信箱"功能，实现匿名邮件投递。

为深入推进党史学习教育走深走实，平台还专门开辟"党史学习教育""学习'七一'讲话""两学一做""不忘初心，牢记使命"等主题教育栏目，联通共产党员网、浙江机关党建、浙江党史学习教育网、浙江省市场监管局党务在线等外部学习网站。结合当前5G时代发展背景，让党员通过视频、音频、图片、文字等形式深刻领会中国共产党成功推进革命、建设、改革的宝贵经验，将数字化展示技术与党史学习教育相融合，提升教育效果。各大党建平台集学习资源于一体，为全体党员提供方便、快捷的学习通道，通过不同的表现形式满足党员随时随地进行学习的需求，党员理论素养得到提升，学史力行成效更实。

（二）推进数字化党建建设：军事科学院

军事科学院调整组建以来，不定等级基层单位占了很大比例，一些党支部书记面临党务业务"一肩挑"的考验。立足这一实际，该院去年开始在一些单位推行"党支部书记之家"试点建设，着力打造"理论学习有资料、辅导备课有条件、研讨交流有场地、谈心交心有氛围、争创荣誉有展示、落实制度有保障"的基层党建平台，为党支部书记开展工作开设专门阵地、提供综合保障，助力基层把一线战斗堡垒搞坚强。

"党支部书记之家"已成为军事科学院开展党务工作的重要阵地。"党支部书记之家"设有理论学习、备课施教、交流互动等功能区块，能满足基层党务工作的多方面需求。用户通过扫描二维码，进入VR全景"党支部书记之家"虚拟空间，即可徜徉于"党建文化长廊"感悟红色文化，步入"集体学习授课室"在线研讨交流。此外，军事科学院通过整合网络资源建立"数字书吧"，提供海量的电子书刊、有声读物、慕课微课等，用户只需登录终端即可在线"充电"。便捷的学习方式受到基层党务工作者和党员的欢迎。

"技术＋内容＋平台"的理念创新，开启军事科学院"智慧党建"新模式。比如，在国防工程研究院开展的"帮战友"活动中，"党支部书记之家"配备的"党员管理信息系统"成为得力助手。只要登录系统并输入姓名，党员和党组织的基本信息即可一目了然。借助平台，还可以快捷生成帮思想、帮成才、帮解难"一人一策"思维导图，使活动精准性显著提升，在帮出凝聚力、科研力、战斗力等方面发挥实效。

军事科学院网络信息系统正式开通后，真正实现全院共用"一张网"。各单位"党支部书记之家"联入网络信息系统，实现资源共享、平台共建。由于各单位驻地分散、研究领域不同，平常工作交集不多、交流有限，通过"党支部书记之家"开展线上交流，使授课培训"请进来"、经验分享"走出去"、交流沟通"心连心"等活动都有了新渠道，党员干部们对开展好基层党建工作更有信心。

（三）以信息化推动党建科学化：中国热带农业科学院

中国热带农业科学院是隶属于农业农村部的国家级热带农业科研机构，拥有儋州、海口、湛江和三亚4个院区，在三亚、广州、广西、云南、四川建有研究院、设有14个科研机构。近年来，中国热带农业科学院的党建工作面临诸多难题：一是传统的党建形式具有不少盲点，创新意识和网上阵地意识不强；二是缺失党组织的日常考核，受时间、地点的限制，部分党支部队伍涣散，缺乏日常活动的记录总结，无法实时、有效地形成动态量化考核，管理机制落实起来困难；三是党组织功能过于简单，一些基层党组织在开展活动时形式守旧、模式单一，无法产生吸引力，造成党员参与热情不高、互动意愿较低。

鉴于这些问题，中国热带农业科学院党委拓宽思路，以改革创新的精神推行智慧党建，采用科技手段有针对性地化解以上难题，提高党组织的凝聚力和战斗力。首先，整合资源，打造综合平台，建成集组织生活、学习教育、互动交流、党员服务等诸多功能于一体的智慧党建平台，使广大基层党员能随时随地了解最新的党务资讯，参加组织生活并通过论坛等功能进行互动。党务工作者还能通过手机微信客户端来接收组织的待办信息，从而实现"统筹资源、务实管用、功能齐全、安全可靠"的预期目标。其次，不断完善数据，增强数据支撑。将全院所有党组织和党员信息导入智慧党建平台，并在智能地图上对党组织的坐标进行标注，实现党组织信息、党员数量、党组织负责人姓名、工作进展的动态展示，使所有党组织信息一目了然,打造牢固的基层党建工作网上阵地。再次,灵活发挥智慧功能。就党支部而言,实行党支部组织负责人制,培养网络信息技术人才、党务工作人才、平台管理人才、新闻通讯人才,提升专业人才的业务熟练程度,提升信息发布的及时性、党务工作的高效性、党员管理的严密性;就党员而言,将每名党员的个人信息、登录平台、在线学习、志愿活动及思想汇报心得等纳入考核积分体系,为每名党员定制个性化积分系统,既能增强考核的动态性和过程性,又能提醒党员按时、按规履行个人义务。最后,重视智慧党建平台的体系建设和管理工作。在平台建设方面,始终做好制度建设、机制保障、队伍管理、信息发布等,积极完善信息管理、党员管理、信息发布、数据导入、资源上传等环节,并建立监督和评价体系,及时跟踪各级党组织加入平台的情况,并为基层党员解疑答惑,建立良好的沟通机制。

总的来说,中国热带农业科学院在传统党建模式的基础上,紧随党建工作要求,积极把握时代脉搏,根据党建工作中产生的实际问题,开发智慧党建平台,加强党员队伍建设,完善党组织日常管理,促进党建工作的效率提升和优化管理。

三、科研院所智慧党建的实践经验

考察科研院所智慧党建的优秀案例,认真总结和发扬宝贵经验,有助于为进一步推进更高质量、更高效率、更优办法的智慧党建工作提供参考。

(一)推进科研院所智慧党建要深度融合科研事业

科研院所作为新知识、新技术的领军者,不断改进和发展党建信息化工作,实现信息化技术与党建的完美结合,不断解决各项问题,既符合科研院所党建工作的特点,也满足党建和科研融合发展的需要。因此,科研院所智慧党建的开发与建设应充分注重党建工作与科研业务的深度融合,以科研、实验、教学等主线工作为中心,围绕科研抓党建,抓好党建促科研,打造独具特色和优势的党建工作模式,使智慧党建为科研中心工作提供坚实有力的政治保证,为推进科研院所党建和科研的发展提供有效助力,实现以高质量党建促进高水平科技创新。

(二)推进科研院所智慧党建要广泛汲取最新科研技术

在智慧党建中,党建知识的处理和运用需要以相关技术、硬件和软件作为支撑。就技术而言,智慧党建需要运用网络信息技术、云计算技术、大数据技术和人工智能技术；就硬件而言，高性能互联网、超级计算机、普通电脑、移动终端是基本设备；就软件而言，要运用符合党建要求的党建数据分类识别优化软件、数据读取和存储软件、数据挖掘和知识捕获软件、智能决策软件、党情预警提示软件等。因此，科研院所智慧党建的顺利实施离不开最新的互联网技术和信息化手段。在应用智慧党建开展工作时，党员干部要深刻认识到先进技术的重要性，在思想上重视技术更新，在工作中加强对新技术的学习和利用，加强对智能软件的开发运用，必要时应加大相关经费的投入和支出，保障智慧党建平台体系的顺利建设和高效管理。

(三) 推进科研院所智慧党建要在中青年科技人员中培养入党积极分子和党员

科研院所是高级知识分子、科研精英聚集的单位，这一群体有着较高的科学文化素质和丰富的精神理想世界，这本身就符合党对人才的需求条件，应该加大在科研骨干中发展党员的工作力度。因此，在科研院所智慧党建的具体工作中，一方面需注重对中青年知识分子开展全面、细致、长期的考察，在思想上调动中青年知识分子的入党积极性、主动性，在考察中采取多种形式，观察发展对象的优点和不足，对于其优点要适时鼓励，缺点要及时指出、帮助进步，选取品德优良、能力突出的人才；另一方面需严格遵循入党流程，严格按照入党培训、领导谈话、入党宣誓等环节发展党员，及时公开信息，广泛征求群众意见，从而合理有序地组织培训教育活动，培养党建工作的后备力量。

第五节　机关智慧党建的实践探索

机关党的建设事关党的建设大局，事关机关治理能力，事关机关建设根本。

立足新时代,着眼新目标,开启新征程,机关党建工作要始终坚持以习近平新时代中国特色社会主义思想为指引,紧扣党建工作的时代特点和单位职能职责,积极探索推进智慧党建,凝神聚力提升新时代机关党建质量和水平。

一、机关智慧党建的实践背景

基层党组织是开展党内组织活动的基本单位,相比其他基层党组织,政府机关内部具有更为集中的党员干部,因而强化政府机关党组织建设就显得尤为重要。推进机关智慧党建,是着眼新时代新任务新要求,推动机关党建工作与时俱进、改革创新的有益探索,是党建工作信息化、数字化的创新实践。习近平总书记指出:"只有围绕中心、建设队伍、服务群众,推动党建和业务深度融合,机关党建工作才能找准定位。"[①]信息技术赋能机关党建作为一次创新性的实践,在现实应用中展现着其提升政治凝聚力、提供高质量信息服务、建设专业化党员干部队伍等独特的作用。

(一)机关智慧党建体现了围绕中心的工作原则

机关党建要解决党建工作与专业业务工作相疏离的问题,就必然要在智慧党建的建设和应用中将服务党和国家大局以及该部门和单位的中心任务作为根本,完成好自身的业务工作,做到有目标、有方向、有的放矢地协调好党建工作与业务工作的落实。中国各城市机关智慧党建在实践中能够抓实政治教育,培育机关党组织忠诚的政治品格;能够深化机关的廉政建设,在行使国家职能时做到廉洁从政,获得群众信任;能够创新机关党建的运行和管理制度,用新制度推进机关各项业务工作的良好运作,适应新时代发展的要求。智慧党建以互联网信息技术为基础,创新了机关党建的党员教育、组织活动、制度执行等的方式,不仅推动机关党建工作的进一步发展,还协调推进机关的各项业务工作,是围绕中心抓党建的鲜明体现。

(二)机关智慧党建推动建设高素质机关干部队伍

新时代以来,党组织教育引导党员不断增强"四个意识"、坚定"四个自信"、做

---

① 中共中央党史和文献研究院.十九大以来重要文献选编(中)[M].北京:中央文献出版社,2021:140.

好"两个维护",积极引导党员干部听党话、跟党走。机关单位在新时代党建工作中要不断加强党员干部队伍建设,首先要加强党员干部的能力建设,提升其业务能力与水平。智慧党建可以创新党组织活动和党员教育的形式,在教育活动中提升党员业务水平。其次要加强机关党组织作风建设。通过智慧党建的线上工作、学习监督功能,促进党员干部正确履职、敢于担当、一心为民。最后要落实以人为本的工作理念。不仅要关注群众、服务群众,还要通过智慧党建系统加强对于党员干部队伍的关怀、帮助和激励,通过问题反馈和解决系统帮助党员排忧解惑,使其以更好的精神状态投入机关党建工作。足可见,机关智慧党建是建设优秀党员干部队伍的重要载体。

(三)机关智慧党建是服务群众的信息桥梁

机关智慧党建作为互联网信息技术赋能后的新时代党建系统,积极承担着连接群众、管理群众、教育群众的时代责任,是党群沟通的信息桥梁。围绕全面加强党的建设向基层延伸的要求,对于党政相关通知和理论精神需要及时进行上传下达,智慧党建系统可以通过互联网信息技术,在线上将重要信息一键传送给所面向的党员和群众,督促其及时加强对于重要思想精神的学习;同时,对于党员群众的意见和建议,智慧党建系统也创新意见反馈渠道,让每一名党员和群众能够根据自身需要随时随地进行反馈;针对群众的现实需求和各类疑问,党员干部可以在智慧党建系统上进行对接,有针对性地满足群众的需求,解决群众的问题,为群众提供积极、有效、温暖的党建服务。

二、机关智慧党建的案例分析

机关工作的首要特性在于其政治性,做好机关党建工作则是抓好机关政治建设的关键。近年来,许多城市机关积极探索和引进智慧党建系统,在党员和群众的教育、党建工作减负和党建一体化建设等层面取得了良好效果,为全国智慧党建的建设树立了良好范例。

(一)增强党员学习效果:贵州省黔南州政协、温州市财政局、江苏省新沂市法院的智慧党建案例

贵州省黔南州政协的党建工作在党员和群众的教育层面一直存在着"吸引力

不足"、教育对象"一刀切"的现实问题。针对这些问题,黔南州政协积极运用智慧党建系统创新党员和群众学习的形式,对不同的教育对象进行分类,从而逐渐提升理论学习的趣味性、针对性和吸引力,展现机关智慧党建系统的智能化。黔南州政协针对"高效、智慧地开展党建工作,以党建工作新成效推动政协事业新发展"的发展目标积极探索智慧党建的新时代建设。2021年初,黔南州政协正式运行"黔南州政协智慧党建平台"APP,打造由"智慧党建中心,知情明政板块、履职管理板块、家园和使命板块"组成的"一中心三板块"综合性新模式,建立州政协立体式、全覆盖、广纵深的政协党建工作格局,有效增强政协各项党建工作的趣味性、实用性、高效性。为激发党员学习兴趣,推动理论学习取得实效,州政协以"玩游戏"的形式,在"黔南州政协智慧党建平台"APP中增加党建相关理论知识的"自我晨读""知识PK""考试闯关"等板块,党员通过积分累积的形式,获得相应的游戏等级与奖励。同时,后台可以通过信息平台的数据统计和分析对党员参加学习教育培训等的情况及时进行跟踪提醒。一方面让党员在形式多样、内容灵活、趣味性强的寓教于乐中实现自我教育和素质能力的提高,增强自身的学习兴趣和自主性;另一方面也实现学习的详细时间和内容可追溯,让学习有迹可循。针对简单对党建教育活动"一刀切",让所有人进行统一的理论学习,无差别地参加同样的组织活动的问题,州政协在"黔南州政协智慧党建平台"APP中添加"爬虫"工具,智慧党建系统大数据会根据不同委员的专业界别以及感兴趣的内容进行自动筛选,定期推送重大新闻消息与重要文件督促其学习。总之,贵州省黔南州政协智慧党建针对现实工作的实际需要,积极探索党建工作的优化路径来推进问题的解决。对于党员在学习方面的问题,不仅大力进行技术性投入,推动学习教育工作的智能化,还在创新技术的基础上创新思维,打造新型学习方式来提升党员学习的专注度,从而将党组织的建设从一方主动变成多方呼应的新模式,实现党建工作的灵活性和智慧化发展。

温州市财政局应用"红动中国——三位一体5G全景党建数字孪生平台"中的"5G+AI数字新闻发言人"模块功能,通过AI虚拟人叙述展现的形式,更加生动、形象、便利地讲解党史党建知识内容。在疫情期间,许多不便出行的干部职工子女及学生团体还通过这套系统,足不出户开展红色研学,在降低风险的同时也使党群联系更加紧密,为成功打造全国首家5G机关党群服务中心打下了坚实的基础。

江苏省新沂市法院依托新技术丰富党建新形式,将传统党建工作与信息技术深度融合,搭建智慧党建系统,通过党建云平台、PC端门户官网、党建小程序,实现了党员教育便捷化、党务工作智能化、党建品牌数字化,推动党建与业务信息化融合,形成同向推进、同步增强、同时发力的良好局面,全面开启"融入式"党建新篇章。具体到党员教育方面,新沂市法院通过智慧党建平台创新"指尖学习"模式,打造"有声微课堂",改变了理论学习内容枯燥单一、学习方式受限等现状,打破了传统学习模式在时间、空间、地域上的限制,既增加了学习的趣味性,又满足了不同党员的个性化学习需求。所有党员的学习记录,通过党建教育系统一目了然地展示出来,可以精确统计学习进度和学习时长。同时,党员也可以通过快捷方式继续学习,系统会自动记录视频的观看进度、书籍和课件的学习章节。该系统通过对党员在线学习的基础数据进行分析,以可视化方式展示党员学习时间、"三会一课"以及不同学习材料的学习情况,做到信息协同和管理联动,不断提升党员干部的学习能力和工作本领。这种直观的展示能够激发党员学习的积极性,并且形成比学赶超的浓厚氛围。

(二)提供一站式党员服务:中国黄岛边防检查站、中国软件"党建云"的智慧党建案例

智慧党建通过运用互联网、大数据等信息技术,实现党建信息资源融合共享,提升新时代党建智能化水平,让部委机关在党建信息化建设上赢得主动,使党组织与党员的互动交流突破时空限制,并扩大党组织活动舞台和覆盖范围,进一步丰富党的基层组织服务党员的方式和手段。

中国黄岛边检站智慧党建平台紧密贴合党建工作难点,发挥技术优势,引领推动党建工作数字化转型,以"赋能组织,减负基层"为目标,充分利用平台优势和技术优势,打造标准化、专业化党建信息化系统,实现精准管理、智慧分析、智能支撑,让党建内容更鲜活、党建手段更智慧、党建效能更显著。通过WeLINK和钉钉软件,在党建子平台上开设云端会议、主题党日、云讲党课、党务公开等内容,打造综合联动的智慧党建体系,同时还为智慧党建系统制定《网上党支部建设管理规定》《云党课自选平台建设使用方案》《网上党日活动组织实施规范》等规定,为智慧党建的长远发展奠定政策基础和制度基础。针对新形势下党建工作开展不方

便的问题,黄岛边检站还以"网上党支部"为基础平台,同步探索研发"云端党务公开栏""党员云论坛"等延伸板块,广泛拓展线上党务工作,探索智慧党建工作新实施路径,大大降低党建工作的复杂程度。在工作问题的发现与解决层面,黄岛边检站党组织自主研发"组织生活制度智能检索平台",将党务工作疑难问题入库,只需搜索关键字,相关的内容就会自动列出,能够方便且专业地聚焦党建工作中存在的问题并有针对性地解决。在党建工作效率的提升方面,黄岛边检站智慧党建系统设置"党员信息数据智能管理系统",将党员信息广泛收录进系统内,立足党员信息进行智能管理、智能统计和筛查,构建覆盖党员基础信息、组织信息、发展党员信息、工作轨迹等信息的完整党建信息库,该系统还集成数据更新、管理、查询、统计和基础分析等功能,包含组织换届、党员发展等功能模块,构建起"网上网下"联动机制,实现"网上"工作的高效性和"网下"工作的稳定性、严肃性有机结合,减轻边检站党员干部工作的负担,大大提高工作效率。在服务层面,黄岛边检站智慧党建围绕执勤辖区点多、线长、面广,集中开展组织生活不便的问题,结合疫情防控具体需求,研发建立"党小组工作督办平台",在线开展工作帮扶,督办工作进度,协调解决工作困难,有效助力党小组提升工作水平和治理能力。总之,中国黄岛边防检查站智慧党建以互联网信息技术为基础,创造性地研发多个智能化党建工作平台,从而跨越党建工作的时空限制,提升党建工作的全时性、精准性、智能化和便捷化,有效解决党员干部工作中产生的系列问题,同时也为党员、群众提供人性化服务。

中国软件承担作为"软件行业国家队"的责任和使命,充分利用信息技术,聚力党建数字化改革,依托"党建云"构建"互联网+基层党建"新模式,为加强党的基层组织建设和优化党员服务质量提供新的路径支撑。目前,"党建云"已在工信部、财政部、全国社保基金理事会等部委机关,北京市委组织部、深圳市南山区、惠州市、东莞市、珠海市、临沂市、呼伦贝尔市等地方政府推广使用。具体看"党建云"在机关党建工作中的应用,一是通过组织层级和角色区分,以党员身份证作为唯一标识为每位党员建立账号,并根据党委、党支部、党小组、党员等进行权限区分,建立网上党组织体系,实现党组织和单位信息管理、党员信息管理、组织关系转接、发展党员管理、流动党员管理、党费管理、党内统计、党组织活动管理等中组部党员信息管理系统内的八项功能,同时配合手机上的"党建云地图",使党员可以及时联系党组织,缴纳党费、参加党组织活动,真正做到使党员"有家可归";二是通过开展便捷式党务管理、创新多样化组织活动、提供一站式党员服务、搭建多视角宣传阵地、建立全方位沟通交流、辅助科学化党委决策等六大功能特色,桌面端与移动端交互使用,努力打造"工作平台""管理平台""学习平台""交流平台"四位一体的功能结构,为党的各级基层组织和广大党员提供工作管理平台以及党员、党务工作者、基层党支部、基层党委的工作、学习和交流社区;三是通过建立流动党员信息库和流动党支部,使流动党员可以网上缴纳党费、参加组织生活、交流汇报思想,使党员"流动不流失",推动党员管理服务现代化。

(三)实现基层小支部一体化管理:四川省崇州市人民检察院、重庆市渝中区大石化新区管委会党组的智慧党建案例

党建工作涉及方方面面,支部基础设施建设一定要到位才能实现更好的管理、更高效的工作和更全面的服务。然而,中国各省市基层党支部众多,基层小型支部往往没有配备全面的基础设施,也没有专业化、规范化的人员分配,那么,如何在这种基层小支部的建设中实现一体化、现代化的管理必然就成为新时代基层党组织建设的重要问题。

四川省崇州市检察院立足党建工作实际,以党建融合五大职能,实现"入微"需求为导向,打造"崇检先锋"平台,将教育创新、管理创新、服务创新和组织活动创新四方面抓牢抓实,着力提升党建工作信息化、智慧化水平。"崇检先锋"平台以"大数据"为核心,将检察院的所有党支部和党员干警纳入其中,以实现"小微"需求为导向,设立"掌上党支部""网络课堂""移动服务""动态监督"等应用,将党务管理、党建宣传、党员教育、党员服务、党纪监督五大功能集约融合,着力推进党建工作数字化、移动化、在线化和智能化。一是通过建设智慧党建"微课堂",满足党员学习的个性化需求。崇州市人民检察院通过"崇检先锋"平台开设"网络课堂",导入多个学习平台链接,上传教学视频,定期购买更新学习内容,随时将大政方针、时政要闻、党规党纪等以手机报的形式推送到手机客户端,实现随时学习、即时分享。学习内容也通过图文、动漫等生动活泼的形式展现出来,与以往纯文字的学习区别开来,减轻学习的枯燥感。党员即使在退休之后也能通过智慧党建平台接收到党建工作相关信息,还能在平台中实时与别的同志进行交流分享,获得众多党员的一致好评。二是通过建设智慧党建"微时间",实现党员教育的碎片化管理。崇州市人民检察院将"微时间"管理和检察机关值班、出差等制度进行融

合,有效解决线下学习、交流难落实,人员难集中的问题。党员干警可使用"移动服务"终端,直接在手机端上点击开启学习模式,通过读书小程序、意见箱等栏目进行24小时在线学,促进党员干部工作与学习的平衡。三是通过建设智慧党建"微支部",实现管理服务党员的新模式。针对支部规范化建设以及党员干部动力不强的问题,崇州市人民检察院设立崇检先锋"掌上党支部",通过互联网有效联结党组织和党员干警,实时记录上传各党支部组织生活开展情况,实现对组织内党建工作的网上网下全程监督管理。通过对党建系统内数据进行分类统计,及时为党建工作目标考核提供全程精准的依据。四是通过建设智慧党建"微活动",激发检察队伍新活力。崇州市人民检察院针对党员队伍的专业性和战斗力的提升问题,积极促进党建工作与检察工作"同频共振",努力激发检察新活力。崇州市人民检察院将"崇检先锋"平台的应用与党性教育、服务大局等工作深度融合,及时发起互动式党建带动团建的"微活动",如读书分享会、"读党章"接力活动、知识竞赛等,通过灵活又具有专业性的党建活动,有效提升队伍的向心力、凝聚力和战斗力。

重庆市渝中区大石化新区管委会党组织应用中科星泰数据科技有限公司研发的"红岩链·智慧党建系统"产品,搭建起"一个数据中心+五大功能平台"的应用架构,全面整合党建宣传、党建学习、党建考核、党员服务、追踪监督等功能,杜绝代学、替学、挂机等作弊行为。同时,利用区块链技术的数据分布式存储,实现党组织上下级间信息的流通及辐射,形成党建自上而下的学习自觉性,从而强化基层党员干部的党性教育,夯实基层党建工作基础,建立起立体化的智慧党务工作制度,提高党务工作效率,进而推进大石化新区党建活动信息化与现代化建设。该系统与其他智慧党建系统的区别主要体现在两个方面:一是党员身份可靠上链。区块链的分布式数据存储系统可确保数据的完整、准确、可靠,以时间戳建立的链式结构能够准确记录党员的政治生命历程,全程留痕、可追溯的特点让数据更加真实可信。并且利用数据共享与隐私保护的特点,在节点上共享党员数据的同时保护个人隐私,实现党员信息的协同共享。二是党费缴纳上链。利用区块链不可篡改、可追溯、可生成时间戳等特点,将党费缴纳、使用、管理、监督等各流程纳入区块链技术的数据治理中,解决党费管理分散、缴纳滞后、财务核算繁琐等问题,提升党组织管理的科学化水平。总之,"红岩链"智慧党建平台为基层党组织提供现代化、智能化的区块链党建方案,通过强化基层党组织干部的思想政治工作,规范党员、党费管理过程,进一步强化基层党组织队伍建设。

三、机关智慧党建的实践经验

近几年,全国已经有越来越多的城市机关建设和应用智慧党建系统,为各机关的党建工作解决许多问题,展现智慧党建的积极成效。虽然智慧党建的建设和应用都是以互联网信息技术为基础,但不同地区机关的智慧党建都是依据党建工作的实际需要来进行建设,从而形成各具特色的智慧党建系统,并在实践应用中形成众多智慧党建的优秀实践经验和多样范本。为推进全国机关智慧党建的更好发展,应积极搜寻和分析全国范围内机关智慧党建的优秀案例并从中总结经验进行推广与学习。

(一) 推进机关智慧党建必须突出政治建设

机关作为国家行使各项职权的专职机构,必须要坚定自身的政治性,明确自身的政治导向,在思想上要明确党的领导的重要性,必须坚决贯彻执行党的路线、方针、政策,才能在党建工作一系列的创新性实践中不断巩固党的执政基础。因此,政治建设必须放在基层党组织建设的第一位,放在推进机关智慧党建的突出位置。贵州省黔南州政协和四川省崇州市人民检察院对于党员干部党政理论的学习和重要会议精神的学习的强调和形式上的创新,就深刻体现出机关智慧党建对于政治建设的重视和强化。城市机关党组织借助互联网信息技术创新学习形式、抓实学习效果,从而提升党员对于政治理论的敏感性和重视程度;通过开展多种党建活动,使广大党员在活动中提升政治理论素养,增强党组织的政治战斗力和团结性。

(二) 推进机关智慧党建必须保障中心工作

随着党建工作的推进,时代和社会逐渐对机关党建提出更高要求,要在切实抓好机关党建工作的同时充分发挥各方优势,在保障中心工作的良好发展中,促进社会治理的稳定发展。在保证中心工作的落实中要兼顾党组织建设、机关内部制度建设、机关单位中心业务建设等各方面,智慧党建系统的应用能够减轻机关工作负担,将工作程序智能化,实现"一个系统推进多方业务"的工作目标。比如,四川省崇州市人民检察院就是在机关党员干部人数少、党组织规模小的条件下积极建设智慧党建系统,通过在智慧党建系统基础上的创新思维与实践,满足检察机关对于良好运行党建工作和基本业务工作的要求,实现信息化、一体化管理和建设。

(三) 推进机关智慧党建必须确保信息安全

新时代是信息爆炸的时代,是大数据时代,互联网将各种信息汇集在一起便捷人们对于信息的查找。中国黄岛边防检查站研发和应用"党员信息数据智能管理系统",实现党员信息管理、统计筛查的智能化,减轻党员干部的工作负担,极大地提高工作效率。在享受网络信息化和智慧化带来的便利时,也要努力确保信息安全,守护好网络安全的基本防线。习近平总书记指出:"网络安全和信息化是一体之两翼、驱动之双轮。"①智慧党建在面对网络信息整理的便捷性和智慧化特点的同时,也时刻面临着对党员相关信息安全的威胁。安全性是机关智慧党建需要关注和保证的重要特性,如若无法保证党员信息在网络系统上的安全,那么智慧党建也就无从谈起。所以,推进机关智慧党建必须加强网络安全建设,确保基层党组织的信息安全。

第六节　城市社区智慧党建的实践探索

习近平总书记指出:"社区是基层的基础,只有基础坚固,国家大厦才能稳固。"②城市社区党建作为中国党组织建设中的重要部分,在新时代的背景下,理应紧跟

---

① 中共中央党史和文献研究院.习近平关于网络强国论述摘编[M].北京:中央文献出版社,2021:90.
② 中共中央宣传部宣传教育局,民政部基层政权和社区建设局.新时代社区思想政治工作创新案例选编[M].北京:人民出版社,2019:83.

时代，不断进行实践探索和实践创新。城市社区智慧党建在这一要求下应运而生，多年来发挥重要作用，为人民生活带来极大便利。

一、城市社区智慧党建的实践背景

城市社区智慧党建针对现阶段我国存在的"政府、基层党组织和社区居民"三主体体系性关系难题，通过新时代的现代化技术以及创新性实践进行解决。借助对全国党建资源进行集成和运作的智慧党建系统，必然能够在实践中深度推进城市社区党建的构建，能够提升城市综合治理的各项能力。

（一）城市社区智慧党建助力提升城市综合治理能力

城市治理的关键在社区，落脚点也在社区，最终治理的效果也通过社区来体现。党的十八大以来，我国越来越重视城市社区基层党建，积极推进城市社区智慧党建系统的建设，主张用现代化技术和创新思维推进党组织建设工作。党的十九大以后，各省市更是坚持把城市社区基层党建作为战略性任务、基础性工程来落实，将提升各城市治理能力和治理效果作为首要目标。2017年6月，中共中央、国务院印发《关于加强和完善城乡社区治理的意见》，明确提出要把社区打造成和谐有序的幸福家园。为此，大力发展城市社区智慧党建，借助互联网优势真正将党建工作深入基层、深入群众，将社区党组织建设成为解决人民生活困难、推进党员群众政治理论教育、提升党员和社区居民生活幸福感的新时代社区党组织，满足新时代城市综合治理的现实要求。

（二）城市社区智慧党建赋能集成党建资源的智慧平台

党建资源是指党组织所拥有或者能够为其使用、可以用于党的建设的各种有形资源和无形资源的总和。① 城市社区基层党组织建设必然要将当地已有的党建资源进行整合，大力发掘、吸纳和协调有利于基层党建工作的一切因素，并在此基础上创新资源整合机制，发挥有利资源的整体性效用，为发展基层党建提供有益的物质基础。以此为目标，那么如何广泛吸纳党建资源并进行整合成为必须考虑

---

① 颜世磊. 基层党建资源整合与有效利用途径探索——以广州市越秀区为例[J]. 岭南学刊，2016(2)：76.

的问题。新时代以来,随着基层智慧党建系统的广泛实践,可以发现智慧党建能够通过互联网技术对党建资源进行线上集成和拣择,整合适宜城市社区基层党组织发展的党建资源为其所用,推动新时代城市社区党建工作的创新发展。

(三) 城市社区智慧党建是构建深度城市基层党建的稳固基石

随着过去浅层化城市社区党建的式微、社会对于党建工作要求的提升,城市社区智慧党建系统的建设和运行成为新时代社会深化城市基层党建效用的首选举措。从城市社区党建工作的具体实践看,随着社会信息化、数据化的快速推进,现代互联网技术逐渐走入人们的生活,未来城市社区党建的发展趋向必将是集互联网技术和创新思维于一体的智慧党建系统。城市社区党组织作为推进基层工作的主力军,通过智慧党建系统的技术创新和平台创新,不断在社区发展与党员群众对工作和生活的满意度提升中取得信任,让广大居民在享受智慧党建提供的服务中增强对党组织的依赖度与满意度,从而密切党群联系,打牢群众基础。长期推进智慧党建必然有利于更好地使社区党组织夯实党在城市社区的执政基础,推进深度城市基层党建的稳定构建,推动城市社区党建实现新发展。

二、城市社区智慧党建的案例分析

新时代以来,随着中国现代化的发展,城市社区党建工作也紧跟时代的步伐,越来越多的城市社区在党建工作中引进智慧党建系统,采用现代化信息技术手段推进城市社区党务工作,为解决社区中存在的各种生活和党员工作上的问题提供帮助,为群众提供更好的服务,涌现出一批批真正解决现实问题、推进城市社区更好发展的智慧党建案例。

(一) 助力城市社区更好地服务群众:山东省济南市、广西壮族自治区北海市各社区智慧党建案例

马克思指出:"人的本质是一切社会关系的总和。"[1]考察一个社会、一个社区,必然要关注其最主要的组成部分——人。因此,在城市社区智慧党建系统的应用

---

[1] 中共中央马克思列宁斯大林著作编译局. 马克思恩格斯文集(第1卷)[M]. 北京:人民出版社,2009:501.

中,为人民群众提供更好的服务,增强其获得感和幸福感极为重要。

山东省济南市济阳区济阳街道及所辖银山社区主动适应新时代基层党建工作发展的趋势和方向,以问题为导向,以创新为动力,高标准建成"一平台、一中心、三屏一网"智慧党建社区系统。银山社区智慧党建系统以大数据信息为基础,涉及社区内网格信息、房屋信息、居民信息、党员信息、物业信息等数据,辅之以手机APP、社区实时监控、人脸识别系统等现代化技术采集的动态数据,通过大数据汇总分析,为社区智慧党建工作提供准确、清晰、全面的数据支持。银山社区智慧党建系统包含强大的数据查找功能,可以针对不同人员的查询需求,设定分类定位、复合标签的查询模式,根据所查内容找到相关类别,以关键字或不同标签叠加为索引进行复合查询,精准定位、快速聚焦问题,为社区开展高龄老人、独居老人、特殊儿童、失业人群等专项服务提供准确的依据。银山社区智慧党建通过互联网信息技术,智能化管理社区,旨在为社区居民提供更加便利的服务。2022年,银山社区正式将建好的3 400平方米的社区党群服务中心投入使用,社区新的办公用房设施完备、功能齐全、服务完善,涉及党员活动室、银山暖心食堂、卫生服务中心、排练室、健身房、儿童活动中心等27个功能室,全面满足党员学习、活动、教育以及居民医疗、康复、饮食、健身、娱乐等各个方面的生活需求。在这些基础设施的使用上,各功能室还统一采用了AI人脸识别门禁系统,通过智慧党建系统的大数据自动比对,既解决了社区人员不足的问题,又为居民提供了便捷、贴心的服务。

广西壮族自治区北海市社区党组织在新时代主动发挥在社区治理中的主心骨作用,努力为社区党员和居民提供更好的生活环境和社区服务。自2016年起,广西北海市合浦县烟楼社区试点开始进行社区服务供给创新机制改革,并逐步在全市所有社区建设"农事网通""阳光红页"智能化社区党建服务平台,通过给社区居民提供更好的服务、更舒适的管理和更优质的资源,提升社区居民的幸福感和获得感。通过社区智慧党建平台的实际应用,打造社区党组织和党员的联动机制,北海市在智慧社区服务供给中强化联创共建、联做共建、联育共建、联防共建、联办共建、联谊共建、联抓共建、联建共建,[①]与此同时又借助智慧党建平台联通

---

① 韩勇,朱懿.智慧社区服务供给机制创新——以广西北海市智慧政务服务平台应用为例[J].企业经济,2021(11):122.

线上和线下，突出问题导向，收集群众需求，精确化聚焦社区居民的生活问题，由党员结合自身实际认领各种便民服务项目，集中服务群众，让社区居民生活更舒心。

山东省济南市和广西壮族自治区北海市的社区通过智慧党建系统的大数据功能，将社区居民的生活需求和问题尽可能收集起来，并以问题导向为原则，"快、准、全"解决社区居民的问题，抓全抓实社区居民美好生活愿景的实现。在有针对性地、精准地解决居民需求的同时，大幅提升社区党建工作效率，展现城市社区智慧党建在服务群众和做好党务工作层面的重要性。

（二）赋能城市经济发展：江苏省常熟市和云南省昆明市、丽江市智慧党建案例

经济发展一直是衡量国家发展的重要指标，新时代以来随着人们对于城市经济发展越来越关注，越来越多的人提出这样的问题：智慧党建在推进社会治理和社会服务的同时能否带动城市街道的经济发展？该问题一经提出便引发中国各大城市的关注。近年来，不少城市通过立足自身不同街道的基础优势，借助智慧党建的联动效应带动自身经济发展。江苏省常熟市莫城街道以及云南省昆明市和丽江市在"智慧党建助力经济发展"的实践中脱颖而出。

江苏省常熟市莫城街道依托市场区位优势，积极引导和扶持数字贸易产业发展，以打造"锋领尚城·数智新生"党建品牌为主要目标，推动互联网、大数据、人工智能等产能的深度融合，培育数字经济发展新动能。首先，莫城街道主张突出品牌培育，打造智慧党建"领头雁"——中服产业公司党总支。中服产业公司党总支坚持以"智"领匠心、"智"创尖兵、"智"引优服为主要方向，推出多维度的数字经济营商服务体系，同时探索"线上＋线下"一体化服务模式，解决经济项目在发展中遇到的各类问题，努力争当数字产业转型升级的"领头雁"。其次，莫城街道积极盘活阵地资源，培育数智党建"孵化器"。莫城街道立足当地发展实际，以"1953"文创产业园为核心，全力打造数字经济示范集群，同时结合互联网产业和数字信息产业等，设置办公洽谈、组织生活等功能区域，建立集展示窗口、交流平台、生活休闲等功能为一体的党务、政务、商务"三务合一"的综合阵地，让广大党员干部再多一处"一站式、常态化、多样性"的服务平台。

云南省昆明市官渡区深入推进"党建＋滇池治理",不断深化"一核多维、共建共享"的社会治理格局,大力实施"红色先锋·一街道一品牌"城市基层党建示范领航覆盖提升工程,突出优化产业转型、片区开发等实施路径,着力推进城市治理体系和治理能力现代化,为奋力打造昆明城市新中心、高标准建成综合枢纽重要承载区、高起点建设开放发展引领区提供坚强的组织保证。官渡区聚焦经济发展,围绕重点项目开发、产业优化、连片开发、自主创新等工作,打造关上街道"党建＋城市建设"、金马街道"党建＋产业发展"、小板桥街道"党建＋片区更新改造"、矣六街道"党建＋自贸试验区建设"党建品牌。立足官渡区经济发展优势,围绕新亚洲体育城星都总部楼宇党群服务中心,党组织充分发挥自身在引领经济发展上的发动机和主心骨作用。除此之外,官渡区还借助文化的传承推动经济文化的共同发展。官渡街道开展"党建＋文化传承"创建,将文化产业发展、社区氛围营造、满足居民文化需要相融合,依托官渡古镇、艺术家园社区资源优势,引导艺术家等人才发挥自身优势,参与文化惠民工程,打造官渡对外开放的"党建＋文化传承"名片。

云南省丽江市充分发挥"智慧党建"的示范、引领、带动作用,推动智慧政务、智慧旅游、智慧治理等工作实现创新发展,构建起"智慧党建＋"一体智慧化平台,高质量推动丽江智慧化、数字化发展。尤其是创新"智慧党建＋智慧旅游"模式,助力文化旅游名城建设,引领城市经济良好发展。具体来看,丽江市始终坚持"智慧党建"引领聚集文旅深度融合发展新动能,推进"智慧党建"与"智慧城市""一部手机办事通"的融合发展,建成智慧旅游、数字小镇等17个智慧化应用子平台,上线大研古城、束河古镇、白沙古街"三城联动"智慧监管平台。一是聚焦"游客端",提供精致化智慧服务。丽江古城智慧小镇通过智慧支付、智慧停车场、无线Wi-Fi、智能机器人等智慧服务体系及"透明厨房"、智慧酒店、5G智慧商店等智慧旅游体系,从多个方面为游客提供智慧化服务体验。同时,建设"一部手机游云南"丽江古城智慧小镇专区,聚焦游客"吃、住、行、游、购、娱"六要素,开设品质餐厅、精品客栈、特色酒吧、文化院落、诚信购物等板块,为游客提供更加安心、舒心、便捷的服务,初步实现一机在手,畅游古城。二是聚焦"管理端",提供精细化管理服务。打造丽江古城"一部手机管旅游"平台,集成已建成的智慧化应用,整合业务资源、数据资源,构建了统一管理、统一调度的管理体系,实现信息共享、反应快速、监管高效，大大提升了丽江古城综合管理效能，提升了旅游发展与社区治理的融合度，赋予了党建优势转化为全域旅游发展优势的强大动力。三是聚焦"服务端"，提供便捷化智慧服务。建立智慧小镇智慧体系，运用5G无人扫路车、5G无人巡逻车为丽江古城景区安全防控、消防巡检、景区测绘、全局指挥调度提供有力支撑，助推丽江古城治理体系和治理能力现代化，服务能力和服务水平上台阶。同时，利用电子屏、引导屏、智慧广播等设施做好提示和引导，确保景区游览秩序良好、安全有序，通过视频监控，实时地对人脸、衣着、行为特征进行分析，实现了对重点关注人员，特别是走失老人、儿童的快速查找，大大提升了公共安全防范意识和服务能力。

江苏省常熟市莫城街道以及云南省昆明市和丽江市的实例彰显出智慧党建引领经济发展的可能性和有效性，让人们越来越意识到城市社区智慧党建不仅具备社区治理和居民服务的功能，还能发挥更加宏观地带动经济发展的作用。通过智慧党建赋能经济发展，进一步解决小城市、街道和社区的本土资源浪费问题，通过"智慧党建+本土优势资源"实现经济与文化的双重收益，逐步满足城市居民对于经济、文化和生活服务等各方面的现实需求。

（三）解决城市社区治理难题：山东省菏泽市郓城县社区智慧党建和亿联科技智慧党建产品案例

智慧党建以党建引领为根本理念，网格化管理为依托，为社区党组织建设提供技术支持，能从根本上实现社区党建工作全面规范化、信息化、科学化、智能化，打造一个有温度的社区党建服务平台，进而赋能城市社区治理，推动构建共治共管的社区治理的新格局。

山东省菏泽市郓城县以党建引领为核心，针对社区治理中部分数据分散，精准度不高，交互不畅等问题，运用"大数据"思维，打造具备智慧党建、社区治理、红色物业等六大模块50余项功能的智慧社区服务平台，推动智慧党建和社区治理深入融合，为居民办事提供"一站式服务"，探索出一条智慧党建引领社区治理的创新融合发展新路。一是构建社区综合信息库，打破治理"信息孤岛"。郓城县建设以智慧党建为引领的社区智慧服务信息中心，通过整合社区现有信息资源，将地理信息、居民信息、驻地单位信息等统一纳入信息管理数据库，把社区内的家庭户和单位信息作为基本单元，形成以人、地、物、组织、GIS社区地理信息为主要内容的社区基础资源库系统,通过实时录入、定期维护、动态管理,实现数据一次收集、多方共享和网格内全成员、全地域、全事务管理。同时,在智慧平台中开设"智慧社区""社会组织""居民管理"等模块,形成基础数据"一本账",实现基层党组织对社情民意的动态掌握、精准管理、高效服务。二是加强数据交叉比对,实现服务精准化。在党建智慧平台中搭建"红色管家"模块,以小区为单位建立"红色管家"队伍,由党员志愿者、社区工作者、网格员等兼任,每名"红色管家"联系3—5栋楼,"红色管家"姓名、电话及联系楼号均在平台公示,努力实现"小事不出小区、大事不出社区、矛盾不上交"。优先选择党建基础好、公共设施配备全、物业配合度高的小区进行试点,开发"智慧小区"APP,涵盖红色物业、报事报修、一键呼叫、刷脸进门等多项便民功能,为居民提供平台服务,小区治理的便捷化、智能化水平显著增强。三是注重数据运用,提升居民幸福指数。智慧平台对辖区网格内的民意诉求实时收集、转办、汇总,融合综治、城管、民政等职能部门和辖区志愿服务资源,线上线下及时办结处置,形成整体联动、高效处置的信息联动社区治理新格局。比如,平台中"红色驿站"模块设有"微心愿墙",在"微心愿墙"上群众通过"点单"反映问题,驿站党员进行"传菜"形成需求清单,相关职能部门"接单"后及时解决,处理结果及时在小区显示屏上进行反馈,及时解决群众的烦心事、揪心事,搭起党群关系的"连心桥"。总之,"智慧党建+社区治理"是一项系统性、整体性工程,郓城县突出党建引领作用,坚持以实干实绩为导向,因地制宜地推进"智慧党建+社区治理"新模式,围绕党员群众关心的问题和需求,开设相应的模块和栏目,以满足居民多元化、个性化需求,寻求智慧党建与城市基层治理的平衡点与结合点,真正让党建信息化"活"起来。

亿联科技有限公司开发"党建引领基层治理数字化服务平台",旨在解决"党建+治理+服务"融合问题。亿联科技在大量案例分析和多年实践经验的基础上,创新提出"支部建在网格上,一网统管,多网融合,为社区减负增效",围绕"高效处置一件事"的服务目标,以"一次上报、一网统管、一体联动"为核心,打造全领域感知、全场景智慧、全协同联动、全过程监督的党建引领基层治理一体化平台,为社区减负增效,双向提升党建和治理水平。具体而言,其核心产品"党建引领基层治理互联大数据平台"是以党建云为组织引擎,以亿联云为技术引擎,围绕"我为群众办实事"的服务场景,充分发挥党组织和党员引领作用,引导群众自治共治、协助群众吹哨报到、组织多元组织联动参与、进行多维度一体化考核评价，最终形成"党建+治理+服务"的融合，满足基层党组织宣传党的主张、贯彻党的决定、领导基层治理、团结动员群众、构建基层治理新格局的要求，达到"GIS一张图，数据一张网"的实战效果。同时，基于该平台，通过多方参与和党组织督导，助力党建宣传弘扬正能量、从单纯"向上反映问题"到大家"商量着解决问题"、吹哨报到上下联动、党群互动精准治理、数据研判助力决策等，从而推动新时代群众路线的创新，实现"党政动手、依靠群众、预防纠纷、化解矛盾、维护稳定、促进发展"新时期枫桥经验的实践，成为党建引领基层治理的科技支撑，推动社会治理体系和治理能力现代化建设工作。

三、城市社区智慧党建的实践经验

通过对各城市社区智慧党建实践案例的总结和分析，可以看出新时代党建工作开展的时代性和功能性，在不断探索创新中提供更好的社区服务、推动经济的创新发展、提升社区管理的质量，在管理、教育、服务等各方面都取得了众多成果。马克思主义的认识论指出，认识从实践中来，从而能进一步指导实践。将城市社区的实践经验进行整理，能够为智慧党建系统在全国的广泛实践提供指导。

（一）推进城市社区智慧党建要做到组织联建

城市社区智慧党建工作质量的提升需要小区基层党组织和社区内各企业、各部门党组织的联合协作，实现组织联合共建，从而达到"多方施力，成效翻倍"的效果。江苏省常熟市莫城街道的智慧党建工作就是在积极联合街道内各企业党组织力量的基础上，为街道党建工作的开展提供了更好的基础设施，为群众提供了更好的服务，在城市社区实现经济效益的稳步提升的同时促进辖区内党组织智慧党建工作的进一步完善。因而，推进城市社区智慧党建的广泛应用和创新发展需要加强社区与辖区内各领域、各部门党组织的联动，共同推进党员工作和群众生活良好阵地建设，形成浓厚的党建氛围。

（二）推进城市社区智慧党建要做到力量联配

城市社区智慧党建的最终目标是要实现良好的社会治理与社会服务，在实现这一目标的过程中需要将社区工作者队伍建设放在重要位置，扩大社区工作的各方力量。新疆乌鲁木齐市八一片区就借助智慧党建微信公众平台宣传党员示范商户和示范店铺，在维护片区内市场稳定的同时吸引了众多非党员商户诚信经营并积极向党组织靠拢。通过加强引导、注重培育、实行表彰等一系列激励措施，将热心社区治理的商户和志愿服务的组织吸收到社区工作力量中来，联合各方力量加强社区治理，推进党群干群互动，更好地聚合民意、化解民忧、维护民利。

（三）推进城市社区智慧党建要做到服务联手

随着新时代我国社会结构的发展和变化，社区内群体会不断通过分化形成不同的社会阶层，在城市社区的建设中就表现为社区居民职业的多样性和群体的多元化。为满足不同社会阶层社区居民的差异化需求，解决不同居民的生活问题，社区基层党组织智慧党建的建设要主动不断加强社区内党组织与不同服务主体间的联系，形成提供居民服务的合力，提升联系群众、服务群众的质量和效率。济南市济阳区济阳街道及所辖银山社区党组织通过智慧党建系统，将互联网、社区内基础设施和党员干部提供的服务进行智能化连接，为社区内不同居民主体提供具有针对性的、智慧便捷的服务。

（四）推进城市社区智慧党建要做到资源联合

推进城市社区智慧党建的建设和发展，其重要目的就是要完善社区的治理，从而巩固党的执政基础。只有不断整合社区党建资源，才能更好地加强党的基层组织建设，进而才能在基层工作中取得人民的广泛信赖，巩固党在基层的执政基础。新疆乌鲁木齐市八一片区针对其自身具有的科研院所多、党员文化水平高的特点，深入发掘八一片区党组织中的文化教育资源，推出党员宣讲、政策讲解等教育活动，将技术资源与知识资源相结合，实现智慧党建带动教育普及的目标，收获群众的好评。因此，推进城市智慧党建要坚持有限资源的创新性联合，在党建资源联合中推动城市社区治理的优化。

第七节 "三新"组织智慧党建的实践探索

"三新"组织是新经济组织、新社会组织和新就业群体的简称。加强"三新"党建工作,是全面从严治党永恒课题的应有之义,事关党的建设新的伟大工程战略部署的推进落实。为适应新兴领域特点和互联网发展,深入贯彻习近平总书记"探索加强新兴业态和互联网党建工作,扩大党在新兴领域的号召力和凝聚力"的重要指示精神,就需要不断强化战略思维、精准思维、系统思维,大力推广"智慧党建",大胆探索创新"三新"组织党建工作,将发展"最活跃的地带"打造成党建"最坚强的阵地"。

一、"三新"组织智慧党建的实践背景

经济社会发展到哪里,党的工作就开展到哪里。在中国经济社会发展大局中发挥日益重要作用的新经济组织、新社会组织和新就业群体,是新时期基层党建的重要阵地。"三新"组织量大面广,所在新兴业态、新兴领域变化快,党员流动性强,这些都是推进"三新"组织党建工作过程中必须直面的现实情况。开启"三新"组织智慧党建,有利于巩固党的政权地位和执政地位,有利于"三新"组织经济健康发展,促进"三新"组织党建工作向纵深发展。

(一)智慧党建有利于促进"三新"组织的健康发展

"三新"组织具有多元性、综合性,与现代社会的每个人都息息相关,在稳定社会关系、加强社会建构、建设社会文明、促进社会经济等多个方面起着重要作用。改革开放以来,随着社会主义市场经济的不断发展,新经济组织、新社会组织和新就业群体日益成为我国经济社会生活的一支重要力量,在促进经济全面、协调、可持续发展,调整经济结构,转变经济增长方式,转变政府职能等方面发挥着越来越重要的作用。"三新"组织党建工作也随之得到拓展和深化,成为党的基层组织建

设中的一个重要领域。智慧党建在"三新"组织中的具体化应用是有效整合新经济组织和新社会组织资源的必然之举,也是发挥党建引领作用、紧跟时代步伐、促进健康发展的现实需要。

(二)智慧党建有利于准确研判"三新"组织党建面临的问题

"三新"组织因其自身的发展特点和运行规律,在发展进程中呈现出如下问题:一是数量庞大,水平不齐,整体情况较为复杂;二是从业人员的整体年龄偏低,他们大多数有过高等教育经历,独立意识较强,个人特点鲜明,在职业认知方面对集体的认同感和依赖性不高;三是"三新"组织发展速度剧增但潜力不足、资源分散、力量不齐。这些问题使"三新"组织党建工作面临很大挑战,而互联网和信息技术的应用能为"三新"组织党建工作提供解决问题的"利器"。智慧党建就是充分利用新技术优势,将互联网的创新成果融入党建工作,依靠人工智能、大数据、云计算等手段实现党建工作的方式革新和质量提升,以及促进社会分散资源的整合与协调,为解决新经济组织、新社会组织和新就业群体的党组织发展问题提供技术支撑。

(三)智慧党建有利于全面推进组织覆盖和工作覆盖

"三新"组织党建工作是党的基层组织工作的重要内容,必须毫不动摇地坚持推进新经济组织、新社会组织和新就业群体党组织"两个覆盖"(党的组织覆盖和工作覆盖),不断提高"两个覆盖"的质量,确保党的路线方针政策和国家各项法律法规在"三新"组织中得到贯彻执行。"三新"组织智慧党建能够延伸、压实党组织在社会组织的覆盖面,创新党组织的覆盖形式,打造牢固的智慧党建平台,在党务工作、党员信息化服务、党员关系转接及党员干部教育培训等各个环节上实现信息化管理,提供党员学习教育、组织生活、党员管理、党费缴纳、党建宣传的线上功能,为传统党建工作提供信息化载体。此外,智慧党建能够搭建云平台、云阵地,以高效快捷、灵活自主的方式为开展党务管理、教育培训、学习互动等活动提供载体,提高"三新"党组织的向心力和吸引力,扩大党的工作覆盖面和影响力。

二、"三新"组织智慧党建的案例分析

"三新"组织党建是党的建设新的伟大工程的重要组成部分,是党的组织体系

建设的重要内容,也是各级党委在加强党建工作中面临的崭新课题。深入研究分析新时代"三新"组织智慧党建面临的新情况、新问题、新形势,总结提炼值得推广的经验和做法,对全面提高"三新"组织党建工作质量,以高质量党建引领"三新"组织高质量发展具有重要意义。

(一)新经济组织:奥远电子股份有限公司、功夫动漫股份有限公司的智慧党建案例

大连奥远电子股份有限公司成立于1995年,是一家专业从事云计算产品与服务领域的高新技术企业。随着互联网、大数据、人工智能等现代化科技的不断发展,奥远电子选择借助科技的力量推动党建和业务向前发展,推出奥远智慧党建平台系统。该系统是以新时代党的建设总要求为指引,结合当前党建工作现状,运用互联网、云计算、大数据等信息化技术,打造的集党的"政治建设、思想建设、组织建设、作风建设、纪律建设、制度建设"于一体的综合性党建工作平台,开设以下十个分平台:一是党务平台,主要在 PC 端实现对基础党务工作的统一管理,后台管理人员可通过此平台对基础数据进行设置操作,还可对党组织、党员等信息进行后台的维护操作,支持信息的增删改查。二是活动平台,主要用于组织和记录党建活动,实现对"三会一课"等组织生活的上报、审核、落实、提醒、考勤、记录、归档、督查督办、统计分析等各个环节进行全方位管控。活动前参与人可通过手机进行请假,现场可以手机扫码签到。活动中可发起视频会议、民主投票、在线考试等活动。实现数据的实时更新,领导可及时了解工作落实情况,随时进行线上检查督导。三是宣传平台,通过手机、电脑、触摸屏、数据大屏等多种终端设备将党建宣传信息快速直观地展现在党员面前。对宣传内容的发布权限进行有效下放,统一归口相关管理部门进行最终审核方向的把控。支持转发、评论、点赞,有效扩展传播渠道,增强党员互动,营造浓厚的党建氛围,更好地贯彻党的路线方针政策。四是学习平台,为党员提供线上线下完美结合的党建学习平台,是集线上学习与线下培训于一体的综合性学习平台。电脑端可进行学习资料库、师资库、试题库、课程编排、试卷批阅、学习情况管理等内容的维护,移动端可进行在线学习,自动记录学习进度,可将易错题加入错题本,重点练习。党员学习平台的搭建有助于党员整体素质的提高,进而提高党员思想觉悟,不断激发党员学习潜力,使党组织建设更加制度化、规范化和科学化,推动党建工作的高质量发展。五

是互动平台,是方便党员联系、增强党员互动交流的平台。该平台支持视频会议、党员论坛、调查问卷、知识问答等功能,不仅为党建工作的开展提供了便利,还为党组织成员提供了一个交流心得体会、学习互动的平台。六是日常办公平台,是针对党组织日常办公管理的平台,主要在PC端和手机端进行。通过日常办公平台,党员和党组织可以更加高效快速地处理党建工作,提高党组织的整体工作效率,真正实现在线办公。七是民生服务平台,是方便群众反映问题,提升党建服务能力,密切党和群众关系的平台。通过志愿服务、精准扶贫、走帮服、党员干部进社区、微心愿、意见反馈专栏等功能,让党和政府更多地了解群众需求,从而切实为群众提供更高效、便捷、优质的服务。八是考核平台,是对党建工作过程中各项内容进行统一考核评定的平台,支持多种考核方式,管理者可以根据不同情况自定义考核标准。考核平台帮助党组织规范考核标准,有效强化管理。九是监督平台,用来实现对党员和党组织工作的线上监督和管控。管理者可在此平台中对党员考勤进行监督,对下级党组织活动及基层党组织会议进行跟踪管理、一键督办。党员、群众可通过此平台进行建言献策、意见反馈,监督党组织工作,帮助党组织正确决策。十是大数据平台,对党建相关信息进行数据整合、分析和展示。管理者可通过此平台全面了解党员信息、发展党员、学习、宣传、党费、组织生活等情况,并利用党建大数据功能将整理好的党建信息以表格、图表的形式在此平台进行数据展现。总之,奥远电子智慧党建信息管理平台借助互联网之力,将智慧党建逐渐渗透到企业党建工作的各个环节,为基层党组织提供线上标准工作平台,为上级党组织提供有效监管平台,为企业智慧党建工作的落实提供科学助力,实现党建工作的规范化、制度化、长效化、智能化。

功夫动漫股份有限公司成立于2008年,是国内首家集制、播、销、授、文创于一体的数字动漫文创企业,员工大部分为80后和90后,平均年龄27周岁。近年来,公司党支部立足企业员工年轻人多的现状,为了满足公司年轻党员的需求,结合公司自身优势,在党建工作中注入"文创思维"和"互联网思维",用文创独特的表现手法和互联网多样的表现形式开展党建工作,创新性地提出了"党务动漫化"的全新理念,在保留"三会一课"、民主生活会、定期上党课等传统党建内容的基础上进行形式上的创新,将传统工作方法与新模式进行深度的融合,开启党建创新工作的新局面。具体来说,功夫动漫结合公司动漫主业务,探索出以动漫为"体"、党建为"魂"的青春动漫微党建品牌,并陆续推出党建动漫表情包,创建党支部活动室、党工团一条街、党工团双创中心、廉政公署督查部门、功夫动漫党校、党员梦工厂、云学堂党建教育平台等载体,让党建"暖"起来,以更强的归属感,让企业发展更具活力,实现了企业党建与经营发展的良性互动。例如,功夫动漫为石狮城市超级IP《狮来运转》量身打造的动漫党建VI图库已被当地政府应用到了政务系统当中。除此之外,功夫动漫还推动党建形象的设计、党建产品的开发,比如说为中国长征超级IP《长征先锋》创作了党建主题的表情包、红色文化主题的短视频、四格漫画等,获得了大众的喜爱,帮助《长征先锋》IP打响了知名度。

(二) 新社会组织：上海市信息服务业行业协会、湖南民营养老机构的智慧党建案例

上海市信息服务业行业协会成立于2001年,是一家5A级行业协会,由上海信投、电信、移动、联通、携程、盛大、美团、大众点评、支付宝等300多家互联网企业组成。近年来,互联网企业大量涌现、迅猛发展,对经济、社会、文化造成了全方位、深层次的影响,互联网已经成为党长期执政所要面对的"最大变量",党建工作必须使"最大变量"变成事业发展的"最大增量"。为此,协会高度重视党建工作,致力于打造"智慧党建",努力为互联网企业注入"红色基因"。首先,根据互联网发展状况,协会党组织及时调整工作重点。从2001年协会党支部成立以来,每年都有新的党支部建立,在实现党的组织覆盖上发挥了行业党建的作用。如新媒体发展较快,从业人员已超20万人。协会党组织对此高度重视,大力支持发展新媒体企业成为会员单位,在新媒体企业中先后成立了5个党支部,扩大了党的工作覆盖,并通过新媒体平台扩大党的社会影响,尤其是在新阶层人士队伍中的影响。其次,注重党支部班子建设,从企业高层中按照政治素质好、热爱党的工作、善做群众工作、知网懂网的要求选优配强党组织书记。目前,协会所属党组织书记由高管担任的比例已达到64.44%。协会党组织要求党支部优先在企业管理层发展党员,在内容编辑、技术研发、网络监管等关键岗位发展党员,把业务骨干培养成党员。要求党支部运用互联网传播功能,在企业客户、网站会员、移动客户端用户等群体中加强党的路线方针政策的宣传教育和引导,主动承担社会责任。最后,坚持党建工作和业务工作相融互促、同频共振,发挥党组织在促进企业健康发展、加强网络治理中的战斗堡垒作用,变"要我党建"为"我要党建"。近年来,积极组

织党员参与世界人工智能大会、上海国际信息消费节、无线电管理宣传月、上海智慧城市体验周、上海诚信活动周、上海信息消费云峰汇、上海产业青年创新赛等各类重大活动项目的组织与执行工作。

近年来,民营养老机构迅猛发展,成为新社会组织的重要组成部分。中国红十字会总会事业发展中心着力打造"曜阳智慧党建"信息平台,努力探索民营养老机构党建工作新思路、新方法和新路径,不断提升民营养老机构党建工作科学化水平,为科学应对我国人口老龄化问题做出贡献。在如何实现、落实养老机构党建工作上,发展中心不断探索,创建"曜阳联盟党建"品牌,并联合湖南省红十字会在湖南做好以长沙青松老年公寓为示范的"曜阳养老联盟"党建试点工作,推广和完善曜阳党建"5+X"标准化工作模式。"5"即班子建设好、党员队伍好、基础保障好、作用发挥好、综合评价好,"X"即基层的特色工作,形成基层党建工作先进典型和特色品牌。为了落实"5+X"这一标准化党建工作模式,事业发展中心采取"四步走"措施。第一步是摸清底数情况,按照属地管辖原则,湖南省各级红十字会联合辖区街道(乡镇)全面摸清加入红十字会"曜阳养老联盟"的所有养老机构的名称、地址、负责人、职工人数等基本情况和党组织及党员信息等党建工作基本情况,建立工作台账。第二步是根据养老机构的党员信息等基本情况,对照"5+X"的建设标准,逐一形成党建工作指导方案。第三步是开展入住老党员、员工党员、志愿者党员的分类管理,促进先锋模范作用的发挥。注重发挥红十字会的平台作用,组织开展"我为党旗增光彩,最美夕阳红""优质服务,关爱老人,先锋故事会"等主题系列活动,营造养老机构等社会组织开展党建工作的良好氛围。定期赴试点单位开展跟踪指导,及时掌握情况、发现问题、督促改进,形成养老机构党建示范。第四步是将在示范点建设过程中积累的经验做法及时总结梳理,形成标准化的党建工作模式并进行推广。

(三)新就业群体:上海市普陀区外卖行业、四川省乐山市物流行业、广东省深圳市快递物流行业的智慧党建案例

上海市普陀区结合外卖骑手分散流动的特性,发挥总部平台在普陀的优势,开展外卖骑手专项调研,构建党建同心圆体系,实施"靠谱蓝计划",打造蓝骑士党群服务阵地,开发"党员通"系统,严管厚爱多措并举,让外卖骑手更好地团结在党组织周围。一是探索更适配外卖骑手的组织覆盖路径,让他们找到组织找到家。

按照"一方隶属、双重管理、多元参与"原则，构建以外卖骑手为圆心，党支部、党小组和配送站党群阵地为管理主体，"饿了么"党委、物流服务商和属地街镇党（工）委为支撑的同心圆体系。二是探索更适合外卖骑手的服务管理方式，让他们感受到服务和管理的温度。在学习教育方面，依托区域资源优势和互联网技术支持，打造"零距离组织生活""云上骑手党课"，为外卖骑手定制集学历晋升、技能培训、政策服务等为一体的"靠谱蓝计划"，探索更适合骑手的教育管理和关心关爱模式。在党员发展方面，研发"党员通"系统，升级配送站点交互和科技能级，打造"智慧赋能"的全域新型党群服务站，通过在站点内集成"智慧党建屏"，设置"我要入党"功能，外卖骑手可一键申请入党，街镇党建指导员将上门提供咨询服务。在就业扶持方面，通过信息化手段面向外卖骑手开展定向社工招聘，并提供政策支撑，打通职业通道。三是探索更适合外卖骑手的作用发挥载体，使他们成为服务社区、反哺社会的"民情前哨"。探索成立全市首个网络订餐平台公益志愿者服务队，组建党员先锋岗、青年突击队，引导外卖骑手成为社区的"民情前哨"、城市安全的"流动探头"，构建以外卖骑手为中心的党群服务群，着力提升外卖骑手群体中党建工作的针对性和有效性。

四川省乐山市坚持党建引领，通过建强组织、做实载体、统筹资源，紧扣全市乡村振兴发展需求，着力打通快递物流业的"最后一公里"，持续推进新就业群体党组织的标准化和规范化建设，为推进乡村振兴贡献行业力量。面对快递物流业党员人数少、流动性大，且组织关系大多在户籍地的客观实际，乐山市借助党员"一码通"智慧党建平台，让快递员群体中的流动党员便捷回"家"，切实增强流动党员的责任感和归属感。通过党员"一码通"智慧党建平台在社区党组织登记备案后，党员快递员被纳入社区党组织统一管理，参与社区党组织开展的"开放式""体验式""互动式"组织生活和公益活动。此外，"一码通"智慧党建平台还为流动党员提供就业指导、技能培训、维权服务等一系列线上服务，让党员快递员在顺利完成工作的情况下也同步受到党的教育、感受到组织的关怀，成为行业的"领跑者"。

广东省深圳市快递物流行业党委针对快递物流企业党员组织关系较为分散、流动党员数量较大的问题，开发"深圳市快递数据管理平台"小程序，鼓励流动党员主动亮身份，引导流动党员在线填报信息，推动企业畅通党员申报渠道，指导企业人事部门固化招聘措施,增加政治面貌登记,全链条摸排党员信息,让党员安心回"家"。同时,积极做优物流业党员学习教育工作,通过"深圳智慧党建""学堂在线""云上党支部"等线上平台定期开展各类主题活动,让日常派件繁忙的党员快递员可以随时随地参与,从而让党组织的吸引力和凝聚力不断增强,让物流业党员的思想境界和党性修养不断提升。

三、"三新"组织智慧党建的实践经验

通过以上"三新"组织的智慧党建案例,可以看出"三新"党组织在推进智慧党建的工作中取得了显著成绩,并在不断的工作实践中探索出行之有效的科学方法,对这些实践经验加以梳理总结,能够为新时代"三新"组织智慧党建提供新视野、新路径、新方案。

(一)推进"三新"组织智慧党建要积极探索创新

做好"三新"组织党建工作,需着重解决党组织怎么建、党建工作力量如何增强、党组织如何起作用的问题,一味凭借"老方子"无法治愈"新型病"。因此,"三新"组织智慧党建的建设与推进,要在坚持"党员工作生活在哪里,党组织就应覆盖到哪里"这一准则的基础上,考虑不同群体的特点,充分利用智慧党建实现工作机制创新、工作方法创新、工作平台创新,把党支部建起来,把流动党员"拢"起来,抓好"三新"党组织的全覆盖。具体来讲,一是要注意运用互联网思维等新理念,创设富有仪式感、神圣感的党建活动,探索党群喜闻乐见的党建载体和方式方法,提升"三新"组织党员的荣誉感、业主的获得感、员工群众的实惠感。二是针对"三新"组织党员相对较为年轻、分散的特点,强化智慧党建平台建设,充分发挥自媒体时代网络活动特色,实行党员的线下和线上双向管理。在党员教育上坚持集中与分散并重,通过微会议、微课堂等形式,化繁为简,积少成多,提高党员学习教育实效。三是要借助智慧党建平台将党建与经营、先进文化建设、治理创新相结合,通过创新活动载体、服务形式,丰富服务内容,如参与志愿服务、基层治理和服务群众活动,让组织生活"新"起来、"活"起来;四是可利用微信等新媒体手段,突破办公地点和时间限制,灵活通过"嵌入式""渗透式""开放式"的智慧党建,以"润物无声"的方式,增强"三新"组织中党员和群众对党的认同感。

(二) 推进"三新"组织智慧党建要坚持需求导向

"三新"组织在国内外经济形势瞬息万变的环境下逐步革新壮大，然而，诸多极具特色的新经济组织、新社会组织和新就业群体因缺少思想引领和专业指导，容易成为党建工作的薄弱点和空白区。因此，创建"三新"组织智慧党建，应牢固树立起"大党建"工作理念，聚焦新业态新就业群体党建工作，深化探索、靶向施策、精准发力，同时积极发挥先导优势，加大对新兴群体的思想引领和典型塑造，着力做好"人"的工作，将关心关爱作为开展党建工作的重要切入点和有效工作方法，全力破解新业态新就业群体党建工作难题，推动新兴领域党建全面提质增效。比如，在智慧党建平台设立集中诉求中心功能，收集利益诉求，搭建问题台账，优化服务举措，从而更有针对性地帮助新就业群体解决工作环境、权益保障、职业技能等方面的问题，做到精准施策、精准发力、精准解难。

(三) 推进"三新"组织智慧党建要注重系统发力

"三新"组织党建工作富有创新性、具有规律性，所以智慧党建的建设与运行需要做到条块结合、系统发力，确保"条"上抓起来落到地、"块"上统起来兜好底。首先，要完善体制机制，进一步理顺"三新"组织党建工作领导体制，构建统一归口、条块结合、责任明晰、有机衔接的智慧党建系统格局。其次，"三新"组织智慧党建要在党委统一领导下，由组织部门（"三新"工委）统筹指导、业务主管单位党委（党组）直接领导、行业党委具体负责，形成共抓党建的合力。再次，推进"三新"组织智慧党建，要严格落实责任，业务主管单位要做到"管业务就要管党建"，组织部门要把"三新"组织党建工作摆在突出位置，纳入基层党建工作总体布局，抓住热点难点问题进行突破。最后，利用"三新"组织智慧党建平台开展党的宣传和引导工作，善于发现和挖掘先进典型，及时总结宣传基层的做法和成效，以基层经验指导基层实践，不断研究新情况、解决新问题、形成新特色，营造全社会重视、关心、支持"三新"组织党建工作的良好氛围。

综上，本章所列出的国企、农村、高校、科研院所、机关、城市社区、"三新"组织等各领域党组织智慧党建典型案例，都是从各层级党组织党建工作的实际需求出发，来分别进行功能模块开发与栏目名称设计，各自具有鲜明的个性特征，反映出本书对智慧党建微观所指的概念阐述。但是，须指出，这些典型案例尚未能够全面综合地呈现出本书对智慧党建宏观理解的概念阐释，仅是在特定视角和一定程度上体现出本书对智慧党建的特征与理念、模块与栏目,以及功能应用的具体叙述。

> **本章思考题**
>
> 1. 谈一谈你了解的智慧党建案例。
> 2. 比较分析不同领域党组织智慧党建案例的共同特点与区别。

第八章

智慧党建的未来展望

智慧党建的开发与建设现已进入普遍推行、综合应用阶段,各地都在探索适合自身需要的智慧党建平台。展望未来,智慧党建作为党建工作与时俱进的必然趋势和重要路径,将进一步融合新兴技术推动高质量党建的纵深发展、维护网络环境的风清气正、推进国家治理体系和治理能力的现代化。本章将从技术、空间和战略三重维度展开,分别从元宇宙加持、网络安全护卫、现代化强国愿景等视角对智慧党建发展前景予以分析畅想。

第一节 技术维度：元宇宙加持下智慧党建的未来展望

元宇宙，简单来讲是互联网、大数据、人工智能、区块链、扩展现实、5G/6G、云计算及数字孪生等ICT技术群全要素的未来融合形态，它不是某一项技术，而是一系列"连点成线"技术创新的集合，是集成并融合现在与未来全部数字技术于一体的终极数字媒介。因此，从技术维度来看，元宇宙的萌生无疑给党建工作带来新契机与新前景，将会为智慧党建的未来建构与发展提供全方位的技术支撑。

一、元宇宙的基本概况

（一）元宇宙的产生发展

1. 元宇宙的概念由来

元宇宙的概念始于1992年科幻作家尼尔·斯蒂芬森在其著作《雪崩》里提到的"Metaverse"（元宇宙）和"Avatar"（化身）这两个概念，即人们在"Metaverse"里可以拥有自己的虚拟替身，这个虚拟的世界就叫作"元宇宙"。2021年，元宇宙概念吸引了国内外科技界的超高关注度，迎来大爆发。比如，2021年3月，美国游戏公司Roblox的上市彻底引发现实中的"元宇宙"热潮，被视为"元宇宙"第一股；10月，Facebook对外宣称将公司名称改为"Meta"（元宇宙"Metaverse"的简写）；11月，微软宣布将打造"企业版元宇宙"。同年，腾讯、阿里、字节跳动、网易等国内企业也纷纷申请注册元宇宙相关商标。

元宇宙走红的背后深刻蕴含着人们对数字化生存的愿景与想象。从需求层面看，疫情减弱了人们在物理世界的联系，加强了人们在虚拟世界的交互需求，激活了人们对于未来世界人类如何生存发展的极大想象。从技术层面看，人工智能、虚拟现实、增强现实、5G、区块链等技术的发展为"元宇宙"的发展提供可能性，它也是各种信息新技术的综合集成。具体看信息技术革命的发展历程：第一是移动互联网，它在20世纪90年代互联网的基础上实现移动化，让信息利用更方便；第二是智能手机，它让智能终端和网络社交迅速得到普及；第三是大数据技术，它让万物数据化成为可能，并逐渐形成数据世界；第四是新一代人工智能技术，它借助于互联网、大数据等新技术崛起，使万物智能化成为可能；第五是区块链，它让数据世界中的数据有可信赖的基础；第六是虚拟现实技术，它虽早已出现，但在大数据、人工智能的加持下将得到全面绽放。上述一系列新技术为信息革命做出各自的贡献，但它们各执一端，都有自己独特的领域和特色。随着时代发展，有必要将这些新技术进行全面整合，形成系统优势，实现1+1＞2的统合综效。正是在这种背景下，元宇宙的概念框架被提出，并迅速得到响应与发展。

究竟何为"元宇宙"？从技术层面讲，元宇宙是根据物理世界的样态由人类创造的数字世界，是"集成与融合现在与未来全部数字技术于一体的终极数字媒介"[①]。从社会层面讲，"元宇宙现象是一种生产生活方式的社会发展现象，是一种世界级的未来社会建构现象"[②]。从哲学层面讲，"元宇宙是人类数字化生存的最高状态"，"是'心'的绽放，是'梦'的具象，是'我思故我在'的全息展现"。[③] 事实上，元宇宙的界说还远不止于此，因为元宇宙本质上既是新技术也是新思维，还是新方法。作为新技术，元宇宙是继信息化、数字化之后互联网进化的新形态，它将建构真正意义上的数字全息世界；作为新思维，元宇宙有着现存的智能技术难以比拟的数字全息思维、全身沉浸思维、创构思维以及智慧思维；作为新方法，元宇宙将以其交互性、计算性与安全性强化用户的沉浸体验及其通达性，优化智能交往及其秩序。

2. 元宇宙的基本特性

一是实时性。元宇宙使虚拟空间与现实社会保持高度的同步和互通，交互效果逼近真实。在元宇宙提供的多维系统空间中，将会有无数的化身和数字资产与现实世界中的个体和经济体进行互动，这意味着在现实社会中发生的一切事件将

---

① 喻国明,耿晓梦. 何以"元宇宙"：媒介化社会的未来生态图景[J]. 新疆师范大学学报（哲学社会科学版）,2022(3)：110.
② 王建红."元宇宙"现象的历史唯物主义探析[J]. 江淮论坛,2022(2)：154.
③ 赵国栋,易欢欢,徐远重. 元宇宙[M]. 北京：中译出版社,2021：21,13.

基于时间线同步到虚拟的元宇宙世界，同时，用户在元宇宙中的交互能得到近乎真实的反馈信息，并且能够实现同频刷新。

二是在场感。元宇宙场景中，人们能从感官上体验到拟真的沉浸式体验，真正达到虚实融合、身临其境的程度。因为元宇宙作为一个巨大的公共网络空间，能够将增强现实和虚拟现实结合在一起，对人们关于感官输入、空间定义和信息获取点的假设重新进行配置，使其沉浸在一个栩栩如生的数字世界中。

三是融合性。元宇宙与传统的"在线世界"或"虚拟世界"的不同之处在于，它强调同现实世界互通有无，并与人们的现实生活相互融合。元宇宙将虚拟和现实并置，数字化也成为人类生存的常态，这样更加便于数据间的连接和共享。未来的元宇宙将在多个层面上充当现实世界的补充工具，让数字世界和物理世界实现强交互、深融合。

四是创造性。元宇宙能让人们拥有主动改造虚拟环境的创作工具，甚至不一定需要依赖特定界面，可以直接运用思维操控。元宇宙通过制定"标准"和"协议"，对代码进行不同程度的封装和模块化，任何有着不同需求的用户都可以随时随地地连接元宇宙，在其中进行自主创新与探索，构建原创的虚拟世界，不断拓展元宇宙的边界。

五是持续性。元宇宙是一个由持久、实时渲染的 3D 世界和模拟组成的广阔网络，支持身份、对象、数据和权利的连续性，可以实现有效且无限的用户同步体验。并且，元宇宙平台的建设和发展不会"暂停"或"结束"，而是以开源开放的方式运行并无限期地持续发展。

（二）元宇宙的产业结构

元宇宙的产业结构大致可分为技术支持层、基础设施层、应用层。技术支持层包括 5G/6G、区块链、云计算、物联网、人工智能、GPU 等。基础设施层包括虚拟主机、AI 计算实体、扩展现实技术、智能可穿戴设备等。应用层包括但不限于游戏、社交、体育、旅游、会展、教育、医疗、影院、购物等。

1. 元宇宙的技术底座

元宇宙作为技术集合体，其技术底座主要分为六大部分，具体如下。

（1）元宇宙的通信基础：5G/6G

一方面，5G/6G 的高速率、低时延、低能耗、大规模设备连接等特性能够支持元宇宙所需要的大量应用创新;另一方面,元宇宙有可能以其丰富的内容与强大的社交属性打开5G/6G的大众需求缺口,提升5G/6G网络的覆盖率。

(2) 元宇宙的虚实界面:扩展现实、机器人、脑机接口

扩展现实(XR)包括虚拟现实(VR)、增强现实(AR)、融合现实(MR),为元宇宙的使用者提供沉浸式的体验。具体看,VR提供沉浸式体验,通过全面接管人类的视觉、听觉、触觉以及动作捕捉来实现元宇宙中信息的输入输出;AR则在保留现实世界的基础上叠加一层虚拟信息;MR通过向视网膜投射光场,可以实现虚拟与真实之间的部分保留与自由切换。而机器人是通过实体的仿真肉身成为联通元宇宙的另一种渠道。脑机接口技术可以让使用者用意识进行各种交互解析,并实现平行世界里的一切交互行为,支持元宇宙中更快捷和有效的信息访问。

(3) 元宇宙的算力基础:云计算

云计算配合高效、稳定、可靠的未来互联网,是实现元宇宙终端的轻量化的最佳解决方案。动态分配算力的云计算系统将是元宇宙的一项基础设施,能使运算和显示分离,在云端GPU上完成3D渲染,支持元宇宙的虚实融通。

(4) 元宇宙的生成逻辑:人工智能

在内容生产上,可以通过人工智能自动生成相关的图形构建元宇宙,再辅以人工去微调精修元宇宙的重要组件,大幅降低构建元宇宙的周期和人力;在内容呈现上,人工智能驱动的虚拟数字人将元宇宙的内容有组织地呈现给用户;在内容审查上,人工智能可以对元宇宙中无法以人工完成的海量内容进行审查,保证元宇宙的安全与合法。

(5) 元宇宙的世界蓝图:数字孪生

数字孪生即在虚拟空间内建立真实事物的动态孪生体。借由传感器,本体的运行状态及外部环境数据均可实时映射到孪生体上。元宇宙通过数字孪生来构建细节极致丰富的拟真环境,营造出沉浸式的在场体验。

(6) 元宇宙的认证机制:区块链

区块链技术具有不可篡改、点对点交互、分布式结构等特性,与元宇宙的数字身份、平权理念、经济交易等相匹配,为元宇宙经济系统提供技术支持。基于去中心化网络的虚拟货币,不仅使元宇宙中的价值归属、流通、变现和虚拟身份的认证成为可能,而且还使整个经济体系更加稳定、高效、规则透明且有确定性。

2. 元宇宙的应用场景

元宇宙热潮引发有关部门和地方政府的高度关注与前瞻布局。例如，2021年12月，上海市发布的《上海市电子信息产业发展"十四五"规划》提出，鼓励元宇宙在公共服务、商务办公、社交娱乐、工业制造、电子游戏等领域的应用；2022年1月，工业和信息化部举办中小企业发展情况新闻发布会，提出将培育一批进军元宇宙、区块链、AI等领域的创新型中小企业；2022年2月，北京市通州区印发《关于加快北京城市副中心元宇宙创新引领发展的若干措施》；浙江、江苏、湖北等地在相关产业规划中明确元宇宙领域的发展方向。此外在全国各地陆续召开的"两会"上，围绕元宇宙的提案更是成为社会关注的焦点。

目前，元宇宙已经被应用于政务、教育、游戏、医疗、旅游、会展等多个领域，并衍生出全新的产业生态。比如，政务元宇宙中的政务服务以数字技术为基础，克服线下服务的时空制约和语言障碍等困难，将现实办公场景迁移到虚拟空间中，让工作人员和参与者以虚拟形象出现，从而达到"面对面交流"的效果，这对于政务工作和沟通来说，既能提升效率，又能降低成本。此外，将元宇宙的关键技术与"智慧城市""数字治理"等理念相结合，对实现住房、环境、交通、税务、健康、文旅等领域的可持续发展，增强市民生活的幸福感和便利感有极大助益。再如，教育元宇宙将会构建以现实物理空间为核心，以资源生态、社会交往、探究学习和评价系统等为关键环节的智慧学习空间，形成虚实共生和跨界探索的未来教育形态，真正实现寓教于乐式的学习。

元宇宙的概念提出与产业发展，是数字革命发展到特定历史阶段的必然产物，也是数字经济的重要构成内容。要适应元宇宙技术及其产业发展潮流，应推动具有中国特色的元宇宙产业发展，推动中国数字经济创新发展，为构建世界数字命运共同体贡献中国智慧和中国力量。

二、"元宇宙＋智慧党建"的发展前景

作为数字化和智能化的发展趋向，元宇宙对智慧党建的影响是全方位、深层次、多元化的，将成为智慧党建未来发展的新方向、新动力。元宇宙在延展智慧党建工作环境、创新智慧党建工作思维、优化智慧党建工作方法等方面具有显著

作用。

(一) 元宇宙将延展智慧党建工作环境

1. 延展智慧党建的感知环境

元宇宙集成各种先进智能技术,将现实社会与虚拟社会连接起来,创构一个虚实共生的全息数字世界,在感知环境构造与具身沉浸体验方面深刻地影响着智慧党建的感知环境。

在感知环境构造方面,元宇宙技术可以全面数字摹写现实世界,并在摹写的基础上以及同现实世界的相互作用中创造和构设出新的数字化世界,使人们的感知环境得以扩展延伸。这是因为人的意识、思维是人对于客观物质世界的反映,是基于物质世界的一个映射世界,既看不见也摸不着,过去只能通过语言或图文予以间接描述,未来则可以运用元宇宙技术将思维意识外显化、具象化,既让思想状态及其变化情况可观、可测、可控,也使思想世界与物质世界的各类数据叠加综合到数字世界中,人们可以充分发挥主观能动性,进行各种思想实验和想象创造。由此,元宇宙将为智慧党建的未来场域提供更多维的创新空间以及更开阔的感知环境。比如,通过对真实空间中党建场景的三维信息收集,元宇宙既可以逼真地呈现可视化的党建工作环境镜像,又能够依据党员干部的感知需要创构新的工作环境,从而提高党建工作环境的生动性和感染力,增强党员干部的认知度和创造力。

在具身沉浸体验方面,一是通过 VR、AR、MR 等沉浸技术的应用,为人们创造多模态的虚实交互的沉浸体验,实现体感与环境的融合统一,提升智慧党建工作环境的渲染效果;二是通过大数据基础上的个性化特征关注、可穿戴设备基础上的感官通道延展、智能算法基础上的全过程数据追踪与多模态数据分析,实现智慧党建工作主体和对象全息虚拟交互的高品质沉浸体验;三是依托人工智能技术,在检查、分析以及预测党员个体思想状况的基础上,智慧党建可智能化地推荐学习资料、工作方法甚至价值理念等信息内容,让每位党员在实体性物理世界和信息性虚拟世界中自由穿行的同时,身心得以全面发展,满足即时化、个性化的体验需求。

2. 延展智慧党建的信息环境

融合物联网、大数据、数字孪生、脑机接口等技术,元宇宙将在信息采集、信息库的建构更新、以信息为中介的虚实共生等方面,为智慧党建信息环境的延展创造条件。

在信息采集方面,元宇宙技术可使智慧党建数据的综合采集更加全面高效,智慧党建数据系统的运营管理更加智能完善。比如,依托物联网等技术,元宇宙可将海量的信息数据归集起来,形成体系化的数据接收网,开展全领域的智慧党建信息数据采集工作。再如,凭借元宇宙的大数据技术以及算法和算力,智慧党建可实现对党员身份信息、思想动态、行为习惯及其交互活动的全面数字化,并对其生理心理等方面的全部信息进行捕捉、收集、整合、挖掘与分析,为合理部署工作和有效监督管理筑牢数据底座。

在信息库的建构更新方面,元宇宙的数字孪生技术可实现原生党建信息、动态党建信息与再生党建信息的内在循环更新,保证智慧党建信息库的实用性和长效性。具体而言,数字孪生技术对在现实空间中采集的原生党建信息进行整理分类,遴选特定数据进行相关性分析,制定可行性方案即再生党建信息,用以指导线下党建工作优化开展;同时,数字孪生技术可对智慧党建工作对象进行跟踪收集信息、动态仿真党建工作实景并反馈党建工作开展成效,不断生成动态党建信息,以持续优化智慧党建信息库。

在以信息为中介的虚实共生方面,元宇宙通过信息对接和场景要素的打造,可将智慧党建的工作环境延展至无限开放的虚拟空间,实现虚拟与现实的无缝连接。具体而言,元宇宙借助人工智能、AR/VR/MR 等新技术以及脑机接口的双向传输,将从更高的层次还原并扩展智慧党建工作环境,在使虚拟世界与现实社会保持高度的互联互通的基础上,完成契合党组织和党员需要的虚实信息的精准对接,打破现实世界与虚拟世界的壁垒,实现智慧党建工作环境的虚实共生。

3. 延展智慧党建的交互环境

基于现实延展性和虚实互动性的优势,元宇宙可从人机协同、社会互动、资源共享等方面延展智慧党建的交互环境。

在人机协同上,元宇宙可将智能技术深度融入智慧党建的内容、过程与结果之中,建构人机关系协同的党建工作环境。在元宇宙场域中开展智慧党建工作,不仅可提升党建工作主体的智能素养,促进党建工作内容信息的智能提取、生成与推送,实现党建工作环境的智能优化与扩展丰富,而且可将数字技术融入党员干部的认知交互、情感交互与信息交互过程中,应用到党组织的管理、教育、监督等工作的智能运行和智能反馈中,支撑整个智慧党建工作系统循环有序运行。

在社会互动上,元宇宙将实现虚拟交往的智能升维,创设彰显人文精神的多维社会互动场景,可使智慧党建工作延伸到现实社会与虚拟社会的每个角落。元宇宙智能技术的应用将改变党的原有组织形式,彻底打通党建场景、党建内容与党建方法的时空界限,为智慧党建的工作主体和对象提供虚实融合的社会化场域及关系,实现个人—组织—社会的有机联通、有效互动,形成平等开放、高效便捷、和谐融洽的智慧党建交互环境。

在资源共享上,元宇宙将为智慧党建提供多样、优质、充盈的资源支持,实现各类资源共建共享,充分释放智慧党建的活力和效力。一方面,元宇宙提供的泛在互联与智能交互环境,能够消除现有智慧党建资源的地区差异、城乡壁垒,促进智慧党建资源高效流通,优化智慧党建资源的配置方式;另一方面,元宇宙建构的极致开放环境,允许用户自由进入与编辑创造,党组织、政府、企业、社会组织以及党员和群众等多方主体可协同参与,共建丰富、全面、综合的智慧党建资源,并借助元宇宙的大规模"数智"技术实现智慧党建资源的流转与共享。

(二) 元宇宙将创新智慧党建工作思维

1. 数字全息思维带来的智慧党建工作创新

数字全息思维是指元宇宙依托大数据、数字孪生、3D引擎等新技术对世界万物及其运动轨迹进行全息数字摹写的新思维,它将深刻影响未来智慧党建工作的质与量。一方面,元宇宙的高度数字化和数据完备性,可将各类事件和信息都涵括其中,使智慧党建的外在信息网得以拓展延伸、内在数据网得以优化升级;另一方面,元宇宙集成的党建数据是在以数字孪生等技术为中介的虚实融通中获得的,它在虚拟与现实的有机互动循环中高度清晰地描述智慧党建工作的内容、过程与结果,可有力提升智慧党建工作的细度、密度与深度。

2. 全身沉浸思维带来的智慧党建工作创新

全身沉浸思维是指元宇宙融通过去、现在和未来的全方位的具身沉浸思维,它从感受性、自主性与具身性层面创新智慧党建工作思维。一是感受性沉浸思维的创新,元宇宙通过提供视觉、听觉、触觉等感官体验的可穿戴设备以及有着摹写、创构数字世界能力的数字孪生技术等,使智慧党建主体的全身沉浸不仅包含当前,而且在过去与未来的张力中既感知现实又超脱现实,真正达成现实与虚拟的感知融通。二是自主性沉浸思维的创新,比如在元宇宙中开展智慧党建活动,参与主体能在全身沉浸中将自主性潜力和创造性活力激发至极限,增强活动效果。三是具身性沉浸思维的创新,比如在元宇宙中对党员进行沉浸式教育管理,可让受教育者在身临其境的智慧党建工作场景中更全面地参与其中,获得更优的学习体验。

3. 创构思维带来的智慧党建工作创新

创构思维是指元宇宙基于人的感官特性创造出现实中不存在的东西。元宇宙应用将使智慧党建工作彻底摆脱现实世界的条件限制,既可依据工作需要创建各种空间,如虚拟党支部活动、虚拟会场、虚拟办公室等,也能激发和培育广大党员在知识创造以及创造转化应用等方面的创造力。在知识创造中,元宇宙通过大数据、算法、深度学习等技术深度发掘智慧党建工作内需并呈现各种隐匿问题,引导党员干部培养更高阶的创造力与思维力;在创造转化应用中,元宇宙通过智能显示技术、智能应用技术、智能管理技术等,可将大量创造转化成果应用于智慧党建工作实践中,迸发智慧党建新活力。

(三) 元宇宙将优化智慧党建工作方法

元宇宙的基础设施主要分为五层,自下而上依次是物理层、软件层、数据层、规则层、应用层,为智慧党建工作方法优化提供技术基础。从物理层看,元宇宙的数字硬件设施主要包括物联网、5G/6G、计算中心等,它们为智慧党建信息数据的采集、存储、分类、集成等提供技术支持。其中,物联网可搜集海量的智慧党建信息数据,5G/6G可提高数据的采集效率,计算中心可对智慧党建大数据进行有针对性的预处理。从软件层看,元宇宙的软件包括基础软件(数据库、云计算、操作系统等)和应用软件(知识图谱、3D引擎、用户画像等)两种,它们分别为智慧党建的智能感知与智能认知提供技术服务。比如,云计算可区分处理智慧党建信息数据的重点与难点,知识图谱可呈现反馈智慧党建工作内容,用户画像可精准制定智慧党建工作内容与个性化工作方法。从数据层与规则层看,元宇宙的数据层包括数据中心与数字资产,规则层包括数字治理与数字标准、法规等,它们将为智慧党建的决策、管理、监测等提供数据服务与制度保障。从应用层看,元宇宙综合前四层技术应用,将在管、教、测、评、治等层面支持智慧党建各项工作的有序有效开展。

此外，元宇宙的交互技术、计算技术、安全技术等使智慧党建工作的即时化、可视化、虚拟化、精准化、个性化开展成为现实，不仅使智慧党建工作主体能够全时参与、实时响应与共时交流，使智慧党建活动的全员在线、全位连接和全程交互成为现实，而且使智慧党建工作对象的需求高定制化、服务高精准化，优化提升智慧党建的思维方式、认知方法、工作方法。

第二节　空间维度：网络安全护卫中智慧党建的未来展望

网络安全和信息化是事关国家安全和国家发展、事关广大人民群众工作生活的重大战略问题。网络安全是指通过采取必要措施，防范对网络的攻击、侵入、干扰、破坏和非法使用以及意外事故，使网络处于稳定可靠运行的状态，以及保障网络数据的完整性、保密性、可用性的能力。[1] 党的十八大以来，以习近平同志为核心的党中央高度重视网络安全工作，做出一系列重要部署，相继制定出台《中华人民共和国网络安全法》《国家网络安全事件应急预案》《云计算服务安全评估办法》《网络安全审查办法》等法规制度。因此，从空间维度看，在面向未来应用新兴技术保障智慧党建安全化开发与建设的同时，还应发挥智慧党建的联动效能，确保网络环境安全稳定，守好网络信息安全堡垒，为广大党员和群众提供高标准的安全服务。

---

[1] 国家网络安全知识百问[M].北京：人民出版社，2020：3.

一、智慧党建的安全性建设

(一) 信息数据安全

1. 数据安全的重要性

数据安全是指通过采取必要措施,确保数据处于有效保护和合法利用的状态,以及具备保障持续安全状态的能力。大数据是重要的生产资源和执政资源,对国家的长治久安和综合国力的竞争具有极端的重要性,必须坚持党管数据,保证国家数据安全。习近平总书记强调:大数据发展日新月异,我们应该审时度势、精心谋划、超前布局、力争主动,深入了解大数据发展现状和趋势及其对经济社会发展的影响,分析我国大数据发展取得的成绩和存在的问题,推动实施国家大数据战略,加快完善数字基础设施,推进数据资源整合和开放共享,保障数据安全,加快建设数字中国,更好地服务我国经济社会发展和人民生活改善。[①] 为此,2021年9月实施的《中华人民共和国数据安全法》规定:对数据分类分级保护,制定重要数据目录;关系国家安全、国民经济命脉、重要民生、重大公共利益等的数据属于国家核心数据,应实行更加严格的管理制度等。2021年11月实施的《中华人民共和国个人信息保护法》,与《中华人民共和国网络安全法》和《中华人民共和国数据安全法》共同构成我国网络空间和数据保护的"三驾马车"。这些法律规定成为国家大数据战略中至关重要的法制基础,也成为数据安全保障和数字产业发展的重要基石。

信息数据安全既是关系党和国家全局建设的基础要素,也是未来智慧党建应用发展的基本要求。随着党建工作的信息化发展,数据的安全性问题日益突出。比如,党建数据系统涉及组织机密、个人隐私、工作信息等,具有高度敏感性,且数据归口众多、内容类型繁多、覆盖范围广泛、权属界定较难,加上运营方的安全意识薄弱、技术水平有限等,多重原因致使党建信息数据面临泄露、攻击、滥用、篡改等安全问题。这就需要发挥智慧党建的数据管理优势,加强党建平台的数据安全保障建设,在打破数据孤岛、促进数据共享的同时,也进一步提升数据治理水平,

---

① 数字政府建设[M].北京:人民出版社,2021:11.

筑牢数据安全防线，确保党建数据安全。

2. 智慧党建的数据安全管理

智慧党建数据安全的过程性管理可依循数据生命周期的六大阶段具体进行。

（1）数据采集。应用智慧党建平台提高党组织管理的全面性和准确度，需要依赖更多便捷且安全的数据采集渠道。一是在采集终端的安全性方面，应注重加强采集终端设备的注册、认证、准入控制和恶意程序防护，以及采集人员身份、权限的认证和管控等方面的管理。在认证通过后，应向数据需求方发起特定项申请，明确数据使用权限和期限，待数据提供方同意后方能继续共享交换，这是确保智慧党建信息数据开放、传输、共享的前提。二是在数据分类分级保护方面，可以将智慧党建中的数据资源分为基础党建数据资源和业务数据资源两大类，其中基础党建数据资源可细分为党员个人信息、党组织信息、文件档案资料等不同类别，业务数据资源可依托党建工作细分为决策类、管理类、学习类、活动类等，再对每个类别分层分级并标记编码、名称、类型、管理方式、责任归属等信息，从而实现系统化管理、针对性识别、精准化保护。三是在数据采集的安全边界方面，以智慧党建推动业务融通、信息共享的进程中，需要明确数据采集方与数据提供方的权责边界，通过签订数据安全交换协议、严格制定安全防护方案、设置实时监测预警机制等措施，实现智慧党建信息数据采集的有序安全可控。

（2）数据传输。党建信息数据的重要性、敏感性加大了其在数据传输过程中被窃取、被篡改及事后否认的可能性。因此，基于智慧党建平台进行数据传输时需要采用加密的传输通道及技术手段，确保数据在传输过程中的真实性、完整性、保密性和不可篡改性。比如，使用加密技术应对窃取问题、使用消息验证码或数字签名技术应对篡改问题、使用数字签名技术应对事后否认问题。此外还可采用数据传输安全协议、可信证书认证机制、时间戳机制等保障信息数据点到点、端对端的安全传输。

（3）数据存储。智慧党建大数据库的优化完善，应重点考虑存储介质的稳定性与可靠性，最大限度地避免因物理损坏、人为因素、技术漏洞等导致的数据丢失、篡改、不可用等情况发生。为此，一方面要确保入库数据的质量安全，可设计基于数据标准体系的党建信息数据清理融合系统，根据数据的重复性、准确性、时效性等指标进行数据稽查，并生成质量评分；另一方面要确保数据能够备份与恢复,对数据存储与更新的全过程进行及时备份和日志记录,并可借助字典映射、数据格式转换、数据提取、数据核验、数据关联等方法对部分可恢复数据进行修复,保障数据库操作留痕、可追溯。

(4) 数据处理。智慧党建的数据处理程序一般会经历数据汇聚、数据传输、数据存储、数据分析和数据应用等步骤,这期间将会随时面临各种内外安全风险。为降低党建信息数据在处理过程中的风险,需要通过数据安全检测分析、数据安全网关、零信任安全等技术手段,保障数据处理全程的可检测、可管控,尤其要保障敏感数据的安全。同时还需要党组织及相关责任单位制定并实施数据安全管控办法,包括立法、立制、立标等,确保数据处理流程规范清晰、数据管理机构职责明确、数据应用环境监管有效。

(5) 数据交换。作为党建大数据共享交换平台,智慧党建将促进各类信息数据资源的互联互通。比如,通过建设基础数据库、信息资源目录系统、数据采集交换系统、信息资源共享服务系统、数据管理平台、安全标准体系等,整合信息资源,打破数据壁垒和信息孤岛,实现对智慧党建工作中可共享信息数据的统一建设、统一流通、统一维护。此外,也需根据《中华人民共和国网络安全法》的规定,对关键基础性信息系统分级实施保护,将共享交换平台系统的定级、备案、建设整改、登记测评和监督检查的常规动作,贯穿平台的全生命周期。

(6) 数据销毁。随着智慧党建大数据规模的不断膨胀,无用、多余的数据长期得不到释放、清理,将严重影响到信息数据的实时查询效率以及管理运营水平。及时对无用数据进行销毁,不仅可以节省存储空间,节约运营成本,提高交换效率,还可以提升安全性,避免某些敏感数据的泄露及追溯性攻击。这就需要建立起一套切实可行、安全可靠的自动化数据清洗和销毁机制,定期对智慧党建平台中无用、多余的党建信息数据进行清理和审查,确保数据安全,提升数据质量。

(二) 系统运行安全

1. 安全监控技术

智慧党建需要注重安全监控技术的加强与升级。一是需要加强访问控制技术,既为智慧党建用户提供相应授权,实现用户访问流程的安全化控制,也为智慧党建的门户管理和安全防御提供技术支持;二是需要优化监控信息分析技术,帮助智慧党建工作主体精准定位所需信息,并结合经验快速形成科学适用的工作方案;三是需要完善安全应急响应技术,探索推进"智慧党建＋应急保障"行动计划,打造"横向到边、纵向到底、上下互联、左右互通"的智慧党建应急管理工作新模式。

2. 修复优化系统

在开发应用中,智慧党建平台难免会出现问题漏洞,比如,系统改版升级过程中发生党建信息错乱、无法导入等问题,手机客户端更新后存在登录不上、操作不熟等情况,这需要对智慧党建平台进行系统修复与优化升级。首先,要经常对智慧党建平台的系统漏洞进行检查修复,科学应用漏洞修补技术,定期更新和维护智慧党建的运营系统。其次,要不断优化智慧党建平台的系统设备,制定日常维护、更新、检测计划,持续改进和提升安防系统性能。最后,要打造专业能力强、政治素养高的智慧党建平台运营团队。当前多数智慧党建平台的管理和维护工作主要由党务工作人员兼职完成,缺乏一支专业化队伍。未来应注重培养专业技能人才,由专业人员专职从事智慧党建平台的开发、运营、管理、维护。

(三) 操作使用安全

1. 提升安全意识

一要提升安全开发意识。目前,智慧党建的平台开发多数外包给中小企业完成,缺乏适当的安全保障措施。对此,应从智慧党建开发设计的源头紧抓安全性,加强设计者和开发者的信息安全意识,使其在智慧党建平台设计阶段就将安全性纳入考虑,从框架、规范、核心模块等维度进行统一安全的设计,并根据安全开发需求完成相应安全功能的设计,规避前期功能应用中可能出现的一些逻辑性漏洞和技术性失误。二要加强安全使用意识。在智慧党建平台的运营期间,一旦出现不合理、不规范的操作,或是未能察觉漏洞和风险,将会导致党建信息泄露和党建工作停滞。对此,应加强运营管理,提升管理者和使用者的安全防护意识,引导其自觉规范操作行为并提高防范意识,确保使用操作的规范性和安全性。

2. 加大监管力度

一要排查和处理智慧党建平台运营中的风险漏洞,在全面把控工作流程的基础上重点关注网络安全隐患问题的分析和处理,加强监管力度和敏捷度。二要建立健全智慧党建平台安全检测规范,针对党建工作的实际情况,结合智慧党建平台的功能特点,研究测试技术,编制检测规范,形成量化的检测指标,以检验智慧党建平台的应用水平,发现操作中的问题,总结运营和管理经验。三要建立科学系统的智慧党建平台应用开发和检测程序,将标准化要求贯彻落实到各个操作环节,促进运营管理更规范、人员技能更精湛、检测手段更可靠、安全质量和水平进一步提升,为智慧党建平台建设提供良好的网络运行环境。

二、智慧党建为网络安全保驾护航

网络安全的重要性日益凸显,习近平总书记强调:"网络安全牵一发而动全身,深刻影响政治、经济、文化、社会、军事等各领域安全。没有网络安全就没有国家安全,就没有经济社会稳定运行,广大人民群众利益也难以得到保障。"[①]因此,"必须旗帜鲜明、毫不动摇坚持党管互联网,加强党中央对网信工作的集中统一领导"[②]。对此,依托智慧党建平台,可以最广范围、最强效力、最大限度地发挥党的引领作用,为网络安全保驾护航。

(一) 全面监测守护网络安全

智慧党建可充当网络安全监测的"智慧眼",对网络信息进行动态综合、分析研判、监测预警,找准网络安全工作的薄弱环节和监管空缺,最广范围地守护网络安全。

一是动态综合。发挥智慧党建的数据采集、信息共享、互联互通等基础功能,将不同地区、部门和行业的运行情况和关键数据进行整合处理并实时展示,从而带动各方面积极落实网络安全防护的主体责任,实现全天候、全方位、全领域感知和预测网络安全态势,为部署网络安全工作和应对网络安全问题做足准备。二是分析研判。智慧党建在技术加持下可对各类党建融合数据进行智能分析,帮助决策者清醒地认识到网络安全面临的严峻形势、准确研判各种显性或隐性的网络安全问题,督促工作者持续做好网络安全检查和监管工作,深入开展网络安全自查及整改工作。三是风险预警。智慧党建可在智能化监测和分析网络各项信息数据的基础上,为相关部门提供实时预报和风险评估功能,达到主动发现问题、及时

---

① 中共中央党史和文献研究院. 习近平关于网络强国论述摘编[M]. 北京:中央文献出版社,2021:97.
② 习近平在全国网络安全和信息化工作会议上强调 敏锐抓住信息化发展历史机遇 自主创新推进网络强国建设[N]. 人民日报,2018-4-22.

提醒预警、确保网络安全的目的。

(二) 有效防御保护网络安全

智慧党建可以作为党在网络空间的"护卫者",通过推进网络安全教育、扩大网络安全宣传、强化网络安全机制等防御措施,有效预防并抵御各类挑战,以最强效力保护网络安全。

一是推进网络安全教育。智慧党建平台可广泛开展形式多样、内容丰富、影响广泛的网络安全教育活动,比如,通过制作并播放网络安全专题片、开办 VR 网络安全教育展、线上网络安全知识竞赛等方式,筑牢党员干部的网络信息安全思想防线和责任意识。同时,在教育活动中促使党员干部牢固树立网络安全为人民、网络安全靠人民的理念,带头维护广大人民群众在网络空间的合法权益,提升全党全民网络安全意识和技能。二是扩大网络安全宣传。智慧党建平台作为党的宣传阵地,可以运用通俗易懂、喜闻乐见的形式,大力宣传网络安全理念、普及网络安全知识、推广网络安全技能。同时,贯彻党管媒体的原则,通过智慧党建融合网络媒体,引导各类媒体坚持正确的政治方向和舆论导向,合力做好网络安全宣传工作。三是强化网络安全体系。智慧党建平台可以贯彻执行各项网络安全制度,加强网络安全信息统筹机制建设,收集反映各类网络安全问题的信息,推动网络安全工作的规范化、常态化,筑牢可信可控的网络安全屏障,保证网络安全工作的良性和可持续发展。

(三) 联动处置维护网络安全

智慧党建可以作为"指挥棒",借助党的集中统一领导优势,凝聚和发挥政府、企业、学校、社会和广大网民的力量,形成多元主体协同配合的网络治理格局,构建全域联动、立体高效的网络安全防护体系,最大限度地凝聚各方合力共同维护网络安全。

1. 政府方面

智慧党建的应用发展将打破各级各地政府部门之间的壁垒,促进政务信息的公开共享,提升政府的办事效率,同时为数字政府安全建设提供助力。比如,智慧党建平台可以面向全国不同层级的政务部门提供安全运营服务和安全托管服务,满足地方政务更广泛的安全需求,为政务用户提供全天候的网络安全事件的监测、分析、研判、应急处理,帮助政务用户按需获得相应的安全运营能力,实现更精准的安全防护。此外,也能通过智慧党建与各级政府部门联动,做好"标准合规、边界明确、权责清晰"的网络安全管理。

2. 学校方面

在学校教学工作中,网络覆盖的领域较大,网络用户的年龄较小,网络风险的防范较少,亟需加强学校的网络安全建设。为此,可以利用智慧党建的教育和管理功能,让网络安全进校园,撑起青春"守护伞"。首先,以智慧党建助推校园网络安全平台建设,做好校园网络安全日常管理与技术防护工作,全面排查、全面摸底、全面整顿,把好校园网络安全的重要关口;其次,以智慧党建加强教师党员网络安全培训,锻造应急管理和技术支撑队伍,提升校园网络安全事件的预警防护和应急处置能力;最后,以智慧党建强化网络安全教育,结合学校中心工作,通过丰富多样的教育方式,生动直观地展现网络安全政策与知识,加强对各年龄段学生的网络法治教育和网络道德教育,促进形成健康向上、风清气正的校园网络环境,确保学校网络安全稳定。

3. 企业方面

习近平总书记指出:"没有强大的网络安全产业,国家网络安全就缺乏支撑;没有强大的网络安全企业,就形成不了强大的网络安全产业。"[①]为此,在企业网络安全方面,可以通过智慧党建彰显党组织的政治核心和政治引领作用,共商共建"党建+网络安全+优化营商环境"的新发展模式。一方面,各地党委可借助智慧党建这一有力抓手,加强对网络安全产业的统筹规划和整体布局,部署支持企业网络安全发展的政策措施,以激发企业活力和企业担当,维护商业环境安定;另一方面,企业党组织可利用智慧党建这一有效渠道,宣传贯彻并落实有关网络安全的政策制度,探索企业网络安全工作的保障举措,以集结企业智慧和企业合力,促进企业健康发展。

4. 社会方面

习近平总书记在 2015 年第二届世界互联网大会上第一次提出构建网络空间命运共同体的重要理念和五点主张,并在此后的世界互联网大会视频讲话和贺信

---

① 中共中央党史和文献研究院.习近平关于网络强国论述摘编[M].北京:中央文献出版社,2021:100.

中相继提出"推动网络空间实现平等尊重、创新发展、开放共享、安全有序的目标"以及"做到发展共同推进、安全共同维护、治理共同参与、成果共同分享"等重要论述。展望未来我国网络安全发展,可以本着"组织共建、资源共享、网络共护、安全共抓"的原则,通过智慧党建平台汇聚多元主体力量、凝聚社会共识,推动全员、全领域、全方位的"清朗净网"行动,引导网民依法上网、文明上网,做一个理性的网络参与者和表达者,不断强化网络空间的共治共享。

第三节　战略维度：现代化强国愿景里智慧党建的未来展望

中国共产党是中国式现代化愿景的擘画者、经济社会发展目标的设定者、现代制度体系的建构者和国家治理活动的推动者,党建工作对全面建成社会主义现代化强国至关重要。因此,从战略维度看,要推进智慧党建的未来新发展,就需要将智慧党建融入中国式现代化建设蓝图的全过程和各领域之中,以党建的智慧化引领社会治理的智慧化、推动经济社会发展的现代化,为以中国式现代化全面推进中华民族伟大复兴赋予持久动能。

一、现代化进程中智慧党建的发展图景

在全面建成社会主义现代化强国的新征程上,中国共产党抓住信息革命的历史性机遇,将党建工作与最先进的现代化信息技术相融合,建构并推进智慧党建,

开启党建新模式、引领党建新风尚、助力党建新发展。展望未来,智慧党建应以强化党的领导为核心指向,以优化平台效能为功能定向,以社会发展需求为基本导向,以系统谋划布局为战略方向,助力党始终领航现代化奋进之路。

(一) 以强化领导为核心指向

党的领导是中国特色社会主义的最本质特征、最大优势,也是中国现代化的本质要求。坚持党的领导是智慧党建必须遵循的基本原则,也是智慧党建未来发展的核心指向。同时,智慧党建既是彰显党的核心领导地位的应有之义,也是增强党的团结统一的重要举措。

第一,充分发挥党的政治引领作用,加强党对智慧党建的宏观把控和方向指引。应在各级党委的统一领导下,统筹谋划、整体推进、督促落实各领域智慧党建的平台架构与建设规划,指引智慧党建始终朝正确方向良性发展。各有关部门按照职责分工,完善政策措施,强化资源整合和力量协同,形成工作合力。

第二,运用智慧党建的功能优势为党的领导提供服务和保障,不断强化党的集中统一领导。推进智慧党建工作,不能只是基层党组织和党员表演"独角戏",而需要基于各级党委和有关政府部门职责组建"合唱团"。这需要将党的各项方针政策落到实处,细化各级管理部门在智慧党建中的具体职责,厘清技术支持、业务指导、审核把关、监督检查等责任主体,构建起各级党委统一领导,各级政府有关部门分工协作、齐抓共管的多层次智慧党建领导体制。

(二) 以优化效能为功能定向

智慧党建不仅是一种合理运用新兴技术的科学管理手段,还是一条能够优化工作机制、实现有序管理的有效途径,在未来的党建工作中发挥举足轻重的功能作用。

第一,智慧党建将从机制建设、制度保障、信息发布、队伍管理等方面进行提升和创新。这需要及时做好用户管理、信息管理与发布、数据导入与匹配、学习资源上传等环节的工作,保证智慧党建平台稳定有序运行。此外,还需要高度的严肃性、安全性、保密性,建立科学规范的智慧党建平台运营机制,提高抵御风险能力,保证智慧党建平台安全有序运行。

第二,智慧党建将加强党的建设,提升党建工作质效。这要求各级党组织在推进智慧党建的进程中正确处理党建工作与信息工具之间的关系,聚焦中心任务,把握工作本质,不断优化智慧党建工作流程、丰富线上党建内容、强化党建数据应用，做到党建部署反馈在线上、全面规范落地在现场，通过线上线下有机结合，推进智慧党建工作计划、组织、领导和监管全流程的精准高效运行，实现党建工作的智慧化开展、高质量发展。

第三，智慧党建将为改革创新奠定基础，成为现代化发展的红色引擎。智慧党建改变传统的基层党建工作模式，搭建起党建工作与党建引领改革发展相融互动的"路"与"桥"。今后需要不断扩展并完善智慧党建的功能模式，引领各级党组织开拓创新，不断提高党建服务质量和管理效率，为现代化建设添砖加瓦。

(三) 以社会需求为基本导向

智慧党建的未来发展应始终坚持以社会需求为基本导向，以为人民服务为出发点和落脚点，以保障党和国家的利益为驱动原则，紧紧围绕现代化强国建设的奋斗目标，将其打造成为集民声、解民忧、凝民意、暖民心、促发展的基层党建新模式。

第一，智慧党建要始终把人民利益放在至高无上的位置，实现为民服务智能化、多元化。这需要智慧党建在功能设置上围绕现代化目标，顺应社会发展的导向，突出党的建设和人民幸福生活的需求，强调人民的利益，为民解忧解难，维护人民的基本权益以及党群之间的血肉联系。

第二，智慧党建要紧紧依靠人民群众推进基层党建工作发展。人民是执政党的力量源泉和基石，没有人民的支持，智慧党建就会失去力量。只有坚持依靠人民，充分调动最广大人民参与智慧党建的积极性、主动性和创造性，才能促使智慧党建真正发挥功效、彰显价值、持续发展，以夯实党的执政根基。因此要推动智慧化理念深入人心，营造全社会共同关注、积极参与智慧党建的良好氛围。

第三，智慧党建要坚持"从群众中来"和"到群众中去"的原则。一方面，智慧党建要尊重并发挥人民的主观能动性，善于吸收和利用群众的好思想好做法，使智慧党建在更新升级中不断完善；另一方面，智慧党建要走向群众，去普及和检验从群众中总结提炼出来的党建工作思想与方法，更好地服务群众并不断满足其日益增长的美好生活需要。

(四) 以系统发展为战略方向

面对当前智慧党建发展中所存在的内容体系不够完善、长效机制不够健全等现实问题，应在深入研究党建工作规律的基础上，坚持系统发展的战略方向，前瞻性、系统性地构建智慧党建思维路径，推动智慧党建应用的常态化、长效化。

第一,系统谋划智慧党建的未来发展布局。在定位上,要把智慧党建作为网络强国战略和数字中国建设的重要组成部分来抓,赋予其战略性的高度定位;在思想上,要以习近平总书记关于网络强国的相关重要论述为指引,明确其目标和方向;在组织上,要成立智慧党建发展领导小组,进行高起点谋划、高标准规划,建立和完善智慧党建推进专项工作机制。

第二,统一制定智慧党建的中长期发展规划。首先,智慧党建发展规划不能一蹴而就,必须长远布局,分步实施,才能更好地适应变化。这需要根据党中央和上级党组织有关部署和要求,精准制定工作方案与具体计划,实现"策划—实施—检查—奖惩"的闭环管理。其次,智慧党建发展规划需要运用系统思维,把着眼点放在全局上,不仅要满足广大党员和群众的需求,也应充分考虑到各行各业各地区的不同特点和经济社会发展的不均衡性,对未来现代化进程中互联网与党建工作融合发展的趋势以及制约因素等有准确的判断。最后,智慧党建发展规划还应抓好统筹,把握时代脉搏,理顺各种关系,确保党建工作的顺利开展。这需要加强对智慧党建的理论研究,加强对各地区智慧政务、"互联网+党建"等实践经验和规律的总结,为智慧党建实现系统发展提供依据和借鉴。

第三,确保智慧党建发展实施的可行性。可行性因素主要包括技术可行性、建设资金可行性、人才可行性、场景应用可行性、系统融合进展的可行性等。应对各级各地方党组织开展智慧党建的主客观条件、环境因素等进行科学分析和细致评估,分步骤开展智慧党建工作。首先提出总体实施计划,制定底层数据库标准与运营管理机制;然后逐步推进平台系统建设,在党建业务制度化、制度实施流程化、表单管理信息化等基础上实现智慧党建工作的信息化流转、网络化运行、流程化管理、智能化决策,优化智慧党建的系统流程;最后根据业务需要进行融合和协同,在充分考虑各地经济水平和信息化程度的基础上,分步骤、分阶段、分地区扎实推进智慧党建,全面提高党建工作的科学化水平。

二、智慧党建为现代化强国供能添力

智慧党建综合运用先进的现代化信息技术开展党建工作,使党建工作既有党中央精神引领,也有现代化信息技术支撑,这对加快建设社会主义现代化强国具有重要意义。在迈向第二个百年奋斗目标的实践进程中,智慧党建将在统领智慧社会治理体系、支撑"大党建"格局、驱动国家治理现代化等方面持续为全面建成社会主义现代化强国供能添力。

(一)以智慧党建统领智慧化体系

在现代化强国建设进程中,依托智慧党建平台可将党的建设深度融入经济发展、基层治理、产业升级、社会服务、文化交流等各项工作中。因此,智慧党建不是孤立发展的,而是与"智慧城市""智慧乡村""智慧交通""智慧医疗""智慧产业""智慧校园""智慧旅游"等智慧社会治理的各方面紧密结合,形成一个以智慧党建为核心和主导的智慧社会治理体系,并且以党建智慧化统领智慧社会治理体系建设。

首先,构建以智慧党建为引领的智慧社会沟通体系。依托智慧党建平台,构建覆盖各级各地、各行各业的立体管理网络,吸纳不同社会群体,畅通党与社会各界之间的沟通渠道,激发党员干部和广大群众的内在活力,使智慧党建工作深入到智慧社会治理全过程中,提升党组织的影响力和凝聚力。

其次,打造智慧党建的系列特色"品牌"。智慧社会治理体系的建构与发展,既需要统一部署、整体谋划,也需要根据各地区、各产业实际情况体现出类型化和差异化,这对培育智慧党建的示范品牌提出了要求。优质的智慧党建品牌将对社会治理各领域的智慧化建设起到示范引导作用。应明确智慧党建品牌的定位与价值,掌握智慧党建品牌塑造规律,积极拓展智慧党建品牌影响力,使智慧党建成为社会治理智慧化发展的"头雁"。

最后,推动智慧社会治理体系的协同发展。依托智慧党建平台,将"智慧"理念和构想转化为"看得见,摸得着,用得上"的综合服务平台,对接智慧政务、智慧社区、智慧产业、智慧旅游、智慧商务、智慧校园等多个场景,构建智慧化发展新蓝图,同时注重多方参与、区域共建和资源共享,实现党务、政务、服务、业务等优势互补与融合共进,助推智慧社会和谐发展。

(二)以智慧党建支撑"大党建"格局

"大党建"格局是指实现各地区各领域各层级党组织联动,整合发挥各地区各领域各层级党建资源的综合效益,构建纵向一体、横向联动的协同党建工作格局。建立全国性的智慧党建互联互享平台,可以实现跨地区、跨领域、跨层级的"大党建"协同管理和服务。

一是从具体步骤看,首先明确各地区各领域各层级党组织在智慧党建互联互享平台中的职责定位;其次实时共享党建信息,实时交换党建信息资源,确保党建信息来源的多样化和可靠化;最后建立协同联动党建工作体系,健全跨地区、跨领域、跨层级的多级联动和协作机制,全面覆盖,快速反应,消除党建工作中的盲点和空白点,助推党群工作的区域化和一体化。

二是从协同关系看,智慧党建互联互享平台可强化四种协同关系:第一种是上下级党组织的纵向协同关系。依托智慧党建互联互享平台,有助于加强党中央对地方的指导以及上级党组织对下级党组织的监管,增强纵向协同效能。第二种是同级党组织内部各部门及不同区域党组织之间的协同关系。通过全国联网的智慧党建互联互享平台,可实时分享党建数据资源,加强异地信息共享和党务政务协作,确保全面从严治党的合力形成,增强横向协同效能。第三种是党组织与人大、政府部门、工会和团委等部门之间的党外协同关系。将党务、政务、业务和社会服务等各方连接、优化集成在一体化党建平台上,通过数据、资源的开放共享,实现信息统筹、定向传输、精准监测,既能明确相关主体责任,防止相互推诿,节约执政成本,也能促使党务与政务、服务的有机融合。第四种是党组织与人民群众之间的协同关系。可借助智慧党建互联互享平台与人民群众实时联系,形成线上线下一体化党建工作闭环,让为人民服务更加高效、高质、有温度,从而集聚群众合力建立协同作战的智慧监管机制。

三是从融合发展看,一方面,通过智慧党建互联互享平台可实现线上和线下相融合,即将传统党建工作的有效做法转变为党建网络系统和应用,填补线下党建工作触及不到的空间和领域,并运用数据分析技术指导线下党建活动,实现优势互补;另一方面,通过智慧党建互联互享平台可实现局部与整体的融合,包括局部探索形成的党建平台与政务平台的融合,党员和党组织上下点面的融合,党建平台与物联网、移动终端的融合,党务与经营、服务的融合等,从而将党务、政务、业务和社会服务各方连接、优化并集成在一体化党建平台上,通过数据资源的开放共享以及信息统筹、定向传输,促使智慧党建从"一抹红"变成"一片红",实现社会各界形成横向打通、纵向贯通、协调有力、共建共享的"大党建"格局。

(三) 以智慧党建驱动现代化治理

全面建成社会主义现代化强国,必然要求国家治理现代化。智慧党建可以作为"助力器",通过加强顶层设计、部门协调和社会参与,不断推进国家治理体系和治理能力的现代化。

首先,运用智慧党建加强顶层设计,夯实国家治理"主根基"。面对错综复杂的现实空间与网络空间的双重时空治理工作,必须加强治理的顶层设计,构建"智慧治理"的制度体系。智慧党建平台可以发挥"一屏指挥全局"的治理中枢作用,在与中心工作同谋划、同推进的基础上,确保治理任务在横向块面、纵向层级间的传递和执行,使党建引领社会治理融入现代化发展全过程,把党的领导优势转化为治理效能,推动社会治理从现实社会向网络空间覆盖,引导社会治理现代化建设走深走实。

其次,运用智慧党建加强部门协调,凝聚国家治理"向心力"。社会治理是一项庞大综合的系统工程,需要社会各部门、各主体有机合作、协调处置。依托智慧党建平台,一是可以衔接多元治理模式中的不同机制,实时且全面地掌握各级各地政府部门的组织架构、人员情况和工作绩效,延伸"智慧"触角,让治理职责清晰化、治理效果可视化;二是可以提供一个联系社会各界的便捷交流合作平台,搭建"智慧"桥梁,使各部门和各主体间顺畅沟通、密切配合、联动协同,从而凝聚社会治理向心力,推动每条战线、每个领域的社会治理工作全面过硬、共同发展。

最后,运用智慧党建加强社会参与,打造国家治理"共同体"。以智慧党建为核心,联合社会各方面力量,创新治理模式,汇聚治理合力,可以构建"宏观—中观—微观"三维叠加的智慧治理格局,健全精准高效的"智治支撑体系",助推形成"党委领导、政府负责、民主协商、社会协同、公众参与、法治保障、科技支撑的社会治理体系",助力建成"人人有责、人人尽责、人人享有的社会治理共同体",使党建工作与社会治理和服务群众有机衔接、良性互动,实现社会全域一体共建共治共享。

本章思考题

1. 元宇宙将会为智慧党建带来哪些机遇和挑战?
2. 应如何看待和理解智慧党建的未来发展?

后 记

百年大党，风华正茂。在全面建设社会主义现代化国家的新征程中组织编写《智慧党建基础教程》，对高校党务管理专业建设与人才培养具有重要意义。

《智慧党建基础教程》由华东师范大学马克思主义学院组织编写，崔海英教授主编，拟定全书框架和章节，负责书稿统稿和修改完善。具体执笔人员为：崔海英撰写第二章、第四章、第五章；唐诗宇撰写第一章、第八章；简皎洁撰写第三章；赵亚楠撰写第六章；刘佳、何锡辉、王依、武鑫瑜等撰写第七章。

本书编写过程中，参考和借鉴了学界同仁的诸多研究成果，得到齐卫平、丁晓强、曹景文、顾红亮、赵正桥等学者的悉心指导与宝贵建议，得到华东师范大学马克思主义学院党委的关心与支持，得到华东师范大学出版社的鼓励和帮助。在此，谨对所有给予本书指导、支持的学界同仁、专家学者、部门单位等表示衷心感谢！

智慧党建是新时代党建工作创新发展的重点和热点。当前，虽已分别在理论与实践层面对智慧党建进行了初步探索，但尚未有系统、全面地讲授智慧党建理论与实践的相关教材，本书无疑填补了这一空白，可以充分满足广大党员领导干部、党组织与普通党员、党务工作者等对智慧党建进行学习的热切期盼。但本书对智慧党建的理论思考还是探究性的、建设性的，书中观点难免存在疏漏与不足，敬请读者谅解，也恳请读者对本书提出宝贵的批评意见。